Horst Jesse

Das Augsburger Bekenntnis
Glaubenszeugnis einer Kirche

Horst Jesse

Das Augsburger Bekenntnis

Glaubenszeugnis einer Kirche

FDL-Verlag Augsburg

CIP-Kurztitelaufnahme der Deutschen Bibliothek

Jesse, Horst
Das Augsburger Bekenntnis
Glaubenszeugnis einer Kirche
1. Auflage – Augsburg: FDL-Verlag Augsburg, 1981
ISBN 3-922740-01-4

Umschlag: Paul Günther, Augsburg
Gesamtherstellung: Druckerei Hieronymus Mühlberger, Augsburg

Meiner Mutter

Frau Luise Jesse, geb. Küffer

im Gedenken
an meinen 1945 gefallenen Vater

Herrn Ladislaus Jesse

in Dankbarkeit gewidmet

Inhaltsverzeichnis

Geleitwort des FDL-Verlages

Wer mit wachen, aufmerksamen Sinnen die geistigen und geistlichen Strömungen in unserer oft apokalyptisch erscheinenden Zeit beobachtet, der kann sehr bald erkennen, daß wir nicht nur von negativen, zerstörerischen Mächten umgeben sind, die uns ängstigen können, sondern daß auch positive, aufbauende Kräfte am Werk sind, über die wir uns von Herzen freuen dürfen, weil sie uns stärken und neue Wege in die Zukunft aufzeigen. Dies wurde auf mannigfache Weise auch anläßlich des 450. Jubiläums der »Confessio Augustana« deutlich, das im Juni 1980 in Augsburg gefeiert werden konnte.

Zu diesem Anlaß ist eine Fülle von guter theologischer Literatur erschienen, die nicht nur zur Vorbereitung für dieses »lutherische Jahrhundertereignis von Augsburg« diente, sondern die darauf wartet, auch nach den vergangenen festlichen Tagen erarbeitet und für den Alltag der Kirche und ihrer Glieder fruchtbar gemacht zu werden.

Aus dieser Fülle von theologischer Literatur ist es besonders eine Abhandlung von Horst Jesse, dem 2. Pfarrer der evang.-luth. St.-Ulrichs-Gemeinde in Augsburg, die Aufmerksamkeit verdient. Da ist ein junger Theologe, der in einer vom Pluralismus bestimmten Zeit, in der starke Anzeichen von Nivellierung und Auflösung der bisher gültigen geistigen und geistlichen Werte sichtbar werden, auf der Suche nach positiv wirksamen Elementen, die zum Aufbau einer lebendigen Christengemeinde unerläßlich sind, sich erneut auf die zentrale Bedeutung der kirchlichen Lehre besinnt, wie sie im Wort Gottes und im Bekenntnis unserer Evangelisch-lutherischen Kirche gegeben ist. Dabei gesellt er sich nicht zu der großen Schar von theologischen Modeschwätzern, die mit ihrer negativen Kritik alle bisherigen Werte zerstören, in ihren unverbindlich bleibenden Aussagen aber alles offen lassen und keine Orientierung geben können, weil sie keine neuen tragfähigen Erkenntnisse anzubieten haben.

Jesse hat den Mut, sich in seiner Arbeit erneut auf die seit Jahrhunderten bekannten und vielfach bewährten theologischen Erkenntnisse zu stützen. Er tut dies nicht nur deshalb, weil er sich im Gehorsam an sein Ordinationsgelübde gebunden weiß, sondern auch, weil er zutiefst davon überzeugt ist, daß die Lehre der Evangelisch-lutherischen Kirche der jetzigen Generation mehr als in den letzten Jahrzehnten wieder nahegebracht werden muß, wobei er sich offensichtlich darum bemüht, die alten Wahrheiten in der Sprache unserer Zeit zu interpretieren. Besonders bemerkenswert aber ist, daß die vorliegende theologische Abhandlung bereits eine gewisse Bewährungsprobe bestanden hat, da sie direkt aus der praktischen Gemeindearbeit herausgewachsen ist und für die Gemeindepraxis konzipiert wurde.

So stellt sich Jesse mit seiner Arbeit in die Reihe derer, denen es ein ernstes Gewissensanliegen ist, in der Kraft und Vollmacht des Heiligen Geistes dabei mitzuhelfen, »daß das Wort Gottes laufe und wachse und mit aller Freudigkeit, wie sich's gebührt, gepredigt und die heilige christliche Kirche dadurch gebessert werde«. Solange dieses zentrale theologische Anliegen in der Evangelisch-lutherischen Kirche ernst genommen wird, kann sie auch den von ihr erwarteten Beitrag innerhalb der Ökumene leisten und sich auf die biblische Verheißung aus Psalm 118, 17 stützen, die für die Väter unserer Kirche allezeit eine entscheidende Realität war: »Ich werde nicht sterben, sondern leben und des Herrn Werke verkündigen!«

Augsburg, Ostern 1981

Vorwort des Autors

»Wer bin ich?« Diese Frage, die jeder Mensch einmal stellt, zwingt ihn, sich mit seiner Person auseinanderzusetzen. Dabei wird er eine Bestandsaufnahme machen, deren Ergebnis für den Augenblick genügen kann. Dann wird er seine Stellung in einen größeren Zusammenhang einordnen wollen, wobei die Geschichte eine wichtige Rolle spielt. Der Rückblick in die Tradition zeigt ihm, in welcher Kette von Geschlechtern er steht und was seine Vorfahren waren. Dies hilft ihm, seine gegenwärtige Position zu erkennen und seinen Weg in die Zukunft zu finden.

Der hier geschilderte Prozeß einer Bewußtseinsbildung kann auf die Klärung des eigenen Glaubensverhältnisses übertragen werden. »Wer bin ich als Protestant?« Diese Frage fordert die Auseinandersetzung mit der Glaubensgeschichte heraus. Das Wissen, daß einer als Protestant geboren und getauft ist, befriedigt zunächst die aufgeworfene Frage. Doch das Weiterfragen und Erforschen der Glaubensgeschichte erhellt den Horizont des Fragestellers. Er findet plötzlich, daß diese neugierige Frage zugleich eine existentielle Frage ist: »Was bedeutet der protestantische Glaube für mein Leben?«

Geschichte und Leben wirken ineinander. Sie zeigen Entscheidungen auf, die das menschliche Leben bestimmen. Gleichzeitig zwingen sie zur Konfrontation und persönlichen Entscheidung.

Wir sind protestantische Christen aufgrund der Ereignisse von 1529 in Speyer und 1530 in Augsburg. Unsere Glaubensvorfahren haben dabei öffentlich dargelegt, was sie glauben. Der hier sichtbar werdende Bekenntnisakt und die damit verbundene inhaltliche Festlegung des Bekenntnisses waren solche persönliche Entscheidungen.

Die vorliegende Arbeit möchte dem Leser dazu helfen, daß er sich der Bedeutung des kirchlichen Bekenntnisses bewußt wird. Gleichzeitig möchte sie zum persönlichen Glaubensbekenntnis anregen: so wie die Vorfahren es auch taten, indem sie sich der Glaubensfragen bewußt wurden und im Hören auf Gottes Wort eine Antwort für ihr Leben fanden.

Zur Erleichterung des Lesens wurde auf die Quellenangaben im Text verzichtet. Sollte der Leser manchmal den Eindruck gewinnen, die eine oder andere Satzwendung schon gehört oder gelesen zu haben, so sollte ihn das nicht dazu verleiten, die begonnene Lektüre abzubrechen, weil dadurch auch der notwendige Fortgang der Gedankenführung unterbrochen würde. Gerade das kontinuierliche Durchdenken des kirchlichen Glaubensgutes kann zu neuen Einsichten führen.

Bei der Übersetzung des lateinischen Textes der Confessio Augustana wurde manchmal die Fassung von Günther Gaßmann aus dessen Buch »Das Augsburger Bekenntnis Deutsch 1530–1980 benutzt, das 1978 in der Verlagsgemeinschaft Vandenhoeck & Ruprecht/Matthias-Grünewald-Verlag mit revidiertem Text erschienen ist.

Augsburg, August 1979

Horst Jesse

Pfarrer an der Evang.-luth. St.-Ulrichs-Gemeinde.

A) Einleitungsfragen

I. Der geschichtliche Hintergrund von 1530

1980 jährte sich zum 450. Mal das Jubiläum des Augsburger Bekenntnisses – Confessio Augustana –, das am 25. Juni 1530 im Fronhof zu Augsburg vor Kaiser und Reich verlesen wurde.

1530 wollte Kaiser Karl V. (1500–1558) endlich das religiöse Problem nach den vielen Verhandlungen im Heiligen Römischen Reich Deutscher Nation lösen. Dieses Problem war durch eine kirchliche Erneuerungsbewegung entstanden. Viele Theologen und Humanisten wandten sich in Veröffentlichungen unter Berufung auf die Bibel gegen die unzähligen Mißstände und Mißbräuche im kirchlichen Leben und besonders gegen den Machtmißbrauch der Kirche und deren Anspruch, die Bedingungen für den Empfang der göttlichen Gnade festzulegen.

Gerade Martin Luther (1483–1546) entdeckte durch das Studium der Bibel die befreiende Botschaft vom Kommen Gottes in Jesus Christus zu den Menschen. Durch dessen Tod und Auferstehung hat Gott die Menschen mit sich versöhnt, schenkt ihnen seine Gnade und Vergebung, macht sie frei zu einem neuen Leben in der Gemeinschaft mit ihm und in seiner Welt. An dieser neuen Erkenntnis wurde die Kirche und ihre Frömmigkeitspraxis gemessen. Was diesem Maßstab nicht standhielt, wurde abgelehnt. Luther hat in seinen vielen Schriften das Erlösungswerk Christi zum Mittelpunkt des kirchlichen Handelns gemacht. Sein Grundgedanke war, daß Gott den Menschen ohne alle menschliche und kirchliche Vorbedingung rechtfertigt.

Die neue Erkenntnis aus der Bibel hatte eine neue Lebensweise und kirchliche Neugestaltung zur Folge. So hatte die reformatorische Erneuerungsbewegung weitreichende Folgen für das gesamte gesellschaftliche und politische Leben der damaligen Zeit. Die neuen Gedanken wurden von einigen Landesfürsten und freien Reichsstädten gefördert, von anderen aber, wie von den kirchlichen Autoritäten im Lande und in Rom, scharf kritisiert und bekämpft. Bereits 1521 verbot und unterdrückte das Wormser Edikt die reformatorische Bewegung. Auf dem Reichstag zu Speyer 1529 protestierten die reformatorisch gesinnten Landesherren und Reichsstädte dagegen. Dieser Protest wurde zur Wortbezeichnung »Protestant« für die reformatorisch eingestellten Reichsstände. Das Wort »protestieren« ist nicht im heutigen Sinne als »kritisieren oder dagegen sein« zu verstehen, sondern nach seiner lateinischen Wortbedeutung »pro-testare« was soviel wie »Zeugnis ablegen« heißt, zu erfassen. Dieses Wort »Protestant« sagt sehr viel über die Freiheit in Glaubensdingen aus. Gerade die persönliche Verantwortung des einzelnen vor Gott war das Anliegen der Reformation. Die reformatorisch gesinnten Fürsten haben sich auf dem Reichstag zu Speyer für die Freiheit in Gewissenssachen und Glaubensentscheidungen eingesetzt.

Nachdem sich in den Jahren von 1521 bis 1530 eine bestimmte religiöse wie auch politische Konstellation im Reich herauskristallisiert hatte, wollte Kaiser Karl V. diese auf dem Reichstag zu Augsburg klären. In dem Einladungsschreiben des Kaisers vom 21. Januar 1530 zum Reichstag zu Augsburg war von der Hoffnung zu lesen, daß nun vielleicht eine reichsrechtliche Anerkennung der reformatorischen Bewegung erreicht werden könnte. Mit welcher Erwartung die evangelischen Fürsten nach Augsburg gekommen sind, wird aus der Vorrede zum Augsburger Bekenntnis von 1530 deutlich, die vom kursächsischen Kanzler Gregor Brück im Stil der damaligen Kanzleisprache verfaßt wurde. »Euer Kaiserliche Majestät hat vor kurzem (21. 1. 1530) einen allgemeinen Reichstag hierher nach Augsburg gnädig ausgeschrieben mit dem Aufruf und dringenden Ersuchen, es möge beraten werden, wie dem Türken, unserem und des christlichen Namens Erbfeind, durch anhaltende (militärische und finanzielle) Hilfe kräftig widerstanden werden und wie wegen des Zwiespaltes in dem heiligen Glauben und der christlichen Religion gehandelt werden könnte. Dabei sollte sorgfältig beraten und genau darauf geachtet werden, die Ansicht, Überzeugung und Meinung eines jeden in Liebe und Güte miteinander zu hören, zu verstehen und zu erwägen und sie zu einer gemeinsamen, christlichen Wahrheit zusammenzubringen und auszugleichen. Alles, was bisher auf beiden Seiten nicht richtig ausgelegt oder getan worden ist, soll abgestellt werden, damit durch uns alle eine gemeinsame wahre Religion angenommen und gehalten wird und wir so, wie wir alle unter einem Christus stehen und streiten, auch in einer Gemeinschaft und Kirche in Einigkeit leben.«

Das Einladungsschreiben des Kaisers zum Reichstag wie auch dessen Reaktion bei den reformatorisch gesinnten Reichsfürsten läßt etwas von der guten Atmosphäre erkennen, in der nun der Reichstag in Augsburg beginnen soll. War noch 1521 im »Wormser Edikt« ein schroffer Ton gegen die Reformbewegung angeschlagen worden, so war 1530 eine versöhnliche Stimmung zu beobachten. Neben dem Wunsch, Maßnahmen zur Abwehr der Türkengefahr zu ergreifen, sollte vor allem beraten werden, wie hinsichtlich »der Irrung« des Zwiespalts in dem heiligen Glauben und der christlichen Religion vorgegangen werden sollte. Der gute Wille der Teilnehmer am Reichstag wurde angesprochen und eine Zielvorstellung genannt: um der Einheit willen soll man allen Zwist lassen, »vergangene Irrsal« Gott anheimstellen und sich bemühen, die Meinung des anderen anzuhören und zu verstehen.

Kurz seien die Personen erwähnt, die das Augsburger Bekenntnis formulierten und ihre theologischen Gegenspieler genannt.

Die protestantischen Theologen auf dem Reichstag zu Augsburg waren: Philipp Melanchthon, Justus Jonas, Georg Spalatin, Johann Agricola. Martin Luther wollte mitreisen. Doch die Reichsacht lastete auf ihm, so mußte er in Coburg bleiben. Von der Veste Coburg aus verfolgte er das Geschehen in Augsburg. Zum anderen wußte Luther um sein Temperament – er kannte sich gut genug –, wenn er selbst über sich schreibt: »aber da war einer, der zu mir sagte: schweig, du hast eine üble Stimme« (WA, Br. 5,283). So schreibt er mahnend an die Geistlichen, die auf dem Reichstag zu Augsburg versammelt sind, »um als ihr anvertrauten Volkes willen ins Gewissen reden, damit sie die Chance des Reichstages nicht versäumen und sich nicht weiter halsstarrig vor dem Ruf Gottes verschließe.« (WA, 30 II, 268 ff.). Luther wußte um die Gelegenheit, die sich auf dem Reichstag zu Augsburg bot, um der Wahrheit des Evangeliums zum Durchbruch zu verhelfen und nicht durch Standesdünkel und theologische Lehrstreitigkeiten diese Möglichkeit zu verspielen. All die Schreiben, die er nach Augsburg von Coburg aus schickt, sind seelsorgerlicher Art.

Philipp Melanchthon war der Repräsentant der Wittenberger Theologen. Als feingebildeter Humanist war er ohnehin auf Ausgleich bedacht. Ihm war die religiöse Lage in Deutschland sehr genau bekannt. Er wußte wohl, daß die Berufung allein auf die Bibel nicht ausreiche, um eine Kirche zu erneuern. Deshalb war er bereit, bei den Verhandlungen nach der Verlesung des Augsburger Bekenntnisses der apostolischen Tradition und der Jurisdiktion der Bischöfe Raum zu geben. Über alle Diplomatie hinaus ging es ihm darum, der Einheit von Glauben und Kirche zu dienen.

Auf seiten der römisch-katholischen Theologen hatte es Johann Eck (1486–1543) unternommen, für den Kaiser eine Liste der Irrtümer der Protestanten – zu ihnen wurden Lutheraner, Zwinglianer und Schwärmer gerechnet – aufzustellen. Eck kam es darauf an, die Protestanten als Häretiker zu entlarven. Daneben spielte der Konstanzer Generalvikar Johann Fabri (1478–1541) eine wichtige Rolle, denn er arbeitete den Text der »Catholica Responsio« als Widerlegung des Augsburger Bekenntnisses aus und leitete sie an den Legaten Lorenzo Campeggio weiter. Diese wurde nach der Verlesung der Confessio Augustana am 25. 6. 1530 zur »Confutatio« umgearbeitet und am 3. 8. 1530 vor dem Reichstag in deutscher Sprache vorgetragen.

Von den Fürsten ragte heraus Johann von Sachsen (1468–1532). Er nahm die religiöse Frage sehr ernst und wollte sich aus politischen Gründen mit den Zwinglianern verbinden. Zum anderen war er auf Versöhnung mit dem Kaiser bedacht und wollte ein Edikt wie das in Worms von 1521 vermeiden. Landgraf Philipp von Hessen (1504–1567) dachte politisch. Er wollte die Vormacht der Habsburger im Reich brechen. Deshalb bemühte er sich um die Beilegung der innerprotestantischen Gegensätze. Die Religionsfrage wollte er durch ein Konzil gelöst wissen.

Nachdem kurz die theologische wie auch die politische Problematik umrissen wurde, soll nun aufgezeigt werden, wie es am

Geschick der Parteien lag, daß es zu einem positiven Ergebnis auf dem Reichstag kommen konnte. Die Ausgangsposition der Protestanten war sehr schwierig; denn sie mußten gegen den Vorwurf der Häresie Stellung beziehen. Zum anderen mußten sie auch die Notwendigkeit der kirchlichen Reformen begründen und ein klares Konzept ihrer Vorstellung von Kirche nach dem Evangelium vorlegen.

Philipp Melanchthon arbeitete mit seinen Freunden eine Schrift aus, die zunächst nur darlegen sollte, was die Protestanten glauben. Es war also nicht an eine Apologie gedacht, sondern an eine Bekenntnisschrift. Dabei benutzte der Arbeitskreis unter Melanchthon folgende Vorarbeiten: die »Schwabacher Artikel«, die 1529 von Kursachsen, Brandenburg-Ansbach und der Reichsstadt Nürnberg verfaßt wurden. Diese Schwabacher Artikel wurden dem Kaiser durch den kursächsischen Marschall und Rat Hans von Dolzig in Innsbruck vorgelegt, um die Rechtgläubigkeit der Wittenberger Theologen aufzuzeigen. Diese Artikel bildeten den Grundstock der ersten 21 Artikel des Augsburger Bekenntnisses. Als zweite Vorlage dienten die »Torgauer Artikel« von 1530, die Kurfürst Johann von Sachsen hatte in Auftrag geben lassen, um die Reinheit der Kirchenbräuche nach dem Evangelium in seinem Kurfürstentum zu zeigen. Diese »Torgauer Artikel« bildeten den Grundstock der Artikel 22–28 des Augsburger Bekenntnisses.

Mit Martin Luther hatte Philipp Melanchthon einen regen Briefwechsel über die einzelnen Artikel. Gegenüber dem Werk Melanchthons in Augsburg betonte er: »Ich hab Magister Philippens Apologie überlesen, die gefällt mir fast wohl, und weiß nichts daran zu bessern noch zu ändern, würde sich auch nicht schicken; denn ich so sanft und leise nicht treten kann. Christus, unser Herr, helfe, daß sie viel und große Frucht schafft, wie wir hoffen und bitten. Amen« (WA. Br. 5,319). Luthers Meinung zu der Arbeit von Melanchthon war wohlmeinend.

Die Äußerung von Martin Luther »sanft und leise treten« wurde später zu dem geflügelten Wort »Leisetreter«. Dieses Wort hat einen negativen Klang. Doch dies wollte Luther gegenüber Melanchthon nicht ausdrücken. Vielmehr wollte er mit seinem Temperament nicht die irenische, ökumenische Politik des Reichstages zu Augsburg gefährden. Denn Luther wäre auf diesem Reichstag polemischer aufgetreten. Gerne hätte er noch weitere Punkte in das Augsburger Bekenntnis aufgenommen, nämlich die Lehre vom Fegfeuer, die Lehre vom Papst als Antichrist. Gerade letzterer Punkt hätte den Bruch in der Kirche zur Folge gehabt. Doch in Augsburg rangen die Kräfte um die politische wie auch religiöse Einheit des Reiches. Luther wußte wohl um die Spannung: »pax politica« (politischer Friede) und »concordia dogmatica« (Glaubenseintracht). Um des politischen Friedens willen will er »leisetreten«. Doch in den theologischen Lehrmeinungen möchte er laut auftreten (WA. Br. 5,495). In einem Brief vom 5. 7. 1530 berichtet Martin Luther darüber Justus Jonas »Über die dogmatischen Fragen werden wir niemals Einigkeit erreichen. Wer vermag denn zu hoffen, Belial (Teufel) mit Christus zu versöhnen? Was ich wünsche, ja fest erhoffe, ist, daß man unter Nichtachtung des dogmatischen Dissenses politische Einigkeit erreicht« (WA. Br. 5,496). Soviel von Luthers Meinung zur Situation in Augsburg und zur Ausarbeitung der Confessio Augustana.

Am 25. Juni 1530 wurde im Fronhof zu Augsburg auf Wunsch des Kurfürsten von Sachsen durch seinen Kanzler Christian Beyer in deutscher Sprache vor Kaiser und Reich der Text des Bekenntnisses verlesen und dem Kaiser überreicht, der ihn annahm. Diese Handlungsweise des Kaisers kam einer Anerkennung gleich. Über diesen Verlauf des Reichstages war selbst Luther froh; denn er schreibt am 6. 7. 1530 an Konrad Cordatus in Zwickau: »Ich freue mich von Herzen, bis zu dieser Stunde gelebt zu haben, wo Christus durch den Mund so wackerer Bekenner in so großer Versammlung öffentlich durch eine in allen Stücken herrliche Konfession gepredigt worden ist. Und so erfüllt sich das Wort: ›Ich rede von deinen Zeugnissen vor Königen‹, und auch das folgende wird sich erfüllen: ›Und ich litt nicht Schaden‹. Denn der nicht lügt, sagt: ›Wer mich bekennt vor den Menschen, den will ich bekennen vor meinem himmlischen Vater . . .‹ Ich muß erkennen, daß Christus mit Recht ein Erhörer der Gebete genannt wird (Psalm 62), mit diesem Namen hört er sich mit Recht und Verdienst auf dem ganzen Erdkreis preisen. Darum fahrt fort, zu beten und alle zum Gebet zu entflammen, besonders für den Kaiser, den trefflichen Mann, würdig der Liebe Gottes und der Menschen, sodann auch für unsern Fürsten, der nicht minder gut ist und ein größeres Kreuz trägt, und für Philippus, der sich elendiglich mit Sorgen peinigt« (WA. Br. 5,442).

Das Augsburger Bekenntnis war inhaltlich ein Glaubensbekenntnis, in dem die Protestanten Rechenschaft über ihren Glauben ablegten. Doch gleichzeitig wurde es politisch abgestützt durch folgende reformatorisch gesinnte Landesherren und Räte der freien Reichsstädte. Es unterschrieben: Johann, Herzog zu Sachsen, Kurfürst; Georg, Markgraf zu Brandenburg; Ernst, Herzog zu Lüneburg; Philipp, Landgraf zu Hessen; Hanns Friedrich, Herzog zu Sachsen; Franz, Herzog zu Lüneburg; Wolf, Fürst zu Anhalt; Bürgermeister und Stadträte zu Nürnberg; Bürgermeister und Stadträte zu Reutlingen. Mit der Unterschrift haben die Fürsten und Reichsstädte als politische Macht gleichzeitig für die Kirchen in ihrem Gebiet gesprochen.

Das Augsburger Bekenntnis ist nicht das Bekenntnis eines einzelnen, sondern das einer Gemeinschaft. Deutlich wird dies aus der Vorrede der Confessio Augustana, die vom kursächsischen Kanzler Gregor Brück formuliert wurde. »So überreichen wir hiermit Euer Kaiserlichen Majestät das Bekenntnis unserer Pfarrer und Prediger, ihrer Lehren und unseres Glaubens, was und wie sie auf Grund der göttlichen Heiligen Schrift in unsern Ländern, Städten und Gebieten predigen, lehren und unterrichten.« Der Gemeinschaftsgedanke wird noch stärker durch den lateinischen Text der einzelnen Artikel des Bekenntnisses ausgedrückt, die mit den berühmten Worten beginnen »Ecclesiae magno consensu apud nos docent«, was zu deutsch heißt: »Die Kirchen lehren bei uns in voller Übereinstimmung«. Auch hier ist wiederum unter »Kirchen« eben die Gemeinden in den Territorien der Fürsten und Städte zu verstehen. Es sind Fürsten und Städte, die als Stände ihren Platz im Reichstag beanspruchen und zugleich Sprecher ihrer Pfarrer und Gemeinden sind. Kirche und Staat bildeten eine Einheit. Dies war die geschichtliche Wirklichkeit des Mittelalters.

Das zitierte Wort aus der Vorrede ist die Selbstdefinition des Augsburger Bekenntnisses. Darin sind Luthers Gedanken von 1523 aufgenommen, »daß eine christliche Versammlung oder Gemeine Recht und Macht habe, alle Lehre zu urteilen und Lehrer zu berufen, ein- und abzusetzen, Grund und Ursache aus der Schrift«. Damit wird der Gemeinde ein Recht zugebilligt, das nur der Bischof in der mittelalterlichen Kirche hatte. Aus der oben zitierten Darlegung ergibt sich, daß die Gemeinde einerseits zweifellos Objekt der Kirchengewalt des Amtsträgers ist, dessen Aufgabe es ist, in der Gemeinde wahre Wort- und Sakramentsverwaltung auszuüben. Darin besteht die Gehorsamspflicht der Gemeinde ihm gegenüber. Andererseits tritt gerade in dieser Unterscheidung auch die Subjektstellung der Gemeinde gegenüber dem Amtsträger hervor; denn nach den Worten der Vorrede sind die Kirchengemeinden das Subjekt der Lehre – was auch aus dem lateinischen Text der Confessio Augustana hervorgeht –, über die sie dem Kaiser und dem Reichstag Bericht erstatten. Es ist offensichtlich, daß die Gemeinde hier spricht und nicht die priesterliche Hierarchie. Damit steht der Satz »Ecclesiae docent« im Gegensatz zur katholischen Lehre, in der nur der Papst das Recht hat, die wahre Lehre zu verkündigen. Im Sinne der Reformatoren umfaßt der Begriff Kirche die ganze Gemeinde und nicht bloß den Stand der Priester. Zum anderen wird in dieser Formulierung deutlich, daß der christliche Glaube nach reformatorischem Verständnis das ganze Leben der Gläubigen umfaßt und nicht nur für das Leben der Priester bestimmend ist.

Neben dem Gedanken des allgemeinen Priestertums der Gläubigen betont die Vorrede des Augsburger Bekenntnisses die Gewissensentscheidung in Glaubenssachen: »Es könnte jedoch der Fall eintreten, daß die Verhandlungen bei den Herren, Freunden und Würdenträgern, den Kurfürsten, Fürsten und Reichsständen der anderen Seite so, wie das Ausschreiben Eurer Kaiserlichen Majestät es vorsieht – nämlich durch »angemessene Verhandlung miteinander in Liebe und Güte« – nicht erwünscht ist oder als förderlich angesehen wird. Auch dann aber soll es bei uns jedenfalls an nichts fehlen, was im Einklang mit Gott und dem Gewissen der christlichen Einheit dienen kann. Dies werden Eure Kaiserliche Majestät und unsere genannten Freunde, die Kurfürsten, Fürsten und Reichsstände sowie jeder, dem diese Sache zu Ohren kommt und der die christliche Religion liebt, aus dem Folgenden – unserem und unserer Prediger Bekenntnis – in wohlwollender und freundlicher Weise hinreichend vernehmen können.« Ganz deutlich ist aus dem Text die Gewissensentscheidung in Glaubenssachen herauszuhören. Es darf in seiner Freiheit nicht eingeengt werden. Zum anderen war der Wunsch nach der Einheit im Glauben groß. Der gute Wille war da. Die Abfassung des Augsburger Bekenntnisses war nicht als Idee des christlichen Glaubens gedacht, sondern als die Möglichkeit einer neuen christlichen Wirklichkeit. Dies wird deutlich in den einzelnen Artikeln. Gerade Kurfürst Johann von Sachsen war bemüht, dem Kaiser die Reinheit der Kirchenbräuche in Kursachsen darzulegen. Denn ihm ging es weniger um die Glaubenslehre im engeren Sinne als um die strittigen kirchlichen Bräuche und Zeremonie. Mit dem Augsburger Bekenntnis wollte Kurfürst Johann von Sachsen die inzwischen in Wittenberg eingeführten Bräuche rechtfertigen.

Die nach der Verlesung der »Confessio Augustana« von den anwesenden päpstlichen Theologen erarbeitete »Confutatio«, die im Reichstag als Widerlegung vorgetragen wurde, beschränkte sich in ihrer Wirkung nicht auf die Theologen. Aus dem Gutachten der Theologen war nun eine von Kurfürsten und Ständen mitgetragene Stellungnahme des Kaisers geworden. Sie ist bemüht, vom Boden der Heiligen Schrift aus zu argumentieren und gibt berechtigter Kritik Raum. Soviel kann in Kürze über dieses Dokument gesagt werden, daß es sachlich die Artikel des Augsburger Bekenntnisses bespricht, aber keine vollständige Antwort auf die strittigen Fragen gibt. Zwar hielt der Kaiser durch die Confutatio die Confessio Augustana widerlegt und erwartete ohne weitere Diskussion eine Unterwerfung der Protestanten. Doch diese fühlten sich durch die Confutatio nicht widerlegt. Zu beobachten war, daß die Kurie zwar bereit war, Konzessionen an die Protestanten zu machen, um so das gefürchtete Konzil zu vermeiden. Unter diesen Umständen genehmigte der Kaiser weitere Vergleichsverhandlungen.

Gerade Philipp Melanchthon ging den Weg der Verhandlungen weiter. Er bemühte sich um Ausgleich zwischen den Parteien und wollte die Sache der Reformation auch der bischöflichen Jurisdiktion unterstellen, wenn die römisch-katholische Kirche den Protestanten vor allem Laienkelch und Priesterehe zugestehen würde. Aus einem Brief Melanchthons vom 4. Juli 1530, den er dem päpstlichen Legaten Lorenzo Campeggio schickte, sei zitiert: »Wir (Protestanten) haben kein Dogma, das von der römischen Kirche abweicht. Wir haben viele unterdrückt, die verderbliche Lehren zu verbreiten suchten. Wir sind bereit, der römischen Kirche zu gehorchen, wenn sie nur in ihrer Milde, wie sie sie gegenüber allen Völkern geübt hat, Kleinigkeiten, die wir, selbst wenn wir wollten, nicht mehr ändern können, übersieht oder duldet . . . Zudem verehren wir die Autorität des römischen Pontifex und die gesamte Kirchenleitung ergebenst. Aus keinem anderen Grund sind wir in Deutschland mehr verhaßt, als weil wir die Dogmen der römischen Kirche standhaft verteidigen.« (CR. 2,170). Dieses Schreiben leitet die Unterredung zwischen Melanchthon und dem Legaten Lorenzo Campeggio am 5. Juli 1530 ein. Melanchthon möchte den Laienkelch und die Priesterehe beibehalten. Er hofft, daß nach Wiederherstellung der bischöflichen Autorität die übrigen Fragen geregelt werden können. Dabei ging es ihm mit der Wiederherstellung der bischöflichen Jurisdiktion nicht um eine bloß organisatorische Frage, sondern um die Einheit der Kirche. Als Kenner der kirchlichen Situation um 1530 fürchtete er, wie er in einem Brief schreibt: »eine sehr große Zerrüttung von Dogma und religiösem Leben«. (CR. 2,382). In der Unterredung mit dem Legaten wurde intensiv über einen Vergleich in den Punkten Laienkelch, Kanon der Messe, Priesterehe, Kirchengut und Mönchsgelübde gerungen, doch ohne Erfolg.

Selbst der Bischof von Augsburg, Christoph von Stadion, war bemüht um einen Ausgleich der Parteien. Im Fürstenrat erklärte er offen, »ehe er wollt, daß man unvertragen abscheiden sollte, wollt er eher die zwei Artikel von beiden Gestalt des Sakraments und von der Priesterweihe nachgeben, und wenn es Not wär, noch mehr zu tun, sollt zur Erhaltung des Friedens und Einigkeit auch nicht erwinden«. Durch seine Zugeständnisse geriet er in Verdacht, selbst lutherisch zu sein. Er war jedoch bemüht um den Frieden und die Eintracht im Reich und versuchte alles, um dieses Ziel zu erreichen. So ließ er Luthers Mahnbrief an den Erzbischof von Mainz den Fürsten vorlesen. In einer Sitzung des sogenannten Religionsausschusses, dem er angehörte, bestand er so nachdrücklich auf Frieden und Eintracht, daß es deswegen zwischen ihm und dem Salzburger Kardinal Matthäus Lang sowie dem Kurfürsten Joachim von Brandenburg zu heftigen Auseinandersetzungen kam. In einem Brief vom 13. 8. 1530 dankte ihm Philipp Melanchthon, daß er von Gewaltmaßnahmen gegen die Protestanten abriet. Bis an sein Lebensende 1536 war Christoph von Stadion bemüht, einen Ausgleich zwischen den Parteien herzustellen. Es war nicht seine Schuld, daß alle Vergleichsverhandlungen nicht zu dem von ihm gewünschten Ziele führten. Was er später äußerte, mag er schon damals gedacht haben, »daß der Hebung der Religionsstreitigkeiten nichts anderes im Wege stehe, als daß diejenigen, welche diese wichtige Sache behandeln, mehr ihre als Gottes Sache zum Augenmerk hätten«.

Am 22. 9. 1530 wurde der Entwurf des »Religionsabschiedes« bekannt. In ihm stand zu lesen: »den durch die heilige Schrift gründlich widerlegten Evangelischen« wird bis zum 15. 4. 1531 Bedenkzeit gewährt, ob sie betreffs der noch unvergleichlichen Punkte sich dem Urteil eines vom Kaiser zu erwirkenden Konzils unterwerfen wollten oder nicht; bis dahin sollten sie nichts Neues in Glaubenssachen veröffentlichen, ihre Untertanen in Ausübung des altkirchlichen Gottesdienstes nicht hindern und gegen die Wiedertäufer und Sakramentierer mit Kaiser und Reich zusammen gehen«. Dies war ein Waffenstillstand, der gleichzeitig Hoffnungen auf ein Konzil machte. Auffallend ist, daß Protestanten und Katholiken gemeinsam gegen extreme religiöse Gruppen vorgehen sollen.

Die Confessio Augustana hatte die Einheit und Erneuerung der gesamten Kirche zum Ziel. Daß es zur Bildung zweier Kirchengemeinschaften im Heiligen Römischen Reich Deutscher Nation kam, war Folge einer politischen Entscheidung. Dies bahnte sich bereits auf dem Reichstag zu Augsburg 1530 an, als sich politische Gruppierungen bildeten: »die schwäbische Bank« und »die schmalkaldische Bank«, die jeweils eine andere politische Zielsetzung vertraten. Dieses Auseinanderbrechen in zwei Machtblöcke wird dann noch deutlicher in der nachfolgenden deutschen Geschichte.

In Augsburg wurde 1530 um die religiöse wie auch politische Einheit gerungen. Selbst Martin Luther meinte nachträglich, daß sich Katholiken und Protestanten nach Augsburg nie mehr so nahe waren. Doch die geschichtliche Entwicklung, die nach Augsburg eingeleitet wurde, führte zur Trennung der westlichen Christenheit in eine römisch-katholische und in eine protestantische evangelische Glaubensgemeinschaft.

Die Confessio Augustana ist zum Kirchenbekenntnis geworden. Sie bekannte sich zum biblischen Zeugnis und zur Kontinuität der altkirchlichen Tradition. Gleichzeitig brachte sie neu die Glaubensaussagen zum Ausdruck und war somit ein Maßstab zur Erneuerung des kirchlichen wie auch des persönlichen Glaubenslebens. Aus diesem Grund erhielt sie auch in den folgenden Jahrhunderten große kirchliche Bedeutung.

Bereits 1532 war die Confessio Augustana in den einzelnen Gebieten des Reiches als Kirchenbekenntnis anerkannt. Durch den Augsburger Religionsfrieden von 1555 gewann sie am Ende dann doch noch reichsrechtliche Qualität. Die 1530 so herbeigesehnte Toleranz war zwar erreicht. Doch sie wurde teuer mit einer territorialen Beschränkung erkauft. Eine solche Beschränkung war für beide miteinander streitenden Religionsparteien theologisch nur möglich durch den Verweis auf ein künftiges Konzil, das die Einheit im Glauben wieder herstellen könnte. Doch dies kam nicht zustande. Es blieb bei der Spaltung. Die Kirche verlor ihre Katholizität sowie auch – entsprechend der ursprünglichen Bedeutung des Wortes im Griechischen – die Welt in ihrer Ganzheit. Zwar war der Katholizismus durch die Stellung des Papstes länderübergreifend, doch der Protestantismus wurde zur Territorialkirche. Gerade die Bindung an das so verstandene Bekenntnis der Confessio Augustana hat das Versinken evangelischen Kirchentums in reinen Provinzialismus verhindert. Im Bekenntnis liegt der Ansatz zu einer die Territorien der Landeskirchen übergreifenden Einheit evangelischer Kirche im deutschen Reich. Durch den Friedensschluß von Münster und Osnabrück 1648 ist diese Möglichkeit ausgebaut worden. Das Corpus Evangelicorum als der Zusammenschluß der evangelischen Stände stellt doch so etwas wie eine föderative Kirchenleitung der Kirche Augsburgischen Bekenntnisses in Deutschland dar. Gerade durch die Bekenntnisbindung der einzelnen Territorialkirchen war eben wechselseitige Anerkennung von Taufe, Abendmahl und Ordination gegeben.

Diesen Charakter als kirchenverbindende Kraft hat das Augsburger Bekenntnis für die lutherischen Kirchen behalten.

So wurde in unserem Jahrhundert das Augsburger Bekenntnis die Basis für den Lutherischen Weltbund. Dieser hat als Lehrgrundlage neben den drei altkirchlichen ökumenischen Symbolen den Kleinen Katechismus Martin Luthers und das Augsburger Bekenntnis. Dies wurde auf der Vollversammlung des Lutherischen Weltbundes in Daressalam 1977 bestätigt: »Die lutherischen Kirchen sind Bekenntniskirchen. Ihre Einheit und gegenseitige Anerkennung sind gegründet auf das Wort Gottes und daher auf die normative Anerkennung der grundlegenden lutherischen Bekenntnisschriften, insbesondere der Confessio Augustana. Die Zustimmung zu einem Bekenntnis ist mehr als die formale Anerkennung einer Lehre. Kirchen, die die Bekenntnisse der Kirche unterschrieben haben, verpflichten sich damit, durch ihr tägliches Zeugnis und ihren täglichen Dienst zu bekunden, daß das Evangelium sie ermächtigt hat, als Gottesvolk zu leben. Sie verpflichten sich auch dazu, in ihrem Gottesdienst und am Tisch des Herrn die Brüder und Schwestern anzunehmen, die zu anderen Kirchen gehören, die dasselbe Bekenntnis akzeptieren. Die Zustimmung zu einem Bekenntnis sollte zu konkreten Erweisen der Einheit im Gottesdienst und in der Zusammenarbeit an den gemeinsamen Aufgaben der Kirche führen.«

Bis in die Gegenwart hinein hat das Augsburger Bekenntnis seine Bedeutung und Gültigkeit. Es ist ein Bekenntnis, das das christliche Leben bestimmt. Nochmals sei aus der Vorrede zum

Augsburger Bekenntnis von 1530 zitiert, um die Grundintention herauszustellen: »So überreichen wir hiermit Eurer Kaiserlichen Majestät das Bekenntnis unserer Pfarrer und Prediger, ihrer Lehren und unseres Glaubens, was und wie sie auf Grund der göttlichen Heiligen Schrift in unsern Ländern, Städten und Gebieten predigen, lehren und unterrichten.« Mit diesen Worten wird unterstrichen, daß es Aufgabe des Bekenntnisses ist, den Glauben aufzudecken und einsichtig zu machen.

II. Das Augsburger Bekenntnis von 1530 und die Situation von heute

Wie läßt sich der »historisch garstige Graben« von 450 Jahren überspringen, wenn wir die diesbezügliche Fragestellung von Gotthold Ephraim Lessing auf die Beschäftigung mit dem Augsburger Bekenntnis anwenden? Diese Frage ist berechtigt; denn sind wir noch dieselben Menschen mit den gleichen religiösen Fragen und Problemen? Reichen die Aussagen des Augsburger Bekenntnisses auch für den heutigen Menschen noch aus? Oder haben wir nicht doch ein neues Bekenntnis zu schaffen, und zwar in dem gleichen Sinn, wie die Confessio Augustana 1530 Rechenschaft ablegte darüber, was die Protestanten glauben und wie sie danach leben?

Zunächst ist festzustellen, daß sich die Zeiten und mit ihnen auch der Mensch geändert hat. Zwei verschiedene Weltanschauungen stehen sich gegenüber. Der mittelalterliche Mensch war eingebunden in die religiöse Welt seiner Zeit. Er fühlte sich darin zu Hause. Ganz anders der Mensch der Neuzeit. Wir stellen einen geistlichen Klimawechsel fest, nämlich den Verlust der eschatologischen Dimension des menschlichen Lebens, konkret das abhandengekommene Bewußtsein Gottes als des Herrn und Richters über das Menschenleben. Dieser Transzendenzverlust ist zum großen Teil für den heutigen Menschen kennzeichnend. Wir sprechen heute mehr vom unbehausten Menschen. Dennoch bleibt eine geistige Unruhe zurück, die in der Sinnfrage laut wird. Neben dieser geistigen Veränderung des Menschen – bedingt durch neue Werte und Aufgaben – gibt es die anthropologische Grundkonstante in der Geschichte des Menschen, daß er fortwährend nach dem Sinn des Lebens fragt. Der Mensch als offenes Wesen, das nicht in sich ruht, fragt nach dem Sinn. Er möchte auf diese Frage eine Antwort finden. Durch diese Sinnantwort erhält der Mensch seine Identität und Sozialisation. Die Sinnantwort ist die Antwort auf die Herausforderung der anthropologischen Grundkonstante. Die Antworten auf diese Fragen haben Bekenntnischarakter. Der Mensch ist nicht ein eindimensionales Wesen, wie in der Gegenwart des öfteren behauptet wird, sondern er ist eingebettet in die Transzendenz. Gewiß mag dies mancher nicht wahrhaben wollen. Aber das ist so. Es gab Zeiten, in denen der Mensch um seine Transzendenz mehr Bescheid wußte als der heutige Bürger. Das Mittelalter war eine solche Zeit. Deshalb verstand auch jeder Mensch Luthers Frage: »Wie bekomme ich einen gnädigen Gott?« Mit dieser Fragestellung konnten sich damals viele Menschen identifizieren. Deshalb wurde seine Antwort, die er durch die Auseinandersetzung mit dem Römerbrief gefunden hatte, von vielen verstanden.

Dies kann von der heutigen Zeit in diesem Sinne nicht gesagt werden. Die abschließende »Botschaft der IV. Vollversammlung des Lutherischen Weltbundes« in Helsinki (30. 7. bis 11. 8. 1963) stellt fest: »Der Mensch von heute fragt nicht mehr: Wie kriege ich einen gnädigen Gott? Er fragt radikaler, elementarer, er fragt nach Gott schlechthin: Wo bist du Gott...? Er fragt nicht mehr nach dem gnädigen Gott, sondern ob Gott wirklich ist...?« Diese zwei Ansichten zwingen zu einer Auseinandersetzung um das Gottesverständnis des 16. Jahrhunderts und der Neuzeit. Karl Barth meint dazu: »Es ist also unter allen oberflächlichen Phrasen unserer Zeit eine der oberflächlichsten die Behauptung, es habe zwar der Mensch des 16. Jahrhunderts nach dem ihm gnädigen Gott gefragt, es sei aber der moderne Mensch radikaler in der Frage nach Gott überhaupt und als solchem begriffen. Als ob es einen Gott überhaupt und als solchen gäbe... Als ob der Mensch des 16. Jahrhunderts nicht gerade damit, daß er nach dem ihm gnädigen Gott, nach dem Recht seiner Gnade fragt, in einer Radikalität, neben der das Fragen des modernen Menschen eitel Leichtsinn ist, nach Gott selbst, seiner Existenz gefragt hätte! Als ob das, was dem modernen Menschen – nicht ohne schwere Schuld der christlichen Kirchen – zu fehlen scheint, nicht gerade dies wäre, daß er verlernt hat, ebenso in dieser Sachlichkeit, neben der es keine andere gibt, nach Gott zu fragen!« Eine bedenkenswerte Bemerkung, die zwingt, das Verhältnis Gott – Mensch zu reflektieren. Durch diese Beobachtung wird der »garstige geschichtliche Graben« übersprungen, denn mit dieser Fragestellung wird eine Grundfrage des Menschen angesprochen, weil zu jeder Zeit der Mensch immer wieder neu nach Gott gefragt hat. So zeigt diese Grundfragenstellung die Gleichzeitigkeit der Menschen vor dem gleichen Problem auf. Darum gibt es auch ewig junge Fragestellungen, die von Generation zu Generation neu beantwortet werden müssen.

Der Mensch steht in einer Tradition. Aus ihr übernimmt er Denkmodelle und Lebensanschauungen. Er überprüft sie, ob sie für die Gegenwart aussagekräftig sind. In diesem Gespräch mit der Vergangenheit, das in der Gegenwart zur Gestaltung der Zukunft geführt werden muß, entwirft er neue Raster und Aussagen. Das gleiche hat jede Generation mit den überlieferten Glaubensaussagen zu tun. Sie müssen erschlossen und auf ihre Brauchbarkeit geprüft werden. In diesem Gespräch mit den überlieferten Glaubensantworten wird der »garstige Graben« zwischen den Zeiten übersprungen. Denn jeder Gläubige wird auf die Frage: Wer Gott für ihn sei? eine Antwort, ein Bekenntnis ablegen. Die Antwort wie auch das Bekenntnis sind ja eigentlich die Ergebnisse eines Gesprächs zwischen dem Ich und der Sache, die mich betrifft. So wäre es wirklich interessant, alle Bekenntnisse, die im Laufe der Zeit von Menschen gesprochen worden sind, auf ihre Grundstruktur wie auch Aussagestruktur zu untersuchen und festzustellen, ob nicht doch eine Übereinstimmung zu finden ist.

III. Das Wesen des Bekenntnisses

Bevor wir uns den einzelnen Artikeln der Confessio Augustana zuwenden, sei die Frage aufgeworfen: Was ist eigentlich ein Bekenntnis? Als vorläufige Definition sei gegeben: Ein Bekenntnis ist die spontane Äußerung eines Menschen, hervorgerufen durch Begegnungen und Erlebnisse, die ihn innerlich tief berühren. Das Bekenntnis entspringt einer inneren Überzeugung. Der Bekenner fühlt sich von der Idee oder der Wahrheit überzeugt. Deshalb drückt der Mensch mit dem Bekenntnis aus, was sein geistiger Mittelpunkt ist und was ihn glücklich bzw. zufrieden macht. Das Bekenntnis ist zunächst eine ganz persönliche Aussage. Zum anderen hat das Bekenntnis eine kollektive Struktur. Es bildet Gemeinschaft. Menschen mit gleichen Bekenntniserfahrungen schließen sich zusammen.

So läßt sich in jedem Bekenntnis folgende Struktur entdecken: a) zunächst eine Ich-Du-Beziehung; b) dann eine bestimmte sprachliche Formulierung: in der lobenden Anredeform Du, oder in der beschreibenden Ausdrucksweise Er. c) Und schließlich im Zusammenschluß zu einer Gemeinschaft als Wir-Erlebnis.

Das Bekenntnis ist nicht bloß eine persönliche Preisgabe dessen, was einen betrifft, sondern auch eine Abgrenzung gegenüber anderen Meinungen und Lehren. Martin Luther hat dies mit folgenden Worten ausgedrückt: »Weil ich sehe, daß des Rottens und Irrens je länger je mehr wird, und kein Aufhören ist des Tobens und Wütens des Satans, damit nicht hinfort bei meinem Leben oder nach meinem Tod derer etliche zukünftig sich auf mich berufen und, was ich geschrieben habe, ihren Irrtum zu stärken, fälschlich anführen möchten, wie die Sakraments- und Taufschwärmer anfingen zu tun, so will ich mit dieser Schrift vor Gott und aller Welt meinen Glauben von Stück zu Stück bekennen, darauf ich gedenke zu bleiben bis in den Tod, darin – wozu mir Gott helfen möge – von dieser Welt zu scheiden und vor unseres Herrn Jesu Christi Richterstuhl zu kommen« (Vom Abendmahl Christi, 1528). Luther grenzt sich durch das Bekenntnis zu Jesus Christus von den damaligen Sektierern (Schwärmer) ab. Zum anderen wird ganz deutlich, daß das Bekenntnis nicht bloß eine Gefühlsäußerung ist, sondern aus einer Beziehung entspringt. In der Relation »Ich-Du« wird gleichzeitig die Wahrheitsfrage beantwortet. Nur so kann das Bekenntnis zum Maßstab gegenüber anderen Meinungen werden. Fragen wir nach dem Ort des Bekenntnisses, so werden wir schon durch den Sprachgebrauch auf den Gottesdienst und die Abendmahlsfeiern verwiesen. Gerade die Abendmahlsliturgie zeigt die Breite und Fülle des Bekenntnisses. Zunächst ist das Lob zum dreieinigen Gott wahrzunehmen. Es ist der Lobpreis im Sinne von Psalm 119: »Ich spreche von Deinen Zeugnissen im Angesicht von Königen und ich werde nicht zuschanden.« Neben diesem Lobbekenntnis gibt es das Sündenbekenntnis aus der Beichtpraxis. Der Mensch erkennt vor Gott, daß er Sünder ist. Als dritte Form des Bekenntnisses ist aus der gottesdienstlichen Praxis das Glaubensbekenntnis bekannt: »Ich glaube an Gott...« Es ist das Zeugnis und das Wissen von der Führung Gottes durch das Leben. Diese drei Bekenntnisformen: Sündenbekenntnis (Beichte), Lob (Sanctus) und Glaubensbekenntnis sind dem Bekenntnis eigen und gehören auch inhaltlich zusammen.

Das Neue Testament zeigt auf, wie das Bekenntnis entstehen kann. Seinen Ursprung hat es im Hören der Glaubensbotschaft des Evangeliums nach Römer 10,17: »So kommt der Glaube aus der Predigt, das Predigen aber durch das Wort Christi.« In diesem Satz wird die Wechselbeziehung zwischen Botschaft und Hörer deutlich. Das Wort trifft den Zuhörer und bewirkt bei ihm eine Gegenreaktion. Es kann einerseits zu einem innermenschlichen Dialog kommen, der beherrscht wird von den persönlichen Fragen des Menschen und dem gehörten Wort Gottes. Stimmen Frage und Antwort überein und wird der Mensch durch dieses Zwiegespräch zu einer neuen Erkenntnis gebracht, dann spricht er ein Bekenntnis aus. Findet dieses Zwiegespräch zwar statt, aber der Mensch kommt nicht zu einer neuen Einsicht, dann unterbleibt das Bekenntnis. Diese Grundstruktur: Botschaft – Hören und Zustimmung – also Glauben – ist in jedem Bekenntnis zu finden, ja liegt ihm zugrunde. Im Ereignis des Hörens geschieht das Überwältigtwerden des Hörers von der Botschaft in der »Ich-Du-Beziehung«.

Daß dies geschieht setzt voraus, daß die Botschaft die innere Fragestellung des Menschen trifft. Im Überwältigtwerden eröffnet sich dann ein neuer Horizont für den Menschen und bringt ihn in Übereinstimmung mit einer höheren Sinneinheit und Transzendenz.

Das Neue Testament sieht also das Bekenntnis als Antwort des glaubenden Menschen, der die Freundlichkeit Gottes annimmt (Titus 2,11–15). Daneben wird in der Bibel auch über direkte Begegnungen mit Gott berichtet. Der Mensch erschrickt und sieht sich von der Heiligkeit Gottes überwunden; dies wird Jesaja 6 und Lukas 5,8 berichtet. Der Mensch spricht das Sündenbekenntnis aus. In der Begegnung mit Gott wird dem Menschen auch der Glaubenszweifel genommen. Er erlebt die Glaubensgewißheit. Dies wird 1. Könige 19 und Johannes 20,28 berichtet.

Das lateinische Wort für Bekenntnis ist Confessio, was neben bekennen als Verb auch loben heißen kann. Gerade die »Confessiones« von Augustin zeigen, daß das Bekenntnis ein Gebet ist. Jedem aufmerksamen Leser Augustins wird dies auffallen. Die Grundstruktur des Gebetes wird deutlich in Anbetung und Dank. Das Gebet stellt den Menschen in einen größeren Sinnzusammenhang, in die Gemeinschaft mit Gott, dem Schöpfer Himmels und der Erden. Der Beter spricht aus, was Gott ihm bedeutet. Die Erfahrung mit Gott bringt das Gebet hervor. Der Beter bekennt Gott als Schöpfer, Erlöser und Heiligender, so wie es im Glaubensbekenntnis ausgedrückt ist.

Jedes Bekenntnis ist eine Antwort auf die Infragestellung des menschlichen Lebens und gleichzeitig auch eine Antwort, die ausdrückt, welche Hoffnung der Mensch hat und was der Sinn seines Lebens ist. Das Bekenntnis hängt mit der Lebensform zusammen. Ja das Leben fordert zum Bekenntnis heraus, in dem Sinne, daß ein Mensch darlegt, was ihn im Innersten trägt und was sein Lebensgefühl und sein Handeln bestimmt. Lebensfragen sind Glaubensfragen, so wie Glaubensfragen auch Lebensfragen sind. Nur in dieser Wechselbeziehung gewinnt das Bekenntnis seine Lebendigkeit. Das Glaubensbekenntnis legt den persönlichen Glauben an Gott öffentlich dar. Gleichzeitig zeigt es ein Lebensmodell auf, aus welcher Erkenntnis der Mensch sein Leben führt. Bekennen und Erkennen stehen in einem Wechselverhältnis. Der Bekennende erkennt und drückt seine Erkenntnis im Bekenntnis aus. Dieses Bekenntnis geschieht immer in einer Auseinandersetzung mit den geistigen und religiösen Strömungen der Zeit. Dabei kreist die Konfrontation um die Wahrheitsfrage. Dem Bekenntnis liegt eine Erkenntnis und ein Wissen zugrunde.

Das christliche Bekenntnis drückt aus, daß der Mensch in Übereinstimmung mit Gott lebt. Nicht durch menschliches Bemühen ist dies geschehen, sondern Gott selbst bringt den Menschen mit sich in Übereinstimmung. Diesen Vorgang beschreibt die Auslegung des dritten Glaubensartikels: »Ich glaube, daß ich nicht aus eigener Vernunft noch Kraft an Jesus Christus, meinen Herrn, glauben oder zu ihm kommen kann; sondern der Heilige Geist hat mich durch das Evangelium berufen« (Martin Luther, Kleiner Katechismus). Vorgezeigt wird das im Leben Jesu. In seinem Leben ereignet sich prozeßhaft die Übereinstimmung des Menschen mit Gott. Er lebt aus dem Willen mit Gott. Jesus hält diese Übereinstimmung mit Gott bis in den Tod hinein durch. Diese durchgehaltene Übereinstimmung kostet ihm das Leben. In diesem Durchhalten und Festhalten der Übereinstimmung mit Gott erfährt Jesus das Urteil Gottes: »Du bist mein lieber Sohn.« Gott hält an Jesus fest und weckt ihn von den Toten auf. An Jesus Christus wird der Weg der Übereinstimmung des Menschen mit Gott ablesbar und in der Nachfolge begehbar. Diesen Sachverhalt drückt das Christusbekenntnis Philipper 2,5–11 aus.

Durch den Glaubensvollzug – d. h. vertrauen in diese Möglichkeit der Übereinstimmung mit Gott, die von Gott selbst ausgeht und im Leben Jesu konkret wird – vollzieht der Mensch bewußt den Weg der Übereinstimmung mit Gott. Auch der Glaubensvollzug bedeutet nichts anderes als sich durch den Weg Jesu mit Gott in Übereinstimmung bringen zu lassen und sich dazu zu bekennen. Diesen Sachverhalt drückt 1. Johannes 3,1–3 aus.

An zwei Beispielen soll das Überwältigtwerden von Gott und die Übereinstimmung mit Gott gezeigt und gleichzeitig dargestellt werden, wie es zu einer Bekenntnisaussage kommt.

Der französische Philosoph Blaise Pascal (1623–1662) erfährt in der entscheidendsten Stunde seines Lebens Gott als die Macht des Lebensgrundes und bricht durch dieses Erlebnis in ein Bekenntnis aus: »Feuer, Gott Abrahams, Gott Isaaks, Gott Jakobs, nicht der Philosophen und Gelehrten. Gewißheit, Gewißheit, Gewißheit, Fühlen, Freude, Friede. Gott von Jesus Christus. Ich bin von ihm getrennt gewesen, ich habe ihn geflohen, habe ihn verleugnet, ihn gekreuzigt. Laß mich niemals von ihm getrennt sein. Er ist zu finden nur auf die Art, wie es das Evangelium lehrt.« Pascal faßt die Erfahrung mit Gott in einem Gebet zusammen. Er erlebte die Übereinstimmung mit Gott. Gerade durch die Anrede Gottes beschreibt er kein mystisches Erlebnis, sondern die Relation Gott-Pascal. Diese Begegnung mit Gott verwandelt ihn und läßt ihn sein Leben, seine Welt und den Sinn seines Daseins neu sehen. Aus seinen Worten spricht persönlicher Trost und die Gewißheit, daß er die Mitte seines Lebens gefunden hat. Pascals Grunderkenntnis ist, daß Gott dies gewirkt hat, so wie Luther dies in der Auslegung zum 3. Glaubensartikel im Kleinen Katechismus beschrieben hat. Das Bekenntnis ist eine ganz persönliche Angelegenheit des Menschen; mit ihm steht und fällt er, weil sein Innerstes betroffen ist. Daraus ergibt sich eine neue Bestimmung für den Menschen. Es ist der freie, verantwortlich lebende Mensch, der in freier Gewissensentscheidung seinen Glauben bekennt und sein Leben führt.

Diese Erfahrung ist noch deutlicher an der Person Martin Luthers zu sehen, der durch das Studium des Römerbriefes – gerade des dritten Kapitels – die Rechtfertigung des Menschen durch Gott in Christus erfährt. War es bei Pascal mehr ein spontanes Erleben, so geschieht dies bei Luther mehr verstandesmäßig beim Studium des Römerbriefes. Was der Apostel Paulus über das Erlösungswerk Jesu Christi aussagt, das überzeugt den fragenden Luther. Im Gespräch mit der Bibel erhält er Antwort auf seine Glaubensfrage: »Wie bekomme ich einen gnädigen Gott?« Er wurde durch das Gnadengeschenk Gottes im Glauben überwunden. Diese Erkenntnis brachte Luther zur Übereinstimmung mit Gott. Diese Entdeckung bestimmte sein Leben neu. Bei Luther ist am deutlichsten zu beobachten, daß der Mensch von sich aus nicht die Übereinstimmung mit Gott erlangen kann, sondern daß Gott sie ihm schenkt. Was er im Kloster suchte und nicht fand, was er durch die Buß- übungen der Kirche nicht gewinnen konnte: den Seelenfrieden mit Gott, das alles gewann er durch das Lesen der Bibel über Gottes Gnadenhandeln in Christus. Luther vernahm den Zuspruch Got- tes in seinem Gewissen. Diese Übereinstimmung mit Gott veran- laßte ihn öffentlich davon zu sprechen.

Was Luther und Pascal erlebt haben, das wiederholt sich immer wieder, wenn Menschen von Gott durch dessen Taten zur Über- einstimmung mit ihm gebracht werden. Sie stehen dann mit dieser neuen Glaubenserkenntnis gegen dogmatische Glaubenslehren.

Neben diesen persönlichen Glaubenserlebnissen, die zu einer Bekenntnisaussage führen, gibt es das überlieferte Glaubensbe- kenntnis einer Glaubensgemeinschaft, in die Menschen hineinge- boren und hineingetauft werden. Diese Tatsache darf nicht überse- hen werden. Der kulturgeschichtliche Rahmen prägt indirekt auch einen Menschen. Es ist die Vorgegebenheit, in die ein Mensch hineinwächst. Diese indirekte Einwirkung wird eines Tages be- wußt wahrgenommen, wenn ihm durch Unterricht das Glaubens- bekenntnis nahegebracht wird. Er selbst kann es sich durch Medi- tation erschließen. Dadurch gelangt er zu einer Sinndeutung seines Lebens. Gerade die Aussagen des Apostolischen Glaubensbe- kenntnisses machen die Relation Gott-Mensch deutlich: »Ich glau- be an Gott ... Ich glaube an Jesus Christus ... Ich glaube an den Heiligen Geist.« Durch diese Aussagen wird die Beziehung des Menschen zu Gott, dem Schöpfer der Welt und des Kosmos, be- schrieben. Der Mensch wird hineingestellt in den Kosmos. Durch die Beziehung zu Jesus Christus wird ihm eine klärende Antwort auf den Tod gegeben. Durch die Beziehung zum Heiligen Geist aber wird ihm das Leben in der Gemeinschaft eröffnet.

Das Bekenntnis gibt Aufschluß über den Mittelpunkt des menschlichen Lebens. Es erschließt dem Menschen einen Verste- henshorizont. Die Relationen, in denen der Mensch steht, werden ihm durch das Bekenntnis aufgezeigt. Das Bekenntnis eröffnet eine Sinneinheit. So ermöglicht es das Zwiegespräch von Frage und Antwort über das menschliche Leben in dieser Sinneinheit. Das

Bekenntnis ist nicht bloß das Produkt eines immanenten Dialogs, sondern auch die Einbeziehung einer transzendenten Dimension. So ist das Bekenntnis einerseits die spontane Äußerung des Menschen aufgrund des Überwältigtwerdens von Gott, wie auch andererseits die reflexive Äußerung des Menschen vor seinem Bewußtsein. Gerade das religiöse Bekenntnis zeigt deutlich, daß der Mensch sein Leben von Gott her hat und vor Gott verantworten muß.

IV. Das Augsburger Bekenntnis als Lehrnorm

Kirche in der Welt ist dort, wo gleichzeitig ein Bekenntnis formuliert wurde. Verkündigung schafft Kirche. Bekenntnis begründet Kirche. Durch das Bekenntnis legt die Kirche dar, was sie bestimmt. Daher gibt es keine Kirche ohne Bekenntnis. Eine Kirche ohne Bekenntnis wäre dem Gott der Philosophen und Gelehrten ausgeliefert. Ähnlich wäre die Kirche dem Spielball der Zeitmeinung ausgesetzt, wenn sie ihr Bekenntnis vergißt.

In einem Bild gesprochen: wie für den Hausbau ein Plan unbedingt notwendig ist, so ist das Bekenntnis für die Ausrichtung der Kirche bestimmend. Es zeichnet die Konturen des Evangeliums aus und versucht in Lehrsätzen das Wesentliche des Glaubens auszusprechen. Gleichzeitig zeigt die Kirche durch das Bekenntnis auf, welche Botschaft sie den Menschen bringt. Somit ist das Bekenntnis die Ausweisung der Kirche nach außen. Zum anderen ist das Bekenntnis auch ein Maßstab nach innen; denn es schützt die Freiheit der Verkündigung und gibt Anweisung für die Kirchenordnungen. Das Augsburger Bekenntnis ist Lehrnorm der Kirche gegenüber subjektiven Bekenntnisaussagen, die nicht mit der Confessio Augustana übereinstimmen. Zum anderen ist das Augsburger Bekenntnis die Glaubenslehre der Lutherischen Kirche.

Natürlich ist die Frage berechtigt: Reicht der Kirche nicht das Evangelium, warum bedarf sie noch des Bekenntnisses? Wie sind Evangelium und Bekenntnis einander zugeordnet? Die Wechselbeziehung zwischen Evangelium und Bekenntnis sieht so aus: Das Evangelium ist norma normans, während das Bekenntnis norma normata ist. Das Bekenntnis ist immer von Evangelium abgeleitet. Es faßt die Botschaft des Evangeliums prägnant zusammen. Im Griechischen heißt das Bekenntnis »Symbol«, was soviel wie Wahrzeichen, Abzeichen, Erkennungszeichen, Sinnbild bedeutet. Mit diesem Wort ist der Sinn und Zweck des Bekenntnisses am deutlichsten ausgedrückt. Das Bekenntnis ist Zeichen der Kirche, der protestantischen Kirchen. Das Augsburger Bekenntnis bindet die Gemeinden, Pfarrer und Lehrer ausschließlich an das Evangelium, so steht es in der Vorrede der Confessio Augustana von 1530.

Diesen Anspruch kann das Bekenntnis erheben, weil es keine in sich ruhende und für sich bestehende Wahrheit enthält; denn alles, was es an Erkenntnis ausspricht, empfängt seine Gültigkeit allein aus dem Evangelium. Es gehört zu den unveräußerlichen Grundlagen der Reformation Luthers, wenn er sagt, daß die Kirche überhaupt keine Glaubensartikel von sich aus festsetzen kann, die nicht durch Gottes Wort selbst als Inhalt des Glaubens gesetzt sind. Durch Bindung des Bekenntnisses an das Evangelium gewinnt die Kirche die Freiheit gegenüber aller Lehre, die nicht in Gottes Wort begründet ist. Aufgrund dessen ist die protestantische Kirche beweglich, sich der jeweiligen Zeitanforderung zu stellen. Dies wurde deutlich in den dreißiger Jahren dieses Jahrhunderts. Die Kirche war durch den Staat in Frage gestellt worden. Durch das 1934 geschaffene »Bekenntnis von Barmen« hat die Kirche eine Antwort auf eine aktuelle geschichtliche Herausforderung gegeben. Zwar ist es im Vergleich zum Augsburger Bekenntnis eine Verkürzung, weil es nur auf die aktuelle Problematik antwortet und nicht das ganze Glaubensproblem neu durchdenkt.

Die Kirche weiß um die fortwährende Wechselbeziehung: Fragen des Menschen und Antwort aus dem Wort Gottes im Bekenntnis. Deshalb wird ganz richtig in dem Tagungsbericht der lutherischen Bischofskonferenz in Reichenau 1968, S. 150 festgestellt: »Die Bekenntnisse der Väter fordern in jeweils neuer geschichtlicher Situation zu neuem Bekennen heraus. Eine bloße Rezitation der Bekenntnisschriften genügt nicht. Jedes Bekenntnis bleibt Stückwerk und kann mißverstanden werden. Trotzdem ist von uns das Wagnis des aktuellen Bekenntnisses gefordert.« Die Kontinuität und die Neuformulierung des Bekenntnisses stehen in einer Wechselbeziehung. Das Verbindliche am Bekenntnis ist nicht der Wortlaut, sondern der Aussagegehalt. Denn das Bekenntnis ist der Ausdruck einer Lebensgemeinschaft.

Das Bekenntnis hat auch kirchenbestimmende Kraft. Dies wird deutlich beim Durchlesen der Präambel zur Verfassung der bayerischen Landeskirche. Zwar wird von der Bekenntnisbindung der Landeskirche nur noch summarisch geredet: »Die Evangelisch-Lutherische Landeskirche in Bayern r. d. Rheins steht auf dem alleinigen Grund der Heiligen Schrift. Sie hält sich in Lehre und Leben an das evangelisch-lutherische Bekenntnis.« Im Artikel 28 der Kirchenverfassung von 1920 ist außerdem festgelegt, daß das Bekenntnis nicht Gegenstand der Gesetzgebung ist, wodurch der Bekenntnisstand der Landeskirche rechtlich unangetastet bleibt. Doch bleibt das Bekenntnis das unverrückbare Fundament der Evangelisch-Lutherischen Kirche in Bayern und ihrer Verfassung. Das Bekenntnis bestimmt die Ausgestaltung der Kirche. »Es liegt dem von der Kirche gesetzten Recht voraus. Ordnung, Recht und Verwaltung der Kirche sind ... vom Bekenntnis her auszurichten und allein von ihm her zu bestimmen.« Dies hat noch weitere Konsequenzen.

Die Kirche, die sich an ihr Bekenntnis bindet, unterstellt auch ihre Amtsträger vom Beginn ihrer Amtstätigkeit an dieser Norm. Die Bindung an das Bekenntnis wird besonders deutlich sichtbar bei der sogenannten Verpflichtung. Im »Kirchengesetz über die Rechtsverhältnisse der Predigtamts- und Pfarramtskandidaten« vom 27. 4. 1939 heißt es in § 5, Abschnitt III: »Die Verpflichtung hat folgenden Wortlaut: »Ich N. N. verspreche, daß ich in den mir übertragenen oder von mir übernommenen Predigten, Unterrichtsstunden und sonstigen Amtshandlungen die geoffenbarte Lehre des Heiligen Evangeliums nach dem Bekenntnis unserer evangelisch-lutherischen Kirche rein und lauter verkündigen will und daß ich in keinem Stück mit Wissen von ihr abweichen, geschweige ihr widersprechen oder sonst durch unsichere und zweifelhafte Lehren Anstoß geben will.« Das Bekenntnis wird zur Lehrnorm. An ihm wird der Geistliche in seinem Handeln und Reden gemessen. Denn die bekenntnisgemäße Ausübung des Amtes ist in der Bayerischen Landeskirche aufgrund des entsprechenden Kirchengesetzes der VELKD vom 16. 6. 1956 durch das Kirchengesetz über das Lehrverfahren gegen Amtsträger der Evangelisch-Lutherischen Kirche in Bayern geschützt. So wird das Bekenntnis bindend für eine bestimmte Ausprägung der Kirche. Mit ihm steht und fällt die Kirchenform. Das Bekenntnis hat seinen Sinn und Zweck nicht in sich selber, sondern verweist auf die Mitte des Evangeliums und beschützt dadurch die Kirche vor Irrlehren.

V. Auslegungsmethodik

Es gibt verschiedene Methoden, um das Augsburger Bekenntnis auszulegen. Es bietet sich die geschichtliche Methode an. Dazu ist es notwendig, den geschichtlichen Hintergrund der Confessio Augustana aufzuzeigen, um den Aussagegehalt des Bekenntnisses herauszustellen; denn die Confessio Augustana ist in einer bestimmten Zeit entstanden. Als eine andere Methode bietet sich die dogmatisch-theologische Auslegung an. Auch hier ist es nötig, den Hintergrund der theologischen Probleme zu entfalten, um den neuen Aussagegehalt der Confessio Augustana zu begreifen. Nur in dieser Wechselbeziehung der damals gültigen Kirchenlehre und dem Neuen der Reformatoren ist der Text der einzelnen Artikel zu verstehen; denn die Reformatoren bemühten sich, auf ein Lehrdefizit der damaligen Kirche eine Antwort zu geben. Hätte nämlich die damalige Kirche einen besseren Kontakt zum Volk gehabt, dann hätte sie bereits feststellen können, daß Kirchenlehre und Lebensgewohnheiten der Menschen nicht übereinstimmten. Es war das Neue, daß die Reformatoren diesen wunden Punkt aufgriffen und zu beheben bzw. zu beantworten suchten. Zum anderen machen die Reformatoren klar, daß Glaubensaussagen in jeder Generation neu formuliert werden müssen. Dem Glauben eignet nichts Statisches, sondern etwas Dynamisches an. Als dritte Methode ist die Form des Gesprächs als Interpretation der Confessio Augustana möglich. Diese Form erschließt sich beim Lesen des Bekenntnisses aus dem Text der Confessio Augustana selbst; denn das Bekenntnis ist so konzipiert, daß es auf Fragen antwortet: Was lehren die Protestanten über Gott, Christus, die Kirche?

Die Reformatoren haben aufgrund des Bibelstudiums immerfort das Gespräch mit der Kirchenlehre geführt. Die Bibel war der Maßstab, an dem sie die damalige Kirche maßen, und nicht ihr eigenes Gutdünken. Diese Methode des Gesprächs können wir in den einzelnen Artikeln der Confessio Augustana immer wieder entdecken: da wird die Bibelstelle als Ausgangspunkt der Reflexion über die Kirchenlehre zitiert und gleichzeitig die Aussagekraft der Bibelstelle hergenommen, um das Neue zu formulieren.

Diese Gesprächsmethode ist die geeignetste für die Auslegung der Confessio Augustana. Die Artikel des Augsburger Bekenntnisses entspringen einem ganz bestimmten Anlaß: Was glauben die Protestanten? Vor Kaiser und Reich haben sie dies in Augsburg 1530 öffentlich bezeugt und damit das Wesen ihres Glaubens aufgedeckt. Ein Beispiel sei der Artikel 4 »Von der Rechtfertigung«. Er versucht eine Antwort auf die Frage zu geben: »In welcher Weise ist Gott dem Menschen gnädig?« Die Rechtfertigungslehre kann nur verstanden werden, wenn etwas vom religiösen Hintergrund des Mittelalters deutlich wird. Der mittelalterliche Mensch hatte vor dem Strafgericht Gottes Angst. Diese Angst ist aus der Vorstellung des nahen Weltendes, die damals die Menschen beherrschte, verständlich. Die mittelalterliche Kirche bot dem Menschen als Heilsweg das Klosterleben wie auch den Verdienstgedanken durch gute Werke an. Sie rechtfertigen den Menschen vor dem zornigen Gott. Gegen diese Antwort sprachen sich die Reformatoren aus. Gerade Martin Luther entdeckte durch das Studium des Römerbriefes einen ganz anderen Gott: nicht den zornigen, fordernden Gott, sondern den gütigen und barmherzigen in Jesus Christus. Diese befreiende Erkenntnis sprach Luther aus. Der Mensch wird vor Gott allein aus Gnaden gerecht durch den Glauben, um Christi willen. Ganz kurz sei dies entfaltet: »allein aus Gnaden« heißt, der Mensch braucht mit keinerlei Anspruch vor Gott zu treten. Vielmehr ist Gott von sich aus der Aktive, der sich dem Menschen zuwendet. »Allein durch Glauben« bedeutet: Gott ist bedingungslos bereit, dem Menschen alles zu schenken. Der Mensch als Empfangender hat dies anzunehmen und sich als Beschenkter zu sehen. »Um Christi willen« heißt: das alles ist keine schöne Idee, sondern Wirklichkeit. Nur Christus selbst macht uns zu Gottes Kindern. Diese Aussagen über das Handeln Gottes am Menschen eröffnen dem Menschen eine neue Sicht über sich selbst. Durch das Entgegenkommen Gottes in Christus erhält der Mensch ein neues Selbstverständnis. Nicht mehr selbst muß sich der Mensch durch seine eigene Leistung vor Gott behaupten oder beweisen, sondern Gott gibt ihm sein Selbstverständnis. Er nimmt den Menschen so an, wie er ist, um Christi willen.

Dem Artikel 4 des Augsburger Bekenntnisses liegt das Gespräch über zwei Glaubensmöglichkeiten zugrunde: die eine ist die der mittelalterlichen Kirche, nämlich der Weg durch Verdienste: Kloster, gute Werke und Heiligenverehrung, d. h. die Gunst Gottes zu erkaufen. Die andere ist die, welche Martin Luther durch den Umgang mit der Bibel erkannte, nämlich, daß Gott sich dem Menschen zuwendet.

Die einzelnen Artikel legen nicht bloß den Glauben der Protestanten dar, sondern grenzen sich auch gegenüber Irrlehren ab: »Damit werden ... verworfen.« Die Reformatoren verstehen das Bekenntnis als Glaubensinformation wie auch als Abgrenzung. Diese Form ist nur im Dialog möglich. Im Gespräch werden die Glaubenseinsichten ausgesprochen und die Unterschiede erkannt. Sie werden im Gespräch der Partner durch die Glaubenserfahrung des anderen herausgefordert, gleichzeitig aber bei ihm selbst ein Denkprozeß eingeleitet, der ihn zum stets neu Glaubenden machen kann.

Es stellt sich hier die Frage, soll mit dem Artikel 4 der Confessio Augustana der Einstieg in das Bekenntnis von 1530 gewagt werden? Gerade die Rechtfertigungslehre ist der Mittelpunkt des protestantischen Glaubens. Von dieser neuen Glaubenserkenntnis hat die Reformation das ganze Leben eines Gläubigen neu durchdacht. In jedem Artikel kann die Erkenntnis der Rechtfertigungslehre wahrgenommen werden. Als weiterer Einstieg bietet sich der Artikel 5 »Vom Predigtamt« an; denn durch die Wortverkündigung wird die neue Glaubenserkenntnis erschlossen. Der Protestantismus hat als Mittelpunkt des Gottesdienstes die Wortverkündigung und Sakramentsspendung angesehen. Das Wort trifft den Menschen im Gewissen und eröffnet ihm Gottes Anschauung über ihn.

Dennoch wird hier chronologisch mit der Auslegung der Confessio Augustana begonnen. Die Reformatoren geben an, von welchem Standpunkt sie den Menschen und die Welt sehen: von der Gemeinschaft mit Gott. Mit diesem Ausgangspunkt machen sie darauf aufmerksam, daß das Bekenntnis ein Gebet ist. Wie im Gebet, so meditieren, loben und danken sie im Bekenntnis Gott für seine Zuwendung in Jesus Christus.

Es sei noch darauf hingewiesen, daß manche Artikel unter einem Oberthema zusammengefaßt werden. Doch ist jeder Abschnitt folgendermaßen gegliedert: a) Texte aus dem Augsburger Bekenntnis, b) Bibelstellen zu den einzelnen Artikeln, c) der historisch-dogmatische Hintergrund. Durch diesen Dreischritt läßt sich am besten die Intention der Artikel des Augsburger Bekenntnisses wiedergeben, wodurch auch der Gesprächscharakter offensichtlich wird: das religiöse Problem, die Glaubensfragen der Zeit, die Orientierung an Hand der Bibel und die Antwort im jeweiligen Artikel.

B) Das Augsburger Bekenntnis

I. Die kirchlich-theologischen Grundaussagen (Artikel 1–21)

1. Der Weg Gottes mit den Menschen

a) Text aus der Confessio Augustana:
Artikel 1: Von Gott.

Die Gemeinden lehren bei uns in voller Übereinstimmung: Der Beschluß des Konzils von Nicäa, es sei eine göttliche Wesenheit und drei Personen, ist wahr und muß ohne jede Einwendung geglaubt werden. Näherhin: es ist eine göttliche Wesenheit, welche Gott genannt wird und Gott ist, ewig, körperlos, unteilbar, von unermeßlicher Macht, Weisheit, Güte, der Schöpfer und Erhalter aller Dinge, der sichtbaren und der unsichtbaren. Und dennoch sind es drei Personen von derselben Wesenheit und Macht und gleich ewig, der Vater, der Sohn und der Heilige Geist. Und das Wort »Person« nehmen sie in der Bedeutung, in welcher es die Kirchenschriftsteller zu diesem Thema gebraucht haben, also nicht als Teil oder Qualität an etwas anderem, sondern als etwas, was für sich selbst existiert.

Sie verurteilen alle Ketzereien, die sich gegen diesen Glaubenssatz erhoben haben, z. B. die Manichäer, welche zwei Urmächte annahmen, eine gute und eine böse; ebenso die Valentinianer, die Arianer, die Eunomianer, die Mohammedaner und alle ihresgleichen. Sie verdammen auch die Samosatener alter und neuester Art. Denn wenn diese behaupten, es sei nur eine Person, dann machen sie über das Wort und den Heiligen Geist spitzfindig-gottlose Redensarten, als seien sie nicht eigene Personen, sondern als bedeute Wort und »Geist« nur eine geschöpfliche Bewegung in den Dingen.

b) Texte aus der Bibel:
2. Mose 3,13–14: »Mose sprach zu Gott: Siehe, wenn ich zu den Kindern Israel komme und spreche zu ihnen: Der Gott eurer Väter hat mich zu euch gesandt, und sie mir sagen werden: Wie heißt sein

Name? was soll ich ihnen sagen? Gott sprach zu Mose: Ich werde
sein, der ich sein werde. Und sprach: Also sollst du zu den Kindern
Israel sagen: Ich werde sein hat mich zu euch gesandt.«

Matthäus 28,18–20: »Und Jesus trat zu ihnen, redete mit ihnen
und sprach: Mir ist gegeben alle Gewalt im Himmel und auf Er-
den. Darum gehet hin und lehret alle Völker und taufet sie im
Namen des Vaters und des Sohnes und des heiligen Geistes, und
lehret sie halten alles, was ich euch befohlen habe. Und siehe, ich
bin bei euch alle Tage bis an der Welt Ende.«

1. Timotheus 1,17: »Aber Gott, dem ewigen König, dem Unver-
gänglichen und Unsichtbaren und allein Weisen, sei Ehre und Preis
in Ewigkeit! Amen.«

Aufgrund der Selbstoffenbarung Gottes, die uns die Menschen
der Bibel in ihrer Erfahrung mit Gott berichten, wissen wir etwas
von Gott. Das Dasein des Menschen wird wesentlich bestimmt
durch das Gottesverhältnis, das einem Urverhältnis gleichkommt.
Kraft dieses Urverhältnisses ist Gott im Dasein des Menschen wesentlich gegenwärtig, auch wenn es diesem noch nicht zum den-
kenden Bewußtsein gekommen ist. Die Bibel zeigt auf, in welchen
geschichtlichen Begegnungen Gott dem Menschen bewußt wird
(2. Mose 3,13–14). In seiner wesentlichen Immanenz im Dasein des
Menschen ist und bleibt Gott der Transzendente. Gott ist nicht als
irgendeine göttliche Sphäre in der Menschlichkeit gegenwärtig,
nicht als identisch mit irgendeiner Innerlichkeit oder dem »Seelen-
Grunde«, sondern als die wesentliche Beziehung des ganzen Menschen auf das ihn wirkende, durchwaltende, beanspruchende Jenseits und Gegenüber aller Menschlichkeit. Gott ist das Gegenüber
des Menschen. Dieser ist gottbezogen (Matthäus 28,18–20). Das
Verhalten des Menschen Gott gegenüber ist die Anbetung (1. Timotheus 1,17).

Aus diesen Erfahrungen mit Gott, die die Bibel berichtet, entwickelt sich das Bekenntnis zu Gott in der Kirche. Zur Bekennt-
nisbildung führt eine doppelte Notwendigkeit: konkrete Ausprägung der erkannten Wahrheit bedarf die Kirche sowohl zu ihrer
Selbsterbauung als zusammenfassenden, verbindenden Ausdruck
der gemeinsamen Wahrheit, wie auch bei den Kämpfen innerhalb

ihrer selbst und mit den Gegnern zur Sicherung und Abgrenzung der Wahrheit gegen Entstellung oder Bestreitung in bestimmter geschichtlicher Lage. Gerade dies zeigt die Lebendigkeit des Glaubens. Durch das Bekenntnis wird in komprimierter Weise das Wesentliche des Glaubensinhaltes ausgesagt wie auch die Abgrenzung genannt. Das Bekenntnis zeigt die Wechselbeziehung zwischen Glaube und Zeitströmung auf.

c) Der historisch-dogmatische Hintergrund des 1. Artikels.
Was eben über die Wechselbeziehung zwischen Bibel und Bekenntnis gesagt wurde, wird auch deutlich beim Lesen der Confessio Augustana. Die Autoren des Augsburger Bekenntnisses versuchen mit ihren Gegnern ein Gespräch zu führen. Was lehren die Protestanten von Gott? ist die Frage, der sie sich zu stellen haben. Die Reformatoren kennen nicht die rationale Fragestellung der »Gottestot-Theologie« unserer Tage. Doch wissen sie um die Spannung des Nicht-glauben-könnens und des Dennoch des Glaubens. Diese Frage ist schon immer eine existentielle gewesen und nicht bloß eine rationale.

Zunächst betonen die Reformatoren durch die Anerkennung des Trinitätsdogmas von 381 (Nicea-Konstantinopel), daß sie nicht eine neue Kirche mit neuer Lehre ins Leben rufen wollen, sondern daß sie in Kontinuität der Kirche stehen und sich als Glieder der »einen, heiligen, katholischen (d. h. weltumfassende) und apostolischen (d. h. auf die Apostel zurückgehende und mit deren Lehre übereinstimmenden) Kirche wußten. Die Reformatoren nahmen die Glaubensgedanken der alten Kirche auf, die ein Endergebnis sind auf die Frage: »Wie ist das Bekenntnis zu Jesus als dem Herrn mit dem Glauben an den einen Gott vereinbar?« Zum anderen hatte die Anerkennung dieses Konzilbeschlusses auch kirchliche und staatsrechtliche Gründe. Der römische Kaiser Theodosius (379–395) hatte im Jahr 380 ein Gesetz erlassen, in dem gefordert wurde, daß alle römischen Untertanen den Glauben an die »eine Gottheit des Vaters, des Sohnes und des Heiligen Geistes« anzunehmen hätten. Wer dies nicht tat war ein Ketzer und wurde geächtet. Die deutschen Kaiser sahen sich als Rechtsnachfolger der römischen Kaiser, zu deren Aufgaben es gehörte, dem alten römischen Recht auch zu ihrer Zeit Geltung zu verschaffen. Die Berufung auf das Nicaeno-Constantinopolitanum bedeutete, daß die Evangelischen zurecht Anspruch auf den katholischen Namen erhoben, den Vorwurf der Ketzerei zurückwiesen und somit auf dem Boden des geltenden Rechtes standen, so daß der Kaiser rechtswidrig handeln würde, wenn er die Protestanten von Reichs wegen unterdrücken und verfolgen wollte. Es waren nicht nur kirchliche und staatsrechtliche Gründe, die die Reformatoren bewogen, die Trinitätslehre aufzunehmen, sondern auch theologische Gründe, durch die am deutlichsten gezeigt wird, daß Gott sich den Menschen in Jesus Christus offenbart. Diese Glaubens- und Bekenntnisaussage, daß Jesus Christus wahrhaftiger Gott ist, hat praktische Bedeutung für das Leben des Menschen. Wäre Jesus nur ein verkleideter Gott und kein Mensch, dann wäre sein Leidensweg nichts als ein großartiges Schauspiel gewesen. Er wäre mit uns Menschen und mit unserer Natur nicht solidarisch geworden und die Trennung zwischen Gott und Menschen wäre nicht aufgehoben worden. Die Kirche bekannte mit dem Konzil von Konstantinopel 381, Jesus Christus ist wahrer Gott und wahrer Mensch in einer Person. Jesus ist nicht nur dem Vater wesensgleich, sondern auch uns Menschen, jedoch ohne Sünde.

Die Reformatoren sind gehorsam gegenüber dem Bekenntnis zum dreieinigen Gott, dem Vater, dem Sohn und dem Heiligen Geist. Das Bekenntnis ist dankbarer Lobgesang auf den Gott, der nicht in überlegener Einsamkeit über der Welt thront, sondern es sich gefallen läßt, sich dem Menschen, der sein Geschöpf ist und sich von seinem Ursprung losgerissen hat, zu offenbaren. Nach diesem Bekenntnis lebt die Kirche und bezeugt dies durch ihr Handeln. So ist das Apostolische Glaubensbekenntnis trinitarisch aufgebaut. Es war im 2. Jahrhundert das Taufbekenntnis der ersten Christen. Dies Taufbekenntnis gründet auf dem Wissen, daß Jesus Christus der Erlöser ist. Er ist die einzige Gewißheit der Christen, weil er göttliches Schicksal erlitten hat. Darum war in ihm Gott selbst gefunden und darum war den Glaubenden durch Jesus Christus der Zugang zur Gemeinschaft mit Gott geöffnet. Der

Täufling stimmte in das Offenbarungsgeschehen der Trinität als seiner neuen Lebensmöglichkeit ein.

Mit der Trinitätslehre will die Kirche die Offenbarung und das Zeugnis der Heiligen Schrift von der Wirklichkeit des einen Gottes, als Gottes des Vaters, Gottes des Sohnes und Gottes des Heiligen Geistes, durch sein Handeln in der Welt als der Schöpfer und Erhalter, der Erlöser und der Heiligmacher, »entfaltend bekennen«. Nur in einer solchen Reihenfolge kann von der Wirklichkeit Gottes und seinem Handeln in der Welt geredet werden, weil wir Menschen durch unser Denken nicht beides in einem Wort gleichzeitig ausdrücken können, sondern nur in mehreren Worten nacheinander, und weil von uns nur in der dreifachen Entfaltung die in der Heiligen Schrift geoffenbarte Selbsterschließung Gottes an uns bezeugt werden kann.

Bei genauerem Hinhören auf die Diktion des Gespräches stellen wir fest, daß das Bekenntnis zur Trinität Gottes die Antwort des Glaubens auf die in der Bibel geoffenbarte und bezeugte Wirklichkeit Gottes und seines Heilshandelns an der Welt ist. Die Trinitätslehre macht keine Aussagen über das Wesen Gottes, sondern sie ist Anbetung. Denn in das Geheimnis Gottes vermag kein Mensch einzudringen, wenn Gott sich nicht selbst dem Menschen offenbart. Der Mensch kann von sich aus Gott nicht auf eine fertige Formel bringen. Das Bekenntnis ist ein Lob an Gott, der sich als Vater in Jesus Christus »für uns« und im Geiste »in uns« tätig ist, um uns mit sich zu versöhnen. So enthält das Bekenntnis zu Gott gleichzeitig auch eine inhaltliche Aussage: Wer Gott für den Menschen ist. Die Antwort wird besonders deutlich in der Person Jesus Christus, der Gott für uns und der Mensch für Gott ist und dadurch die Einheit von Gott und Mensch herstellt. Zur biblischen Begründung vergleiche Johannes 1,14 und Hebräer 2,17. Auch in den Aussagen über Gottes Verhältnis zu Christus und zum Heiligen Geist wird deutlich, wer Gott für den Menschen ist: daß Gott den Menschen versöhnt und befreit in Christus. Gott sammelt und heiligt durch den Geist sein Volk. Sowohl das Alte wie auch das Neue Testament sind Zeugnis für dieses Mitgehen Gottes mit dem Menschen durch die Geschichte.

Durch die Trinitätslehre wird dem Gesprächspartner Gottes Handlungsweise aufgeschlossen und erschlossen. Die Erfahrungen mit Gott in der Bibel werden im Bekenntnis gedanklich gefaßt. Dabei wird die Vorstellungsweise eines Tritheismus vermieden. Vielmehr wird der Nachdruck auf die Einheit Gottes gelegt. Unter »Person« darf nicht Person im Sinne des gegenwärtigen Sprachgebrauches verstanden werden, sondern der innere Reichtum der göttlichen Macht. Wesenheit meint die Ganzheit der Trinität. Die Einheit in Gott: Gott-Vater, Gott-Sohn, Gott-Heiliger Geist wird als innertrinitarisches fortlaufendes Gespräch verstanden. Dieser Einklang in Gott eröffnet sich nach außen zur Welt und zum Menschen in drei Erscheinungsweisen: Schöpfer, Erlöser und Heiliger. In dieser Weise zeigt sich Gott dem Menschen und beginnt mit ihm das Gespräch. Weil Gott sich offenbart, dies möchte die Trinitätslehre sagen, deshalb kann der Mensch zu Gott beten. Wer verstanden und erfahren hat, was der Sündenfall für die Schöpfung und was die Erlösung für den Menschen bedeutet, der wird in dankbarer Freude miteinstimmen in die Anbetung des dreieinigen Gottes.

Das Bekenntnis ist auch Abgrenzung gegenüber einseitigen Gottesvorstellungen. Es werden folgende Gruppierungen genannt: Manichäer, Valentinianer, Arianer, Eunomianer, Muslime und Samosatener. Hinter diesen Namen verbergen sich philosophische Anschauungen über Gott. Damit drücken die Reformatoren aus, daß sie mit diesen Gruppierungen nichts gemein haben. Es ist interessant, daß diese Gedanken über Gott in ihren Grundzügen auch heute noch immer wieder vertreten werden. Deshalb sei kurz auf die Gedankeninhalte eingegangen.

Die Manichäer (3. Jahrhundert n. Chr.) betonen den göttlichen Dualismus: Gut und Böse. Diese Anschauung zieht den Menschen in den Kampf zwischen Gut und Böse hinein. Der Mensch kann nach dieser Lehre in Gott nicht sein Gegenüber sehen.

Der Theismus der Valentinianer, Arianer, Eunomianer und Muslime betont zwar die Absolutheit Gottes, läßt über Gottes Zuwendung an die Menschen aber wenig erfahren. Die Gottheit Gottes wird zwar gewahrt, doch die Offenbarung Gottes zu den

Menschen wird auf einen Propheten beschränkt. Jesus Christus wird als Mittelwesen wie ein Prophet zwischen Gott und Menschen angesehen. Dagegen betont die Trinitätslehre, daß Gott sich uns in Jesus zu erkennen gibt. Jesus spricht von Gott als Vater, zu dem der Mensch in ein Kindschaftsverhältnis eintreten kann, weil Gott mit dem Menschen Gemeinschaft haben möchte.

Die Samosatener betonen die eine Person. Doch werten sie ab das Wort und den Heiligen Geist. Das Wort ist nach ihrer Meinung nicht eigene Person, also nicht Christus, sondern bedeutet nur das gesprochene Wort. Ebenso ist es mit dem Heiligen Geist, der nur eine geschöpfliche Bewegung in den Dingen meint. Das Wort Gottes, wie es nach Johannes 1 zu verstehen ist, gewinnt nur durch die Person Jesu seine Einmaligkeit. Nur durch dieses Wort spricht Gottes Geist mit unserem Geist (Johannes 14–15).

Gerade die Reformatoren haben mit allem Nachdruck auf die Bedeutung der Trinitätslehre hingewiesen. Sie erkannten bei aller Spekulation über Gott, daß die Trinitätslehre uns davor schützt, Gott zu einem unbegreifbaren, dem Menschen fernen und fremden Abstraktum zu machen, das nur der Spekulation zugänglich ist und dabei die Bedeutung Gottes für uns vergessen läßt. Gerade das »Gott für uns« macht die Trinitätslehre deutlich. Sie bewahrt uns davor, in Jesus nur noch einen guten, aber gescheiterten Menschen zu sehen. Vielmehr zeigt sich Gott als der Selbstoffenbarer in Jesus Christus. Die Trinitätslehre wehrt schließlich das Mißverständnis ab, als sei der Heilige Geist die Bestätigung unseres Ideenreichtums. Demgegenüber ist der Heilige Geist als wirkende Macht zu verstehen, die den Menschengeist anspricht und zur Gemeinschaft führt.

Die Reformatoren sprechen von Gott, der sich dem Menschen vorstellt und zu dem er in Beziehung steht. Das Reden von Gott ist nur von der Trinität möglich. Von Gott her versteht sich die Geschichte des Glaubens und ihrer Entwicklung in der Welt. Nur von Gott her eröffnet sich für den Menschen eine Hoffnung und ein Wissen um die Veränderung. Deshalb geben die Reformatoren im ersten Artikel des Augsburger Bekenntnisses keine Definition von Gott ab, sondern erinnern an Wirkweisen Gottes, wie sie die

Menschen der Bibel aufgezählt haben. Die Trinitätslehre ist die Quintessenz der biblischen Erfahrung: Gott als Schöpfer, Gott als Erlöser und Gott als Heiligender.

Deshalb sprechen die Autoren des 1. Artikels der Confessio Augustana nur in einem Lobpreis von Gott: »ein Ewiger, Körperloser, Unteilbarer, von unermeßlicher Macht, Weisheit, Güte, ein Schöpfer und Erhalter aller Dinge, der sichtbaren und der unsichtbaren; Jesus Christus als Sieger über diese Welt und als Bringer einer neuen Welt, d. h.: Vater, Sohn und Heiliger Geist«.

Die Reformatoren kannten nicht die abstrakte Reflexion der »Gottes-tot-Theologie«, deren Vertreter P. M. van Buren (Reden von Gott in der Sprache der Welt, 1965) und Th. J. J. Altizer (. . . daß Gott tot sei, 1968) sind. Diese Problematik, die am Schreibtisch entworfen wurde, ist den Reformatoren fremd, weil sie in ihrem Leben die persönliche Glaubenserfahrung durchlebten. Die Reformatoren wußten um das Leid der Welt, das den Atheismus bedingen kann. Doch aus ihrer Glaubenserfahrung wußten sie, daß Gott nicht in einer Hinter- und Überwelt thront, sondern daß er in diese Welt eingeht. Martin Luther konnte aufgrund seiner Glaubenserfahrung sagen, daß Gott seinen Sieg in einer Niederlage versteckt. Er ist der Sieger trotz des Besiegtseins am Kreuz. Er verbirgt seine Macht unter der Schwachheit (1. Korinther 1,25). Diese Glaubenserkenntnis ist im gelebten Glauben zu erfahren.

Die Frage an den Atheismus ist, ob nicht an die Stelle Gottes ein Ersatzabsolutum rückt: die Zukunft, die Vernunft, die Natur, die Freiheit. Dieses Unbedingte, Ausschließliche und Letztgültige wird mit einer ähnlichen Entschiedenheit bezeugt, wie der Religiöse Gott bekennt.

Der 1. Artikel der Confessio Augustana kann heute pseudoreligiöse Werte durchschauen helfen und dem Menschen damit eine Hilfe sein bei der Orientierung auf die Mitte seines Lebens. Die Trinitätslehre zeigt die Spannung auf in der der Mensch steht: auf der einen Seite der transzendente Gott, auf der anderen Seite Gott in Jesus Christus, der in unsere Geschichte eingegangen ist. Aus ihrer Glaubenserfahrung bekennen sich die Reformatoren zu der Trinitätslehre, die den lebendigen Gott zeigt.

2. Der Sündenzustand der Menschheit
(Erbsünde und freier Wille)

a) Texte aus der Confessio Augustana:
Artikel 2: Von der Erbsünde.

»*Sodann lehren sie: Nach dem Falle Adams werden alle Menschen im natürlichen Zusammenhang der Fortpflanzung mit Sünde geboren, nämlich ohne Gottesfurcht, ohne Vertrauen auf Gott und mit Begierde. Diese Krankheit oder Verderbnis vom Ursprung her ist wahrhaft eine Sünde, die verdammenswert macht und ewigen Tod auch jetzt noch denen bringt, welche nicht wiedergeboren werden durch die Taufe und den Heiligen Geist.*

Sie verurteilen die Pelagianer und andere, welche sagen, das Erbverderbnis sei keine Sünde, und behaupten, der Mensch könne durch eigene Kräfte seiner vernünftigen Natur vor Gott gerechtfertigt werden. Damit entwerten sie die Herrlichkeit des Verdienstes und der Heilandstaten Christi.«

Artikel 18: Vom freien Willen.

»*Vom freien Willen lehren sie: der menschliche Wille hat eine gewisse Freiheit, bürgerliche Gerechtigkeit zu wirken und unter den der Vernunft unterworfenen Dingen frei zu wählen! Aber er hat nicht die Kraft, ohne den Heiligen Geist die Gerechtigkeit Gottes, also die geistliche Gerechtigkeit, zu wirken, weil der Mensch nicht von Natur aus begreift, was des Geistes Gottes ist. Sondern sie entsteht in den Herzen, wenn durch das Wort der Heilige Geist empfangen wird. Das sagt mit vielen Worten Augustin im 3. Buche der Hypognostica:* ›*Wir gestehen allen Menschen die Freiheit des Willens zu, die das vernünftige Urteilen einschließt, nicht in dem Sinne allerdings, daß sie hinreichend sei in den Angelegenheiten, welche sich auf Gott beziehen, so daß man diese ohne Gott anfangen oder sicher vollenden könnte, sondern nur in den Werken des gegenwärtigen Lebens, seien sie gut, seien sie schlecht. Unter guten Werken verstehe ich diejenigen, welche aus der guten Naturanlage hervorgehen, z. B. auf dem Felde arbeiten wollen; essen und trinken wollen; einen Freund haben wollen; Kleider*

haben wollen; ein Haus bauen wollen; ein Weib heiraten wollen;
Viehzucht treiben; etwas Tüchtiges lernen in den verschiedenen
ehrlichen Berufen; und was sonst Gutes zum gegenwärtigen Leben
gehört. Das alles hat ja nicht Bestand ohne die Weltregierung Got-
tes; ja aus ihm und durch ihn ist es und nahm es seinen Anfang.
Unter den schlechten (Werken) verstehe ich z. B.: Götzenbilder
verehren wollen; morden wollen usw.‹.«

Artikel 19: Von der Ursache der Sünde.

»Von der Ursache der Sünde lehren sie: Obwohl Gott die Natur
schafft und erhält, so ist doch die Ursache der Sünde der Wille der
Bösen, nämlich des Teufels und der Gottlosen. Er wendet sich,
wenn Gott ihm nicht beisteht, von Gott ab, wie Christus sagt
Johannes 8,44: ›Wenn er (der Teufel) Lüge redet, so redet er aus sich
selbst‹.«

b) Texte aus der Bibel:
1. Mose 3,1–7: »Und die Schlange war listiger denn alle Tiere auf
dem Felde, die Gott der Herr gemacht hatte, und sprach zu dem
Weibe: Ja, sollte Gott gesagt haben: Ihr sollt nicht essen von allerlei
Bäumen im Garten? Da sprach das Weib zu der Schlange: Wir
essen von den Früchten der Bäume im Garten; aber von den
Früchten des Baumes mitten im Garten hat Gott gesagt: Esset nicht
davon, rühret's auch nicht an, daß ihr nicht sterbet. Da sprach die
Schlange zum Weibe: Ihr werdet mitnichten des Todes sterben;
sondern Gott weiß, daß, welches Tages ihr davon esset, so werden
eure Augen aufgetan, und werdet sein wie Gott und wissen, was
gut und böse ist. Und das Weib schaute an, daß von dem Baum gut
zu essen wäre und daß er lieblich anzusehen und ein lustiger Baum
wäre, weil er klug machte; und sie nahm von der Frucht und aß
und gab ihrem Mann auch davon, und er aß. Da wurden ihrer
beider Augen aufgetan, und sie wurden gewahr, daß sie nackt
waren, und flochten Feigenblätter zusammen und machten sich
Schürzen.«
Römer 7,18–24: »Denn ich weiß, daß in mir, das ist in meinem
Fleische, wohnt nichts Gutes. Wollen habe ich wohl, aber vollbrin-

*gen das Gute finde ich nicht. Denn das Gute, das ich will, das tue
ich nicht, sondern das Böse, das ich nicht will, das tue ich. So ich
aber tue, was ich nicht will, so tue ich dasselbe nicht, sondern die
Sünde, die in mir wohnt. So finde ich mir nun ein Gesetz, der ich
will das Gute tun, daß mir das Böse anhangt. Denn ich habe Lust
an Gottes Gesetz nach dem inwendigen Menschen. Ich sehe aber
ein ander Gesetz in meinen Gliedern, das da widerstreitet dem
Gesetz in meinem Gemüte und nimmt mich gefangen in der Sünde
Gesetz, welches ist in meinen Gliedern. Ich elender Mensch! wer
wird mich erlösen von dem Leibe dieses Todes?*

*Galater 5,17–23: »Denn das Fleisch gelüstet wider den Geist,
und den Geist wider das Fleisch; dieselben sind widereinander, daß
ihr nicht tut, was ihr wollt. Regiert euch aber der Geist, so seid ihr
nicht unter dem Gesetz. Offenbar sind aber die Werke des Fleisches
als da sind: Ehebruch, Hurerei, Unreinigkeit, Unzucht, Abgötte-
rei, Zauberei, Feindschaft, Hader, Neid, Zorn, Zank, Zwietracht,
Rotten, Haß, Mord, Saufen, Fressen und dergleichen, von welchen
ich euch habe zuvor gesagt und sage noch zuvor, daß, die solches
tun, werden das Reich Gottes nicht erben. Die Frucht aber des
Geistes ist Liebe, Freude, Friede, Geduld, Freundlichkeit, Gütig-
keit, Glaube, Sanftmut, Keuschheit. Wider solche ist das Gesetz
nicht.«*

In diesen Bibeltexten wird das Verhältnis zwischen Gott und
Mensch beschrieben. Sie wollen nicht historische Referate oder gar
genaue Protokolle sein, sondern zum Nachdenken über den Menschen und seine Beziehung zu Gott anregen. Ihre Ausdrucksweise
geschieht in einer bilderreichen Sprache. Und doch ist die Intention der Texte zu erkennen: daß der von Gott geschaffene Mensch
mit allen anderen Lebewesen eine Ordnungseinheit darstellt, die
bis hinunter zur Pflanze, ja zum Gestein reicht. Menschsein heißt
für die Bibel »Person-Sein«. Alles, was Menschenantlitz trägt, hat
ein echtes Gegenüber, mit dem Blick- und Sprechverbindung besteht. Das Verhältnis gleicht dem des Ur-Bildes zum Ab-Bild. Es
ist das Verhältnis des gehorsamen Kindes zu seinem Vater. »Gott
schuf den Menschen ihm zum Bilde, zum Bilde Gottes schuf er
ihn.« Dieses Verhältnis zwischen Gott und Mensch wird durch

eine fremde Macht – im Text 1. Mose 3,1–7 wird diese Macht personifiziert – zerstört. Über das Herkommen der fremden Macht wird nicht reflektiert. Vielmehr wird geschildert, daß der Mensch durch eine willentliche Entscheidung aus dem Gehorsamsverhältnis zu Gott gefallen ist. Das Anliegen des Textes ist, diesen Vertrauensbruch des Menschen zu Gott zu beschreiben. Gerade Römer 7 zeigt den Menschen, der in der gestörten Gottesbeziehung lebt und sich in seiner Zerrissenheit entdeckt. Hin- und hergerissen zwischen Sollen und Sein gleicht er einem Kämpfer, der sein Schicksal in die Schranken fordert, aber es ist und bleibt ein tragisches Ringen, an dessen Ende trotz aller Teilsiege kein dauernder Erfolg, nicht einmal die Aussicht auf den Endsieg steht: »Ich elender Mensch! Wer wird mich erlösen von dem Leibe dieses Todes?« Mit den Begriffen »Fleisch« und »Geist« beschreibt Paulus Römer 7 den Gegensatz, in dem der Mensch steht. »Fleisch« ist bei Paulus die Bezeichnung des Menschen, der Menschheit, alles Menschlichen, Irdischen als solchem, und zwar meist mit dem Ton auf der Schwachheit, Gebrechlichkeit, Begrenztheit des Menschenwesens, also auf seinem Unterschied vom Göttlichen. Von da aus erkennt man leicht den Übergang zu »Fleisch« als Ausdruck für den Menschen und das Menschenwesen in seinem Widerspruch zu Gott. Das Fleisch ist Sitz und Werkzeug der Sünde. Daß der Mensch Fleisch, fleischlich ist, bedeutet für ihn die Unentrinnbarkeit von der Sünde. Mit Fleisch wird die widergöttliche Richtung des Menschen beschrieben. Sie ist die Macht über sein ganzes Sein und Handeln. Er findet diese Macht nicht nur in den stärksten leiblichen Trieben, dem Nahrungs- und Geschlechtstrieb, die das Leben offen und heimlich über alles Maß hinaus beherrschen, sondern auch in den »geistigen« Sünden wie Götzendienst und Lieblosigkeit, die er »Werke des Fleisches« nennt. Galater 5,19 zeigt Paulus auf, wie der Bruch mit Gott nicht bloß den inneren Menschen verändert, sondern auch sein Handeln und Tun bestimmt. Wie die Sünde entstanden ist, darüber wird nicht reflektiert.

Mit »Geist« meint Paulus in diesem Zusammenhang meistens: das Leben und Wesen, wie es Gott eigen, von Gott gegeben, auf Gott gerichtet ist. Demnach sind Fleisch und Geist nicht die beiden nebeneinander möglichen »Teile« oder Seiten des Menschen, sondern zwei einander streng ausschließende Bestimmtheiten je seines ganzen Daseins. Wie der Mensch »Fleisch« ist gerade auch in seinen »geistigen« Sünden, so bedeutet »Geist« eine neue Bestimmtheit auch seiner Leiblichkeit. Dies zeigt sich innerlich in dem neuen Gehorsam und äußerlich in den Werken (Galater 5,22).

Der Gegensatz Fleisch-Geist, der angibt, von welcher Macht der Mensch beherrscht wird, hat mit dem platonischen Dualismus von Geist und Materie nichts gemeinsames. In dem theologischen Denken der Kirche wurde die Lehre des Apostels Paulus von Fleisch und Geist weithin durch den Gedankengang Platons verfälscht. Luther hat auch hier den Durchbruch vollzogen und die paulinischen Grundgedanken erneuert. Es sei empfohlen die Vorrede des Römerbriefes zu lesen.

c) Der historisch-dogmatische Hintergrund der Artikel 2, 18, 19.
Die biblischen Aussagen über den Menschen kehren im Bekenntnis wieder. Das Christentum ist eine Erlösungsreligion. Die Trinitätslehre zeigt, Gott wendet sich dem Menschen zu. Die Predigt von Gott will nicht über Welträtsel belehren, sondern Heil ankündigen, Heil zusprechen und die Menschen zur existentiellen Annahme des so zugesprochenen Heils aufrufen und anweisen. Die Predigt wendet sich – indem sie sich vollzieht – an heilsbedürftige, erlösungsbedürftige Menschen.

»Was ist der Mensch?« Diese Frage, hervorgerufen durch den Widerspruch im Menschen, drängt auf Antwort. Bei allen Aussagen über den Menschen ist zu bemerken, daß er nicht durch eine erschöpfende Definition erklärt werden kann, sondern nur annähernd umschrieben wird. Die Confessio Augustana beschreibt die Sicht des Menschen nicht vom naturwissenschaftlichen, psychologischen, soziologischen, pädagogischen, biologischen Standpunkt aus. Durch diese Schau wird nichts über die menschliche Wesensbestimmung ausgesagt, sondern höchstens über seinen Funktionswert. Das Humanum des Menschen beschränkt sich nicht nur auf die Erkenntnistheorie, sondern auf seine Personstruktur. Damit ist das Wort-Antwort-Verhältnis gemeint, das seine Offenheit für die

Transzendenz und den Mitmenschen beschreibt. Der Mensch ist ein dialogisches Wesen. Damit wird sein Wesen beschrieben, wie auch sein ethisches Verhalten erkannt. Deshalb zeigen die Reformatoren, daß der Mensch nur in der Beziehung zu Gott sein Wesen erkennt und seine Bestimmung ihm dargelegt wird. Der Mensch ist final angelegt. Dies wußten die Reformatoren sehr wohl, als sie die Sinnantwort für das menschliche Leben formulierten: Der Mensch lebt zur Ehre Gottes und zum Wohl seiner Mitmenschen. Doch wird der Sinn des menschlichen Lebens immer wieder durch das Leid, die Krankheit und das Böse in Frage gestellt. Um diese Bedrohung des Humanum weiß der Mensch von alters her. Die Auseinandersetzung damit und seine Erfahrung darüber sind in der Philosophie, Dichtung und Religion niedergelegt.

Die Reformatoren lassen sich auf diese negative Erfahrung des Menschen ein. Sie konzentrieren das Gespräch auf die Sünde. Ihre Aussagen darüber entnehmen sie aus der Beziehung des Menschen zu Gott. Der Mensch erkennt sich in seiner Wirklichkeit nur in der Begegnung mit Gott. Die Heiligkeit Gottes stellt den Menschen in Frage (Jesaja 6,5; Lukas 5,8). Diese Begegnung macht deutlich, daß der Mensch in Widerspruch und Feindschaft zu Gott lebt, weil er nicht immer im Bewußtsein zu Gott lebt. Er will sich an die Stelle Gottes setzen (1. Mose 3,5). Im Vertrauensbruch Gott gegenüber liegt die Ursache und das Wesen der Sünde begründet. Eine innere Entscheidung liegt dem zugrunde.

Anläßlich eines Streites über »reine« und »unreine« Speisen stellt Jesus den Grundsatz auf: »Es ist nichts, was von außen in den Menschen hineingeht, das ihn könnte unrein machen, sondern, was aus dem Menschen herauskommt, das ist's, was den Menschen unrein macht!« (Matthäus 7,15). Dieser Satz wird von Jesus erläutert und erschließt die Problematik der Sünde. »Denn von innen, aus dem Herzen der Menschen, kommen die bösen Gedanken, Unzucht, Dieberei, Mord, Ehebruch, Habsucht, Bosheit, List, Schwelgerei, Mißgunst, Lästerung, Hoffart, Unvernunft. Alle diese bösen Dinge kommen von innen heraus und machen den Menschen unrein« (Matthäus 7,21–23). Die Sünde ist demnach kein Begriff über die moralischen Qualitäten des Menschen, sondern über seine Einstellung zu Gott. Der Mensch ist es, der selbst diese von Gott vorgesehene Gemeinschaft bricht, von der es in 2. Mose 19,6 heißt: »Und ihr sollt mir ein priesterlich Königreich und ein heiliges Volk sein«. Es ist dann nur eine logische Folgerung, daß aus einer aufgekündeten Beziehung zu Gott auch ein böses Handeln folgt. Nun beherrscht den Menschen ein anderer Geist (Galater 5,19–21).

»Sünde« ist ein theologischer Begriff, der den menschlichen Ungehorsam gegen Gott bezeichnet (1. Mose 3,1 ff.; Römer 5,19). Aus der gestörten Beziehung zu Gott folgen alle Fehlhaltungen des Menschen zu den Mitmenschen und zur Natur. Denn daß der Mensch Sünder ist, ist nicht das Ergebnis einer Anhäufung von religiösen und sittlichen Verfehlungen, vielmehr sind diese erst die Früchte und Auswirkungen des gottabgewandten und gottfeindlichen Grundwesens unseres Lebens als Sünder: »Das Sünde-Tun des Menschen gründet in seinem Sünder-Sein.« Dieses Wesen der Sünde, das unser Leben als gottabgewandte und gottfeindliche Existenz bestimmt, wird als die »Wurzelsünde« angesehen, aus der alle übrigen Fehlhaltungen des menschlichen Lebens erwachsen. Die Confessio Augustana benennt dies durch das Wort »Erbsünde« im Artikel 2.

Sie ist nicht als Tat eines historischen Ereignisses zu verstehen, als ob der erste Mensch Adam als einzelner durch seine Tat des Ungehorsams der Urheber der gesamten Menschheitssünde sei. Zwar wird die Sünde als Verhängnis über den Menschen so verstanden. Sie überkommt den Menschen und hindert ihn, er selbst zu sein, sich selber auf das Ziel hin zu verwirklichen, das er in einer Sehnsucht und in einem tiefen Wissen in sich trägt, so daß er zwangsläufig mit sich selber in Widerspruch gerät und nicht verwirklichen kann, was er eigentlich möchte und sollte, und so sich selber entfremdet wird in »existentieller« Schuld. Zwar empfangen wir in der Tat unser Menschenwesen und mit ihm unsere Sündigkeit von den Vätern und Müttern und durch sie von den ersten Menschen. Es gilt zwar der Satz, wir sündigen, weil Adam sündigte. Dieses »weil« meint unseren geschichtlichen Zusammenhang

mit dem ersten Menschen und nicht seine Urheberschaft. »Adam«
ist Ausdruck für die ursprüngliche Einheit aller Menschen, und
zwar nicht im historischen oder prähistorischen Sinne, sondern im
Sinne von Einheit. Adam ist eine Gattungsbezeichnung, eine Art
»Kollektiv-Ich« der Menschheit, das die Kollektivhaftung bezeichnet. Mit dem Bezug auf Adam möchten die Autoren die
Gleichzeitigkeit aller Menschen vor Gott ausdrücken. Jeder
Mensch ist vor die Entscheidung gestellt, ob er Gott gehorsam
bleibt oder ungehorsam wird. Der Ungehorsam Adams ist ein
Faktum in der Geschichte, und doch allgegenwärtig und gleichzeitig, das durch jeden Menschen wiederholt wird. Die Erbsünde ist
eine angeborene Sündhaftigkeit und besteht darin, daß der
menschliche Wille bei allen Adamskindern von Haus aus eine von
Gott abgewandte und böse Begierde ist. Daher fürchtet der
Mensch von Natur Gott nicht, noch liebt er ihn oder vertraut auf
ihn, ja infolge jener »Verderbnis seiner Natur« kann er dies gar
nicht, sondern sein ganzes Sinnen und Trachten geht auf sein na-
türliches Selbst und damit auf diese Welt.

Die zweifache theologische Sicht »Gleichwie in Adam ... so in
Christus«, wie sie in Römer 5,18 sichtbar wird (»Wie nun durch
eines Sünde die Verdammnis über alle Menschen gekommen ist,
also ist auch durch eines Gerechtigkeit die Rechtfertigung des Lebens über alle Menschen gekommen«), beschreibt ein Geschehen,
in dem zwei Möglichkeiten des menschlichen Verhaltens und der
menschlichen Entscheidung aufgezeigt werden.

Die Reformatoren wissen, daß sie nur von der Sünde sprechen
können, wenn sie von Gott sprechen, wie er dem Menschen im
Angebot der Vergebung und der Freiheit begegnet. Der Mensch
erkennt und erfährt, daß die Sinnlosigkeit seiner Existenz seine
Sünde vor Gott ist, die er vor ihm zu verantworten hat. Gott
begegnet dem Menschen nicht darin, daß er ihn seiner Sünde überführt, sondern ihn den Weg der Freiheit weist. Der Mensch wird in
seiner Entscheidungsfreiheit gesehen. Gerade 1. Mose 3 macht dies
deutlich. Mit dem Zweifel gegen Gott wird die doppelte Möglichkeit der Willensrichtung sichtbar: der Glaube an die Verheißung
kann geübt und versagt, Gottes Ordnung kann geehrt und in Frage

gestellt werden. Das Gespräch darüber öffnet dem Menschen die Augen für das Gute und das Böse. Er wird ein um das Gute und das Böse Wissender. Ist einmal die doppelte Möglichkeit zum Bewußtsein gekommen, so gibt es eine Beziehung zu Gott nur mehr in der Form einer schmerzlichen Entscheidung für ihn oder gegen ihn.

Der Mensch ist zur freien Entscheidung befähigt. Das »Sein« des Menschen ist ein wissendes Tun und ein tuendes Wissen. Deshalb ergänzen die Reformatoren die Anschauung von der Erbsünde durch das, was vom freien Willen des sündigen Menschen gilt. Der erbsündliche Mensch hat die Freiheit zum wahrhaft Guten, d. h. zu der wahrhaft guten, gottgemäßen Gesinnung oder Willensrichtung und einer aus ihr entspringenden Betätigung verloren, oder er ist geistlich tot. Das kommt nicht zur Erbsünde hinzu, sondern benennt nur die mit ihr gesetzte Notwendigkeit bzw. Unmöglichkeit. Diese Unmöglichkeit einer Selbstbekehrung schließt jedoch die Fähigkeit, durch Gottes Gnadenwirken bekehrt zu werden, nicht aus, sondern ein. Gegenüber Mißverständnissen und Verdrehungen dieser Lehre wird betont, daß der Mensch durch die Erbsünde nicht aufgehört hat, ein vernunftbegabtes Wesen zu sein, das sich bei seinen äußeren Handlungen frei entschließt. Kraft dessen hat er sogar die Fähigkeit, nicht nur einzelne, dem Gesetze Gottes äußerlich entsprechende Handlungen hervorzubringen, sondern auch eine gewisse stetige Religiosität und Sittlichkeit zu erweisen. Doch gilt die menschliche Natur als so geschwächt, daß diese Möglichkeit sich seltener verwirklicht als ihr Gegenteil; und diese äußerliche Gerechtigkeit entspringt auch nicht der richtigen Herzensstellung zu Gott. Die Reformatoren gestehen also zu, daß der Mensch durch seinen freien Willen »äußerlich ehrbar leben und unter den Dingen wählen kann, die dem Urteil der Vernunft zugänglich sind« (Artikel 18). Doch ohne den Geist Gottes vermag der Mensch Gott nicht wohlgefällig zu werden.

Damit greifen die Reformatoren die Diskussion auf, die zwischen Erasmus von Rotterdam (1469–1536) und Martin Luther (1483–1546) über das Zusammenwirken von göttlichem Gnadenwillen und freiem Menschenwillen geführt wurde. Die Autoren der Confessio Augustana nehmen den Ansatz nicht in der Willensfrage, sondern in dem Zeugnis von der uneingeschränkten Geltung des Heiles Gottes in Jesus Christus, der auf seiten des Menschen das uneingeschränkte und vorbehaltlose Vertrauen auf die Zuwendung dieses Gnadenangebotes entspricht und darum keinen Raum läßt für eine das Heilswerk Christi einengende Mitwirkung des Menschen. Deshalb zitieren die Autoren den Satz aus 1. Korinther 2,14: »Der natürliche Mensch aber vernimmt nichts vom Geist Gottes.« Der menschliche Wille kann Gott nicht gerecht werden. Er bedarf der Hilfe des Willens Gottes.

Gewiß spielt bei dieser Ansicht über den menschlichen Willen die Klostererfahrung Luthers eine enorme Rolle. Der Mensch kann sich nicht selbst erlösen, denn er Wille des Menschen wird vom Bösen beherrscht. Die Reformatoren umschreiben diese furchtbare Wirklichkeit wie auch die ausnahmslose Unentrinnbarkeit der Ursünde damit, daß sie sich den Menschen in der Gewalt des Teufels denken. Damit wird die böse Macht personifiziert. Es ist ein Bild, weil sie auch nicht den Ursprung der Sünde erklären können. Nur durch Bilder läßt sich beschreiben was es ist, wenn der »Hang zum Bösen« zur persönlichen Wirklichkeit wird, die sich des Menschen bemächtigt. Das individuelle »Ich« ist dabei nicht autonom, freier Herr seiner selbst, sondern »besessen« von einer anderen Macht. Auch der Versuch der Reformatoren in Artikel 19, den Ursprung der Sünde zu erklären, ist nicht befriedigend. Es wird immer wieder als Ursache die Eigenmächtigkeit des Menschen gegen Gott genannt. Der menschliche Wille ist deswegen nicht in der Lage den Willen Gottes zu tun. Das bedeutet keineswegs, daß die Unterschiede zwischen gut und böse, ehrbar und unehrbar für den öffentlichen Bereich aufgehoben seien. Vielmehr ist der Mensch aufgefordert, verantwortlich zu handeln. Doch immer wieder wird bewußt, daß menschliches Wollen und Handeln unvollständig und schuldhaft werden kann, weil der Mensch aus der Gemeinschaft mit Gott gefallen ist.

Im Artikel 2 des Augsburger Bekenntnisses wird von den Reformatoren die Anschauung der Sündenlehre des Kirchenvaters

Augustin (4. Jahrhundert) übernommen. Der Mensch als Sünder hat kein Verständnis von der Gerechtigkeit Gottes. Vielmehr wird er von der Begierde beherrscht. Begierde beschreibt die unbegrenzte Sehnsucht, das Ganze der Wirklichkeit dem eigenen Selbst einzuverleiben. Sie bezieht sich auf physischen Hunger ebenso wie auf sexuelle Befriedigung, Erkenntnis, Macht, Wissen, materiellen Reichtum und geistige Werte. Diese an und für sich guten Dinge werden dann zum Verhängnis, wenn der Mensch der Versuchung erliegt, sie total zu besitzen. Begierde umfaßt nicht nur den subpersonalen, sinnlich-körperlichen Bereich, sondern sie reicht in den Personkern des Menschen hinein. Sie ist nicht nur die Bewegrichtung des Willens, sondern selbst etwas Willentliches und also sündhaft Qualifiziertes. Die Begierde gilt nicht als guter Trieb, der nur böse wird, wenn er seine Grenzen überschreitet, sondern er ist an und für sich »böse Lust«. Die Sünde ist »eine Seuche«, die noch dazu angeboren, nicht erworben ist. Sündigen heißt nicht nur »keine wahre Gottesfurcht, keinen wahren Glauben an Gott ... haben«, sondern keinen wahren Glauben an Gott ... haben können. Die Begierde beschreibt die Eigenmächtigkeit des Menschen, der ohne Gott leben will. Demnach ist Sünde nicht nur Schicksal, sondern Schuld, wenn es von der Erbsünde heißt, sie sei »wahrhaftiglich Sund« und nicht nur eine tragische Erbmasse, wenn sie ganz personal als ein Sein ohne wahre Gottesfurcht und ohne wahren Glauben an Gott« umschrieben wird (Augustin). Wenn die Confessio Augustana Artikel 2 die innere Einstellung des Menschen beschreibt: ohne Gottesfurcht und Gottesvertrauen, gewinnt das Dasein die Form der »Begierde«, dann beschreibt sie nur den Menschen, der alles in sich hineinziehen will.

Die Autoren des Artikels 2 führen auch mit den Menschen ein Gespräch, welche die Sünde nur als einzelne Tat des Menschen ansehen und die Erbsündenlehre nicht annehmen wollen. Diese Menschen treffen sich in ihrer Gedankenvorstellung mit der des britischen Mönchs Pelagius aus dem 4. Jahrhundert. Er kämpfte gegen folgende Vorstellung: die Erbsündenlehre entschuldigt die unvollkommene Lebensweise des Menschen. Nach Pelagius ist das Sein des Menschen von seinem Sollen her zu verstehen. Da dem

Menschen das Gute zu tun befohlen ist, muß er es auch tun können. Das Tun des Guten oder des Bösen geschieht darum in den als einzelne, untereinander nicht unbedingt zusammenhängende Handlungen des Menschen. Pelagius versteht nicht, daß die Freiheit in ihrer Beziehung auf das sittliche Leben sich als die Selbstbestimmung für das Gute oder das Böse, d. h. als eine das ganze Leben umspannende Richtungsnahme oder einheitliche Gesinnung äußert. Dementsprechend kann er nicht eine der Sünde vorausliegende Sündhaftigkeit denken, die Sünde ist nicht ein Fehler oder Verstoß der Natur, sondern des Willens und besteht nur in einzelnen Willensakten. Darum ist das Erlösungswerk Christi nur eine Stütze und Hilfe für die Schwachen und nicht heilsnotwendig. Mit seiner Lehre betont Pelagius den sittlich verantwortlichen Menschen.

Bereits Augustin hat gegen diese Meinung Stellung bezogen. Er betont, daß die Gesamtrichtung des menschlichen Handelns mit Gottes Willen nicht übereinstimmt. Die einzelnen Taten des Menschen entspringen diesem gestörten Gottesverhältnis. Die Reformatoren nehmen Augustins Anschauungen auf, weil sie der biblischen Sicht über den Menschen entspricht. Durch die Abschwächung und Verharmlosung der Sünde als grundsätzlicher Fehler des Menschen wird im Grunde die Heilstat Gottes in Jesus Christus als notwendiges Erlösungswerk verkleinert. Die Vorstellung von der Sünde und dem Erlösungswerk Christi hängen eng zusammen. Gottes Erlöserwerk wie auch das »Sündigen« des Menschen sind in ihrer Grundsätzlichkeit zu sehen. Die Reformatoren nehmen Gottes Heiligkeit ernst und auch gleichzeitig den Menschen.

Obwohl der Mensch unter der Sünde lebt, ist ihm die Freiheit der Entscheidung nicht genommen. Die Reformatoren nehmen die Diskussion über die Willensfreiheit auf. Der Mensch ist keine Marionette, sondern er kann wählen, weil er durch die Vernunft und den Verstand ein Beurteilungs- und Entscheidungsvermögen hat. Die Aussagen des 18. Artikel der Confessio Augustana über den Willen des Menschen müssen mitgesehen werden vor dem Hintergrund der damals besonders von Erasmus von Rotterdam gegen Luther vertretenen Auffassung vom Zusammenwirken von göttlichem Gnadenwirken und freiem Menschenwillen. Der Begriff »Willen« ist in diesem Zusammenhang weniger als geistig-seelischer Verhaltens- und Wirkensausdruck neben Denken und Fühlen zu verstehen, sondern als Ausdruck der Grundhaltung des Menschen in seinem Verhältnis zu Gott und daraus folgend, auch zur Welt. Die Confessio Augustana weiß, daß der Wille des Menschen Angriff und Auflehnung gegen Gott ist und somit unfrei zum Guten bei der Erfüllung des Willens Gottes. Trotzdem heißt dies nicht, daß die Unterschiede zwischen gut und böse, ehrbar und unehrbar für diesen Bereich aufgehoben seien. Aus diesem Grund wird verständlich, warum menschliches Wollen und Handeln unvollständig und schuldhaft-bruchstückhaft sind. Die ethische Wirklichkeit des Menschen ist in der Tat aus Gutem und Bösem gemischt, weist Stufen auf, ist der Erziehung offen. Die reformatorische Theologie erkennt diese ganze Welt des Ethos durchaus an und leugnet nicht, daß es in ihr neben dem Bösen eine moralische Gerechtigkeit gibt. Wenn von dem Gebot Gottes und von der Sünde des Menschen die Rede ist, dann geht es um die Gottesbeziehung, in der er ganz böse ist, weil er sich weigert, in seiner innersten Haltung Gott die Ehre zu geben und ihm über alles zu vertrauen.

Gott ist für das Böse in der Welt nicht verantwortlich zu machen. Vielmehr wird der Mensch in seiner Verantwortung, die eine Gesamtentscheidung seiner Person ist, getroffen. Der Grundgedanke der reformatorischen Lehre von der Sünde ist nur dann richtig zu verstehen, wenn der streng religiöse theozentrische Begriff des Guten und der Sünde bei den Reformatoren beachtet wird. Ohne die Erinnerung daran, daß alles am ersten Gebot der wahrhaftigen Gottesfurcht, Gottesliebe, Gottesvertrauen liegt, muß die reformatorische Verurteilung des Menschen als Übertreibung erscheinen, welche die Mischung von Bösem und Gutem im Menschen und die Stufen der Sünde übersieht.

In Artikel 19 wird diese Einheit von Schicksal und Schuld der Sünde deutlich, wenn dort als Ursache der Sünde einerseits der Wille des Teufels, andererseits der Wille des Sünders angegeben wird. Die Erbsünde wird nicht nur als eine tragische Belastung des

Menschen angesehen, sondern ist zutiefst personhaft verantwortliche Tat des Menschen. Sünde ist immer personale Tat und präpersonales Sein in einem. Der Mensch spielt mit und ihm wird zugleich mitgespielt.

Erbsünde bedeutet, daß die Sünde nicht nur etwas ist, was der Mensch tut, sondern was sie in ihm tut. Erbsünde bedeutet, daß die Sünde nicht nur vom Menschen kommt, sondern über ihn kommt. Der Mensch ist nicht nur Subjekt, sondern Objekt der Sünde. Die biblische Lehre findet das Augsburger Bekenntnis in Römer 7. Der Mensch ist nicht Herr in seinem eigenen Haus. Zwar kann der Mensch äußerliche Handlungen vollbringen, doch über seine innere Einstellung hat er keine Gewalt. Mit dieser Sicht des Menschen hat die Bibel und das Augsburger Bekenntnis auch die Aussagen der modernen Psychologie vorweggenommen.

Das Leben wird gedeutet. Der Mensch erlebt in der Infragestellung seines Lebens durch das Böse eine Sinnverunsicherung seines Daseins. Er möchte das Böse geklärt wissen, weil es ihm sinnwidrig erscheint. So versuchen Psychologen, Soziologen und Dichter das Phänomen des Bösen zu ergründen. Gerade die Humanwissenschaften haben aufgedeckt, in welchem Maße der Mensch ein gebundenes Wesen ist. Die wissenschaftlichen Ergebnisse und die geschichtlichen Erfahrungen konzentrieren sich im Menschenbild der modernen Dichtung. Das Bild, das Dichter vom Menschen entwerfen, zeigen ihn von ausbeuterischer Selbstsucht und düsteren Zwängen geleitet und wie eine Gliederpuppe an Fäden der Begierde hängen. Gerade die Erfahrungen mit den Menschen durch die Jahrhunderte widerlegen die Meinung, daß die Menschen gute Wesen sind. A. Döblin, F. Kafka, H. Broch und andere Expressionisten sehen im Bösen ein Verhängnis, dem der Mensch in seiner grausamen Lemurenwelt wehrlos ausgeliefert ist. Ähnlich konnte der dichterische Existentialismus die idealistische Schminke vom Menschen wegschaben. Gerade ein J. P. Sartre zeigt dies in seinen Dramen: »Tote ohne Begräbnis«, »Bei geschlossenen Türen«, »Der Teufel und der liebe Gott«. A. Camus sieht die Welt verpestet. Nicht nur in seinem Roman »Pest«, sondern auch in seinem Drama »Belagerungszustand« wird eine verpestete Welt entworfen, in der die Menschen von der Diktatur des Bösen gelenkt werden. Auch A. Solschenizyn hat die Schicksalhaftigkeit des Bösen klargemacht. Das Böse kann nach Solschenizyn nicht besiegt werden, es muß durchlitten werden. Das Gefängnis ist die Ursituation des Menschen, aus der er nicht ausbrechen kann. Er kann nur den freien Spielraum innerhalb dieses Gefängnisses des Bösen ausschreiten und es allenfalls mit dem entsprechenden Interieur wohnlich machen.

Daß das Böse nicht nur innersubjektiv, sondern transsubjektiv zu erklären ist, bezeugt die moderne Psychologie und Soziologie zur Genüge. S. Freud kennt eine Art Erbsünde, wenn er das Schuldgefühl des Menschen und seine Moral auf einen Urvatermord zurückführt. (S. Freud: Totem und Tabu, 1913.) Der transpersonale Aspekt des Bösen wird in der modernen Psychologie und Soziologie vor allem durch die dem Menschen zugeborene »Aggressivität« aufgewiesen. Von seiner stammesgeschichtlichen Vergangenheit her hat der Mensch einen Aggressionstrieb.

Die Theologie nimmt das Gespräch mit den Humanwissenschaften auf. Sie erklärt das Wesen »Sünde« aus dem gestörten Gottesverhältnis. Dieses Verständnis von Sünde ist nicht aus der Erfahrung ableitbar. Erst im Glauben an Gott erschließt sich die Tiefe dieses Bruches. Die Sünde wird von der Theologie als universal gedeutet; denn jeder findet sich schon in einer Situation vor, die durch Schuld geprägt ist. Von Geburt an ist der Mensch in die Gesellschaft hineingestellt, und diese ist der Ort des Egoismus, der Vorurteile, der Gleichgültigkeit, der Unterdrückung. Der Mensch wird geprägt durch die Haltungen und Handlungen anderer. Immer wieder findet er sich in einer Entscheidungssituation vor, die ihn zwingt eine Auswahl zu treffen. Durch seine Entscheidung wird der Mensch schuldig. Dieser Situation ist jeder Mensch ausgesetzt. Deshalb herrscht eine gewisse Gleichzeitigkeit in der Betrachtungsweise des Menschen vor: die Abkehr von Gott ist allen Menschen gemeinsam, den gegenwärtigen wie den vergangenen. Alle Menschen leben unter dem Verhängnis der Schuld, keiner kann sich über den anderen erheben; denn vor Gott stehen alle gleich da. Diese Erkenntnis über die Situation des Menschen drückt die Theologie mit dem Begriff »Ursünde«, »Personsünde« oder »Erbsünde« aus. Mit »Erbsünde« ist nicht die biologische Weitergabe der Sünde gemeint, sondern die Realität der Sünde. Daß das Böse nicht nur innersubjektiv, sondern transsubjektiv zu erklären ist, betont auch die moderne Psychoanalyse und Soziologie zur Genüge. Der transpersonale Aspekt des Bösen wird in der modernen Psychologie und Soziologie vor allem durch die dem Menschen zugeborenen »Aggressivität« aufgewiesen. Dem Menschen ist aus seiner archaischen Umwelt sein stammesgeschichtlich vererbter Aggressionstrieb verblieben, der von ihm Aggressionen verlangt. Es sei auf die Diskussion zwischen Konrad Lorenz und Anton Plack hingewiesen. Der heutige Mensch, der nicht mehr sein Leben vor Gott sieht und vor ihm überdenkt, kann Sünde nicht als religiösen Begriff verstehen, sondern als eine gesellschaftliche oder anthropologische Größe. Maßstab für die moralische Beurteilung eines Menschen ist nicht mehr seine Frömmigkeit, sondern seine Menschlichkeit. Charakteristisch für diese neuzeitliche Enttheologisierung und Säkularisierung des Ethos und somit des Bösen sind etwa die diesbezüglichen Ansichten von B. Russell und G. Szczesny. Es zeigt sich, daß heute keine gemeinsame Antwort auf die Frage gegeben werden kann, was gut oder böse sei, weil der oberste Wert fehlt.

Sünde ist Sein und Tun, Schicksal und Schuld in einem. Der Mensch tut nicht nur die Sünde, sondern er findet sich in ihr vor. Dieser Gedanke ist zu beachten, denn wäre die Sünde nur im Menschen, dann wäre sie nur Tat des Menschen. Dann könnte der Mensch sich selbst erlösen, dann wäre die Erlösung Selbsterlösung. In diese Auseinandersetzung über die Anschauung der Sünde führt der Theologenstreit zwischen Augustin und Pelagius. Diese Problematik durchzieht auch heute noch die Geistesgeschichte.

Die Artikel der Confessio Augustana über die Sünde helfen in der heutigen Diskussion dem Menschen, den Standpunkt zu finden, daß die Sünde den Bruch mit Gott beschreibt, und zwar als einen willentlichen Bruch. Das Augsburger Bekenntnis stellt den Menschen in die »Ich-Du-Beziehung« und reduziert ihn nicht auf ein Triebwesen.

Die Erbsündenlehre bringt auch den soziologischen Aspekt zum Ausdruck, daß das Individuum sich schon immer in einer Situation vorfindet, welche durch die Sünde geprägt ist. Von Geburt an ist der Mensch in die Gesellschaft hineingestellt, und dies ist der Ort der Sünde. Die Gesellschaft ist der Ort des Egoismuses. Der Mensch als Glied der Gesellschaft nimmt teil an dieser Handlungsweise. Die Mißachtung des Menschen durch den Menschen ist in der Gesellschaft immer schon gegeben. Diese Mißachtung des Menschen ist letztlich Mißachtung Gottes – wie die Entfremdung des Menschen von sich seine Entfremdung von Gott ist. Im Extremfall mag sich ein Mensch weitgehend freihalten und anders reagieren als die anderen, z. B. Mitleid üben, wo andere indifferent sind. Auch dadurch wird er noch nicht frei von der Sünde der Gesellschaft; denn er »existiert nicht für sich«.

Der Mensch lebt demnach in einer Solidarität aller Menschen in der Sünde und in der Erlösungsbedürftigkeit. Keiner kann sich gegenüber dem anderen erheben, keiner kann vor Gott Ansprüche auf Privilegien stellen.

Die Autoren der Confessio Augustana wußten, daß die Erbsünde nur durch das Erlösungswerk Christi gesehen werden kann; denn sie gehört der Heilsgeschichte an und nicht der Menschengeschichte. Auch bei der Selbstbetrachtung des Christen gilt, daß nicht die Lebensgeschichte des Menschen, nicht seine Konstitution, sondern seine Erlösungsgeschichte den Blick öffnet für die Entdeckung der Erbsünde. Sie ist als Glaubensaussage die Zusammenfassung der Selbstverurteilung der Erlösten Jesu Christi, die wirklich alle Erlösung Christus zuschreiben.

3. Der Heilsmittler

a) Texte aus der Confessio Augustana:
Artikel 3: Vom Sohn Gottes.

»Sodann lehren sie: Das Wort, das ist der Sohn Gottes, hat die menschliche Natur angenommen im Schoße der seligen Jungfrau Maria; es sind also zwei Naturen, die göttliche und die menschliche, in der Einheit der Person untrennbar verbunden: ein Christus, wahrhaft Gott und wahrhaft Mensch, geboren aus der Jungfrau Maria, der wahrhaft gelitten hat, gekreuzigt, gestorben und begraben ist, damit er uns den Vater versöhne und ein Opfer sei, nicht nur für die Erbsünde, sondern auch für alle Tatsünden der Menschen.

Er ist niedergestiegen zur Hölle und wahrhaft auferstanden am dritten Tage, dann aufgefahren zum Himmel, damit er sitze zur Rechten des Vaters und ewig regiere und herrsche über alle Kreaturen und diejenigen heilige, die an ihn glauben, indem er den Heiligen Geist in ihre Herzen sendet, welcher sie leiten, trösten und lebendig machen und verteidigen soll gegen den Teufel und die Gewalt der Sünde.

Dieser Christus wird sichtbar wiederkommen, zu richten die Lebendigen und die Toten usw. nach dem Apostolischen Glaubensbekenntnis.«

Artikel 17: Von der Wiederkunft Christi zum Gericht.

Sodann lehren sie: Christus wird am Ende der Welt zum Gericht erscheinen und wird die Toten alle wieder erwecken. Den Frommen und Auserwählten wird er das ewige Leben und immerwährende Freuden geben, die Gottlosen aber und die Teufel wird er der Verdammnis anheimgeben, auf daß sie ohne Ende gestraft werden.

Sie verurteilen die Wiedertäufer, welche meinen, die Verdammten und die Teufel würden ein Ende ihrer Strafen erlangen. Sie verurteilen auch andere, welche jetzt jüdische Anschauungen ausbreiten, daß vor der Auferstehung der Toten die Frommen das Weltreich besitzen und die Gottlosen überall unterdrücken werden würden.«

b) Texte aus der Bibel:

Philipper 2,5–11: »Ein jeglicher sei gesinnt, wie Jesus Christus auch war: welcher, ob er wohl in göttlicher Gestalt war, hielt er's nicht für einen Raub, Gott gleich sein, sondern entäußerte sich selbst und nahm Knechtsgestalt an, ward gleich wie ein anderer Mensch und an Gebärden als ein Mensch erfunden; er erniedrigte sich selbst und ward gehorsam bis zum Tode, ja zum Tode am Kreuz. Darum hat ihn auch Gott erhöht und hat ihm einen Namen gegeben, der über alle Namen ist, daß in dem Namen Jesu sich beugen sollen aller derer Kniee, die im Himmel und auf Erden und unter der Erde sind, und alle Zungen bekennen sollen, daß Jesus Christus der Herr sei, zur Ehre Gottes, des Vaters.«

1. Korinther 15,17–24: »Ist Christus aber nicht auferstanden, so ist euer Glaube eitel, so seid ihr noch in euren Sünden. So sind auch die, so in Christo entschlafen sind, verloren. Hoffen wir allein in diesem Leben auf Christum, so sind wir die elendesten unter allen Menschen. Nun aber ist Christus auferstanden von den Toten und der Erstling geworden unter denen, die da schlafen. Sintemal durch einen Menschen der Tod und durch einen Menschen die Auferstehung der Toten kommt. Denn gleichwie sie in Adam alle sterben, also werden sie in Christo alle lebendig gemacht werden. Ein jeglicher aber in seiner Ordnung: der Erstling Christus; darnach die Christo angehören, wenn er kommen wird; darnach das Ende, wenn er das Reich Gottes und dem Vater überantworten wird, wenn er aufheben wird alle Herrschaft und alle Obrigkeit und Gewalt.«

Matthäus 25,31–46: Die Rede vom Jüngsten Gericht.

»Wenn aber des Menschen Sohn kommen wird in seiner Herrlichkeit und alle heiligen Engel mit ihm, dann wird er sitzen auf dem Stuhl seiner Herrlichkeit und werden vor ihm alle Völker versammelt werden. Und er wird sie voneinander scheiden, gleich als ein Hirte die Schafe von den Böcken scheidet...«

Matthäus 20,28: »Des Menschen Sohn ist nicht gekommen, daß er sich dienen lasse, sondern daß er diene und gebe sein Leben zu einer Erlösung für viele.«

Die Evangelien sind als spätantike Texte keineswegs schlecht.

Bereits Albert Schweitzer gestand: daß, wenn wir uns begnügten, nur eine Darstellung der öffentlichen Wirksamkeit Jesu zu geben, wir dann »von wenigen Persönlichkeiten des Altertums so viele unzweifelhaft historische Nachrichten und Reden besitzen, wie von Jesus«. Die Evangelien wollen weder Biographien sein noch Material für eine Biographie liefern. Die Evanglien sind keine Biographien, sondern Sammlungen von überliefertem Gut (Lukas 1,1–4). Einzelne Erzählungen, Gespräche, Gleichnisse, Worte Jesu liefen ursprünglich selbständig um. Bei verschiedenen Gelegenheiten waren sie gesprochen worden: im Gottesdienst, bei der Verkündigung und Unterweisung der Glaubenden, bei der Missionierung der Heiden und in der Auseinandersetzung mit ihnen. Die Evangelien sind Glaubensurkunden, um an Hand einer Auswahl von Erzählungen und Aussprüchen Jesu Menschen zum Glauben zu erwecken. Über den ersten drei Evangelien steht unsichtbar das Wort, mit dem ursprünglich das vierte Evangelium schloß: »Viele und ganz andere Zeichen tat Jesus vor seinen Jüngern, die nicht in dieser Buchrolle niedergeschrieben sind. Diese aber sind niedergeschrieben, damit ihr glaubt, daß Jesus der Gesalbte, der Sohn Gottes ist, und daß ihr glaubend das Leben habt in seinem Namen« (Johannes 20, 30–31).

Die Evangelien sind demnach Glaubenszeugnisse und wollen darlegen, was Jesus für den Menschen bedeutet. Sie entstammen einer Gemeinde, die erst seit Ostern und durch Ostern wirklich und endgültig weiß, wer Jesus von Nazareth eigentlich ist. Erst durch die Ostererfahrungen verstand sie den Sinn seines Lebens, Leidens und Sterbens. Erst die Erscheinungen des von Gott auferweckten Herrn öffneten den ersten Zeugen die Augen (Lukas 24,31–32). Was Wunder, daß sie nur aus der neuen, ihnen im Glauben geschenkten Existenz die Worte und Taten Jesu, die sie von ihm in der vorösterlichen Zeit vernommen hatten, zu fassen und zu formen vermochten.

c) Der historisch-dogmatische Hintergrund der Artikel 3,17.
Nachdem die Confessio Augustana im Artikel 1 das Bekenntnis zu Gott dargelegt und im Artikel 2 über den Menschen vor Gott

gesprochen hat, wird im Artikel 3 das Bekenntnis zu Jesus Christus abgehandelt.

Jesus Christus als Gott und Mensch in einer Person gilt als der Vermittler des Heils für die sündige Menschheit oder doch für diejenigen aus ihr, welche das Heil erlangen. Dabei ist sein geschichtliches Erdenleben und Lebenswerk, dessen wesentliche Momente im zweiten Artikel der altkirchlichen Bekenntnisse enthalten sind, von Bedeutung. Jesus Christus als der gottmenschliche Mittler hat nicht bloß eine vergangene, sondern zugleich eine unmittelbare, dauernde und einzigartige Bedeutung für das religiöse Verhältnis.

Die Reformatoren bekennen sich zum Beschluß des Konzils von Nicäa 325 und Chalcedon 451, daß Jesus Christus »wahrer Gott und wahrer Mensch« ist. Das besondere ist, daß sie das Heilswerk Jesu Christi »für uns« in den Mittelpunkt stellen. Melanchthons Satz aus den Loci 1521 »Das heißt Christus erkennen seine Wohltaten erkennen, nicht, was die scholastischen Theologen lehren, seine Naturen, die Weisen der Fleischwerdung betrachten« (Corp. Ref. 21,85), umschreibt das Anliegen der Reformatoren: Gottes Weg mit den Menschen in Jesus Christus aufzuzeigen. Jesu historischer Weg seiner Erniedrigung und Erhöhung wird heilsgeschichtlich gedeutet als Gottes Hinwendung zum Menschen. Die Erkenntnis Jesu Christi als des Mittlers, in dem Gott Gemeinschaft mit den Sündern hält, wird in zwei Abschnitten dargestellt; die Lehre von seiner Person und die Lehre von der Heilsbedeutung seiner Geschichte, seinem Werk. In beiden kommt der eine und selbe Stoff der Geschichte vor; denn auch das Wesen Jesu Christi wird aus seiner Geschichte erkannt. Ebenso ist das Kreuz Grund und Maß für die Wesenserkenntnis Christi wie für die Erkenntnis seines Werkes. In Jesus als Person hält Gott Gemeinschaft mit den Sündern, aber nur indem dieser Jesus diese Geschichte erlebt und lebt.

Der Gedankengang des Artikels 3 der Confessio Augustana wird deutlich auf dem Hintergrund des Artikels 2 von der Erbsünde dargelegt, und zwar in seiner Bedeutung für den Menschen. Dabei werden die biblischen Fakten nacherzählt und aufgezeigt, was Gott für uns getan hat. Auch wird stark die wahrhaftige Menschheit des Erlösers als das Tröstliche seiner Gottmenschheit betont, denn die bloße Gottheit ist für den sündigen Menschen immer furchtbar. Deshalb wird die Einheit beider Wesensseiten bekräftigt. Die Leistung Jesu wird nicht darin gesehen, daß er ein Lehrer, noch weniger darin, daß er ein neuer Gesetzgeber gewesen sei, sondern darin, daß er, der sündlos-heilige Gottessohn, in seinem Kreuzestod sich für die sündige Menschheit der Strafe, die das Gesetz Gottes über die Sünde verhängte, unterworfen, mit solchem Tode für die Sünde der Menschheit genug getan und so ihre Versöhnung mit Gott oder die Sündenvergebung hergestellt hat. Diese seine Leistung wird unterschiedslos bald als Genugtuung, bald als Verdienst bezeichnet, wobei das Unzulängliche solcher Benennung erkennbar ist. Damit bildet Jesus Christus dauernd für die an ihn Gläubigen das Zentrum ihrer Geltung vor Gott, so daß es keiner Ergänzung weder seitens des einzelnen noch seitens der Kirche bedarf.

Über Jesus und sein Werk ist nur dialektisch zu sprechen als »wahrhaftiger Gott« und »wahrhaftiger Mensch«. Wo das »wahrhaftiger Gott« im Bekenntnis zu Jesus Christus gestrichen wird, verblaßt der Glaube an ihn als dem Versöhner der Menschen mit Gott und dem Erlöser von menschlicher Sünde und Schuld zu einem bloßen Reden von einer »Mitmenschlichkeit« Jesu, in der er nicht mehr »mein Herr und mein Gott« ist (Johannes 20,28), sondern nur noch menschliches Vorbild. Wo das »wahrhaftiger Mensch« geleugnet wird, also die gnädige Herablassung Gottes in seiner wahrhaften, wirklichen Menschwerdung und in der geschichtlichen Person Jesu von Nazareth, da ist der heilige, ewige Gott nicht mehr »der Sünder Geselle« (Matthäus 11,19), der »in allen Dingen seinen Brüdern gleich« (Hebräer 2,17) und »versucht ist allenthalben gleich wie wir, doch ohne Sünde« (Hebr. 4,15), sondern da bleibt er der für uns innen und außen »ferne« fremde Gott. Martin Luther drückt dies so aus: »Weil er Mensch ist, gehört er uns an, daß wir uns sein annehmen als des, der unser Fleisch und Blut hat, also auch, weil er Gott ist, ist er unser Mittler und Versöhner vor Gott. Das ist denn der Christus.« Jesu Erlösungs- und Versöhnungswerk in seinem Leiden, Sterben und Auferstehen »für uns« gilt also nicht nur der Vergebung einzelner Sünden – wie die im vorhergehenden Artikel 2 des Augsburger Bekenntnisses die Pelagianer lehren –, sondern an erster Stelle der Vergebung der Erbsünde als »Ursünde« aller Einzelverfehlungen. Diese Aussage ist nur im Glauben zu erkennen.

Der Artikel der Confessio Augustana betont den Glauben. Dieser wird durch den Heiligen Geist gewirkt, der auch gleichzeitig Christi Werk aufschließt. Der Glaube besinnt sich auf den geschichtlichen Jesus als den Herrn, in welchem Gott seine erlösende und vollendende Herrschaft in der Welt aufrichtet. Der Glaube besinnt sich dabei auf die Wirklichkeit Jesu Christi, durch die der Mensch zum Glauben gefordert und ermächtigt wird, und überspringt den garstigen geschichtlichen Graben, der durch die Zeit zwischen Jesus und dem geschichtlichen Menschen der Gegenwart entstanden ist. Dies bewirkt kein religiöser Subjektivismus, sondern der im Subjekt zustande gekommene, empfangende Glaube gehört zur Vollendung der objektiven Erlösung und der Wohltat Christi. Zwischen dem geschehenen Erlösungswerk und dem gegenwärtigen Glauben wird die Verbindung durch das Evangelium geschaffen. Die Wirklichkeit Jesu Christi begegnet uns allein in der urchristlichen Botschaft, dem Kerygma der Apostel. Die Autoren des Artikels 3 der Confessio Augustana verbinden die geschichtliche Aussage über Jesus immer mit seiner Bedeutung für den Menschen: »ein Christus, der wahrer Gott und wahrer Mensch ist, wahrhaftig geboren, gelitten, gekreuzigt, gestorben und begraben, damit er ein Sühnopfer, nicht allein für die Erbsünde, sondern für alle anderen Sünden sei und Gottes Zorn versöhne.« Jesus Christus ist somit Träger der Vergebung Gottes, weil er der Gekreuzigte ist. Denn als der Gekreuzigte hat er den Willen Gottes, gegen den die Menschen sich empören, und den Zorn Gottes, der um ihrer Empörung willen auf der Menschheit liegt, ganz geheiligt – und zwar in einem und demselben Handeln und Leiden, das unter diesen beiden Gesichtspunkten zu verstehen ist. Jesus hat den Menschen gerettet. Gleichzeitig aber bringt er mit seinem Gehorsam gegenüber Gott als Gott und Herrn diesen ganz zu Ehren und vollzieht »in seinem Blute« den vollkommenen Gottesdienst (Hebräer 9,14).

Die Reformatoren sprechen über Person und Werk Christi mit den Worten des zweiten Glaubensartikels. Der Gedanke des Abstieges Christi in die Hölle bedeutet, daß Christus den Verstorbenen das Heil bringt (1. Petrus 3,19). Zum anderen drückt die Höllenfahrt die Überwindung der höllischen Macht durch Christus aus. Der Glaubende ist sich gewiß, daß Gottes erlösendes Handeln in Christus jenseits der Grenzen des geschichtlichen Bereiches Wege hat, sich der in der Geschichte »Übergangenen« anzunehmen und daß Christus als Erlöser vor der Hölle bewahren kann.

Durch die Erlösung Christi ist dieser der Herr der Welt. Mit seinem Werk hat er die Herrschaft begonnen. Der Glaubende steht in der Spannung des »schon jetzt« und des »noch nicht«. »Schon jetzt«, weil er um die Herrschaft Christi weiß, aber sie ist »noch nicht« da, sondern erst sichtbar am Ende der Zeit. Jesus Christus ist Anfänger und Vollender des Glaubens. Er wird wiederkommen. Damit wird deutlich ausgesagt, daß für die Christen die Zukunft nicht im Dunkel liegt, sondern sie werden am Ende der Tage Christus wieder sehen. Anfang und Ende des Glaubens schließen sich zu einem Ring.

Gerade die Reformatoren unterstreichen das Erlösungswerk Christi. Mit Jesus beginnt Gott neu die Geschichte mit den Menschen. In ihm ist die Todesreihe »geboren werden – sterben – begraben werden« abgebrochen. Ein neuer Anfang ist gesetzt. Gott erfüllt nicht nur das Menschliche, sondern er sprengt und überbietet es. Nun können die Menschen ihre Zukunft planen; denn der Auferstandene verheißt und schenkt uns die ewige Zukunft. Jesus ist der Herr der Welt (Kolosser 1,15-23). Seine Botschaft wirkt in der Welt und verändert sie. Die Wiederkunft Christi zum Gericht bedeutet den öffentlichen Anbruch seiner Herrschaft. Kennzeichen des Herrschers ist das Gericht auszuüben. Das darf jedoch nicht dahingehend mißverstanden werden, als beginne seine Königsherrschaft erst am Jüngsten Tage. Der eschatologische Schlüsselbegriff ist die Königsherrschaft Gottes. Gemeint ist damit der neue Zustand aller Dinge, die Weltwende. Das Neue gegenüber der jüdischen Reich-Gottes-Erwartung besteht darin, daß die Königsherrschaft Gottes nahe ist, und zwar in Jesus Christus. In ihm bricht die Königsherrschaft Gottes an, er bringt die Weltwende. In der Kirche ist dies gegenwärtig in Wort und Sakrament und wirklich-wirksam vorhanden.

Mit der Darlegung der Person und des Werkes Jesus Christi wendet sich die Reformation gegen die mittelalterliche Angstreligion und deren Vergesetzlichung des Evangeliums. Christus wird in erster Linie als Retter, nicht als Richter begriffen. Bezeichnend für Luther ist »eine starke eschatologische Gesamthaltung, die sich überall vor das ›Letzte‹ gestellt sah und die baldige Wiederkunft Christi erwartete«.

Nachdem gesagt ist, daß Jesus Christus am Ende der Tage wiederkommen wird, grenzt sich die Confessio Augustana gegenüber all den Anschauungen ab, die den Kern des Evangeliums in diesem Punkt verfälschen. Sie wendet sich gegen die »Wiederbringungslehre« oder »Allversöhnungslehre«, die den Doppelcharakter des Jüngsten Gerichtes als Gericht zum ewigen Leben und zur ewigen Verdammnis leugnet. Die Schwärmer und Wiedertäufer nämlich lehren die endzeitliche Wiederbringung aller Kreaturen, auch die der Verdammnis anheimgefallenen, zur Gemeinschaft mit Gott und damit zum ewigen Leben und zur Seligkeit. Die Augustana wendet sich gegen diese Lehre, weil sie nicht biblisch ist (Matthäus 25,31 ff.).

Der Artikel 17 spricht sich gegen die Erwartung wiedertäuferisch-schwärmerischer Gruppen aus, die den baldigen Anbruch des Reiches Christi in dieser Welt erwarten. Denn nach ihrer Meinung haben an diesem Reich nur die »Heiligen und Frommen« Anteil. Zum anderen wird dieses Reich die Vernichtung aller Feinde mit sich bringen und eine neue politische und gesellschaftliche Ordnung schaffen. »Judaistisch« werden diese Lehren genannt, weil sie unter dem Einfluß ähnlicher Erwartungen aus dem damaligen Judentum bekannt sind, das auf die Ankunft des Messias und die damit verbundene Errichtung eines politischen messianischen Reiches hofften. Diese Vorstellungen eines »tausendjährigen Reiches« Christi im Rahmen dieser Welt vor ihrer Vollendung am

Jüngsten Tage ist mit dem biblischen Zeugnis vom Reich Christi nicht vereinbar. Die Reformatoren sprachen sich gegen die schwärmerische, unrealistische Haltung des Täufertums aus. Dieses hatte durch seine wildphantastischen, apokalyptischen Predigten das entsetzliche »Reich Christi« in Münster geschaffen, das 1535 zerstört wurde.

Die Reformatoren wissen um die Spannung, in der ein Christ steht: daß er durch die Taufe mit Christus in den Tod gegeben ist und so als »neue Kreatur« im Glauben den Anbruch des Reiches Gottes für sich schon als Gegenwart erleben darf. Dennoch kann dies nicht ohne weiteres auf diese Welt als ganzes übertragen werden. Vielmehr lebt der Christ in der Hoffnung und Erwartung auf das Kommen des Reiches Gottes (Matthäus 24,42–44). Diese Glaubenshaltung hat ihre ethische Konsequenz. Das Reich Gottes läßt sich nicht herbeiführen durch das Schwert oder durch Gesetzeszwang. Vielmehr baut Christus sein Reich durch Wort und Sakrament (Matthäus 26,52). In der neutestamentlichen Erwartung vom »tausendjährigen Reich« drückt sich für die Gemeinde Christi die Verheißung ihres Herrn aus, daß er vor der Vollendung der Zeiten, am Ende der »alten« und im Anbruch der »neuen« Welt, die Gläubigen in den Schrecknissen der letzten Verfolgungen und Drangsale, die sie um seines Namens willen leiden müssen, in seine Gemeinschaft hineinbirgt und ihnen so inmitten ihrer tödlichen Bedrohungen die Gewißheit des Lebens mit ihm in der »neuen« Welt gibt.

Die Bedeutung der Artikel 3 und 17 liegt darin, daß die Reformatoren die biblische Botschaft über Person und Werk Jesu Christi zusammenfassen und gegen Irrlehren abgrenzen. Zum anderen wehren sie sich gegen Fehlinterpretationen des Erlösungswerkes Jesu. Sie nehmen die Kontroverse auf, die immer wieder zur Sprache kam und kommt: 1) daß die Auferstehung Jesu als eine Weiterführung der Sache Jesu gedeutet wird. Damit wird die Sache über die Person und der Gottessohn auf die Ebene eines erfolgreichen Mannes gestellt. Auch der Gedanke, daß Jesus für die edelste Sache gestorben sei, degradiert die Person Jesu zum Mittel der Sache. Die Reformatoren erkannten die Tat Gottes in Jesus Christus als

Sühne und Erlösung für die Menschen. Für sie sind Person und Erlösungswerk eine Einheit. Die Artikel 3 und 17 sind keine abstrakte Reflexion, sondern drücken die existentielle Betroffenheit des Glaubenden aus, der Gott für dieses Erlösungswerk dankt; 2) daß die Auferstehung Jesu und das Gericht immer wieder in Zweifel gezogen werden. Damit wird dem Glauben und der Zuversicht des Menschen der Boden entzogen. Dieser Ungewißheit gegenüber betonen die Reformatoren das Bekenntnis zum unverfälschten Auferstehungsglauben und der Anerkennung der Herrschaft Gottes. Gott ist Herr der Welt, bekennt die Confessio Augustana; 3) daß die Auferstehung eine Vertröstung sei. Mit diesem Angriff hat sich Paulus in 1. Korinther 15 bereits auseinandergesetzt. Die Botschaft der Auferstehung und des Gerichts sind ein Ausdruck der Liebe Gottes zu den Menschen. Gottes Liebe ist die endgültig bewegende Kraft der Welt. Gott kümmert sich um seine Welt. Diesen Gedankengang drückt das Bekenntnis aus.

Das Augsburger Bekenntnis lädt den Glaubenden ein, das »Drama Gottes« mit der Welt und mit dem Menschen zu betrachten. Die Autoren sehen alles unter dem Gesichtspunkt Gottes, der die Welt geschaffen hat. Sie sehen den Menschen vom Bösen bedroht und unter dem Bösen leiden. Gott kommt dem Menschen in Jesus zur Hilfe. Er bietet ihm in Jesus die Erlösung an. Der Mensch, der über sein Leben nachdenkt, erkennt die Wahrheit des christlichen Glaubens. Der Glaubende weiß sich durch Christus beschützt; »damit er alle, die an ihn glauben, durch den Heiligen Geist heilige, reinige, stärke und tröste, ihnen auch Leben und allerlei Gaben und Güter austeile und sie vor dem Teufel und der Sünde beschütze und beschirme«.

4. Die Erlangung des Heilsstandes

a) Text aus der Confessio Augustana:
Artikel 4: Von der Rechtfertigung.

»Sodann lehren sie: Die Menschen können vor Gott nicht gerechtfertigt werden durch eigene Kräfte, Verdienste oder Werke, sondern sie werden ohne ihr Zutun gerechtfertigt um Christi willen durch den Glauben, wenn sie gewiß sind, daß sie in die Gnade aufgenommen und ihre Sünden vergeben werden um Christi willen, der durch seinen Tod für unsere Sünden Genugtuung geleistet hat. Diesen Glauben erkennt Gott als Gerechtigkeit vor sich an. Römer 3,21 ff. und 4,5.«

b) Texte aus der Bibel:
Römer 3,21–26: »Nun aber ist ohne Zutun des Gesetzes die Gerechtigkeit, die vor Gott gilt, offenbart und bezeugt durch das Gesetz und die Propheten. Ich sage aber von solcher Gerechtigkeit vor Gott, die da kommt durch den Glauben an Jesum Christum zu allen und auf alle, die da glauben. Denn es ist hier kein Unterschied: sie sind allzumal Sünder und mangeln des Ruhmes, den sie bei Gott haben sollten, und werden ohne Verdienst gerecht aus seiner Gnade durch die Erlösung, so durch Christum Jesum geschehen ist, welchen Gott hat vorgestellt zu einem Gnadenstuhl durch den Glauben in seinem Blut, damit er die Gerechtigkeit, die vor ihm gilt, darbiete in dem, daß er Sünde vergibt, welche bisher geblieben war unter göttlicher Geduld; auf daß er zu diesen Zeiten darböte die Gerechtigkeit, die vor ihm gilt; auf daß er allein gerecht sei und gerecht mache den, der da ist des Glaubens an Jesum.

Lukas 15,11–32: »Der verlorene Sohn«.
Diese Geschichte, die Jesus erzählt, drückt in einem alltäglichen Bild das Geschehen aus, daß Gott den Sünder annimmt. Sie ist Bildgeschichte zu Römer 3,21–26.

2. Korinther 5,17–21: »Darum ist jemand in Christo, so ist er eine neue Kreatur; das Alte ist vergangen, siehe, es ist alles neu geworden. Aber das alles von Gott, der uns mit ihm selber versöhnt hat durch Jesum Christum und das Amt gegeben, das die Versöh-

nung predigt. Denn Gott war in Christo und versöhnte die Welt mit ihm selber und rechnete ihnen ihre Sünden nicht zu und hat unter uns aufgerichtet das Wort von der Versöhnung. So sind wir nun Botschafter an Christi Statt, denn Gott vermahnt durch uns; so bitten wir nun an Christi Statt: Lasset euch versöhnen mit Gott! Denn er hat den, der von keiner Sünde wußte, für uns zur Sünde gemacht, auf daß wir würden in ihm die Gerechtigkeit, die vor Gott gilt.«

In der Bibel wird immer wieder in neuen Wendungen und Bildern über die Situation des Menschen und seine Lage gesprochen. Das Hauptthema ist das gebrochene Verhältnis zwischen Gott und Mensch. Dahinter steckt gleichzeitig die Frage: Wie ist es zu beheben? Das Judentum gibt als möglichen Weg die Gesetzeserfüllung an. Damit könne der Mensch vor Gott bestehen. Doch schon Jesus machte die Schriftgelehrten und Pharisäer auf diesen Irrtum aufmerksam. Er zeigt Gott nicht bloß als Richter, sondern auch als barmherzigen Vater (Lukas 15,11–32).

Mit dem Judentum erwartet Paulus das letztlich entscheidende Urteil von dem kommenden letzten Gericht und weiß, daß der Richter auf die Werke des Menschen sieht (Römer 2,5–13). Doch er erkennt im Gegensatz zum Judentum, daß es für keinen einzigen in jenem Gericht »Rechtfertigung« (Römer 3,20), sondern nur Verurteilung gibt. Doch damit es zu diesem furchtbaren Ausgang nicht komme, geht Gott einen Weg, von dem das Judentum nichts weiß, wohl aber Paulus nach seiner Erfahrung mit Christus (Römer 3,21 und 4): Gott läßt die sündigen Menschen, so wie sie sind (Römer 4,5), vor sich als gerecht gelten, wenn sie sich nur im Glauben an Christus seinem Urteile preisgeben.

Das Wort »gerechtsprechen« bezeichnet die richterliche Entscheidung über jemanden, und zwar zu seinen Gunsten; bei Paulus ausschließlich das richterliche Urteil Gottes, mit dem er den Menschen gerechtspricht, als gerecht erklärt. Die »Gerechtigkeit« des Menschen bedeutet seine Geltung in Gottes Urteil, vor Gott. Die so verstandene Gerechtigkeit ist für Paulus das ganze Heil. Das Neue ist, daß nicht der Mensch seine Gerechtigkeit sich verdienen muß, sondern Gott schafft durch sein Urteil über den Menschen einen Tatbestand. Indem Gott den Menschen um Christi willen vor sich gelten läßt und indem der Mensch es im Glauben auf dieses Urteil Gottes wagt, ist er in die Gemeinschaft mit Gott gezogen und eben damit wirklich ein anderer geworden. Der Mensch hat Gottes Urteil nur im Glauben zu ergreifen. Deshalb betont Paulus den Glauben immer wieder; denn im Glauben nimmt der Mensch das Geschenk Gottes an.

Diese Tat Gottes in Jesus Christus, die das zerbrochene Verhältnis zwischen Gott und Mensch verbindet, ist der heilsbedürftigen Menschheit zuzusprechen. Nun obliegt der Verkündigung der Tat Gottes in Jesus Christus für den Menschen das Amt der Versöhnung als Zuspruch (2. Korinther 5,17–21).

c) Der historisch-dogmatische Hintergrund des 4. Artikels.

Die »Gerechtmachung« oder »Rechtfertigung« ist der »articulus stantis et cadentis ecclesiae« oder der »erste und Hauptartikel«, wie Martin Luther ihn in den Schmalkaldischen Artikeln nennt, um sofort zu erklären: »von diesem Artikel kann man nichts weichen oder nachgeben, es falle Himmel und Erden oder was nicht bleiben will«. Es obliegt keinem Zweifel, daß Luther damit die Rechtfertigung meint, doch ist es von hohem Interesse, daß er ihn nicht mit dieser Bezeichnung belegt, sondern von dem »Ampt und Werk Jesu Christi und unser Erlösung« redet. Damit hat Luther die Rechtfertigung besser herausgestellt.

Der Artikel von der Rechtfertigung des Sünders ist als Antwort auf die Frage des Mittelalters gedacht, wie der Mensch vor dem heiligen Gott (Artikel 1) in seinem bewußt verkehrten Leben vor Gott (Artikel 2) von Gott durch Jesus Christus (Artikel 3) wieder »recht« wird. Nachdem die Reformatoren die dogmatischen Aussagen über Gott, Mensch und Christus mit ihren Gesprächspartnern in ihrer Bedeutung für den Gläubigen dargelegt haben, beginnen sie nun das Gespräch über das Erlösungswerk Gottes für den Menschen. Der Ausgangspunkt war Luthers berühmte Frage, die die ganze Problematik der damaligen Zeit zusammenfaßt: »Wie bekommt der Mensch einen gnädigen Gott?« Gott erschien als der Richter, als der zornige Gott, dem der Mensch hilflos gegenübersteht. Als Möglichkeit, vor dem zornigen Gott bestehen zu können, lehrte die mittelalterliche Kirche, daß der Mensch sich durch gute Werke, Heiligenverehrung und Klosterleben vor Gott verdient machen kann. Luther erlebte und durchlebte das Heilsangebot der mittelalterlichen Kirche. Er hatte den Heilsweg dieser Kirche eingeschlagen und keinen Seelentrost gefunden. Beichte und Klosterleben konnten seine Anfechtungen nicht beheben. Auch die Lehre der Kirche, daß der Mensch sich das Erlösungswerk Jesu Christi im Glauben aneignen möchte, gab Luther keine Gewißheit. Denn die Deutung der Persönlichkeit Jesu Christi, die die Nachfolge Christi verlangte, stellt das Erlösungswerk auf den Standpunkt, daß der Mensch durch die lebendige Verwirklichung von Jesu Lebenshaltung in der eigenen ein Erlöster werden könne. Erst durch die Begegnung mit seinem Beichtvater Staupitz erkannte Luther die schenkende Gnade Gottes im Werk Christi. Er zeigte ihm das Evangelium, die frohe Botschaft von Jesus Christus. Dieser Hinweis auf das Erlösungswerk Christi befreite ihn aus seiner Zwangsvorstellung, daß er sich durch die Werke: Klosterleben, Heiligenverehrung, gute Werke vor Gott gerechtmachen kann.

Luther erkannte in Christi Werk Gottes schenkende Gnade: Gott tut etwas für uns. Durch das Lesen des Römerbriefes wurde der persönliche Glaubenszuspruch seines Beichtvaters vertieft. Gerade Römer 3,23–24: »Denn es ist hier kein Unterschied: sie sind allzumal Sünder und mangeln des Ruhmes, den sie bei Gott haben sollten, und werden ohne Verdienst gerecht aus seiner Gnade durch die Erlösung, die durch Christus Jesus geschehen ist«, eröffnete für Luther die neue Glaubenseinsicht und bestimmte neu sein Leben. Die erfahrene Bejahung und Annahme, so wie Paulus sie in Römer 3 und 4 beschreibt, ermöglichen es Luther, mit der Lehre und dem Heilsweg der mittelalterlichen Kirche zu brechen. Zwar stimmt in der Rechtfertigungslehre des Römerbriefes der Gerichtsgedanke mit der Lehre der mittelalterlichen Kirche überein. Doch das Neue an diesem Gerichtsverständnis aus der Sicht des Römerbriefes ist, daß das rechtfertigende Urteil Gottes über den Menschen kein analytisches, sondern ein synthetisches Urteil ist. Es ist kein Erläuterungsurteil, das von dem Gerechten aussagt, daß er gerecht sei, sondern ein Erweiterungsurteil (synthetisches Urteil), das feststellt, daß der Sünder als gerecht anerkannt wird. Es ist zu betonen, daß das rechtfertigende Urteil Gottes keinen Grund im tatsächlichen Zustand des Menschen hat. Vielmehr in Gott ist die neue Sicht über den Menschen begründet, daß er den Sünder für gerecht erklärt aus Gnade.

Aus dieser Glaubenserfahrung Luthers mit Gottes Angebot in Jesus Christus folgt nun die neue Erkenntnis, die die Reformatoren in das Glaubensgespräch einbringen. Es setzt ein bei der Sicht Gottes über den Menschen. War bislang in der mittelalterlichen Kirche die Vorstellung vom richtenden und zornigen Gott vorherrschend, so bringt Luther durch seine neue Glaubenserkenntnis auf Grund des Studiums des Römerbriefes eine ganz neue Gottesvorstellung zur Sprache: den barmherzigen und gnädigen Gott. Gott wird an seinen Wohltaten erkannt und nicht in der Spekulation über ihn. In dem Geschehen, daß Gott den Sünder rechtfertigt, d. h. ihm seine Sünden vergibt, gewinnt der Mensch eine neue Erkenntnis über das Wesen Gottes. Gott selbst überbrückt das zerbrochene Verhältnis zwischen ihm und den Menschen durch Jesus Christus. Die Sünde als trennende Macht ist weg. Ihrer Natur nach ist auch die vergebene Sünde wirkliche Sünde, aber »Sünde schon ohne Zorn, ohne Gesetz, tote Sünde, Sünde, die keinen Schaden tut« (Luther). Gottes Liebe ist größer als die Sünde. Der gerechtfertigte Mensch lebt mit seiner ganzen Existenz, also auch mit seiner ganzen Sünde, von der Vergebung und darf sich von der Huld Gottes getragen und umfangen wissen. Gott »hält dich so, als wärst du ohne Sünde« (Luther). Die Rechtfertigung ist nicht billige Gnade, sondern eine Ermöglichung zum Leben. Am besten wird dieses Rechtfertigungsgeschehen durch die Geschichte des verlorenen Sohnes verdeutlicht (Lukas 15).

Um den Hintergrund dieses Gedankens besser zu verstehen, haben wir uns die Bedeutung von Rechtfertigung zu vergegenwärtigen. Heute assoziieren wir mit dem Wort »rechtfertigen« in der Regel ein »sich rechtfertigen« im Sinne des »sich entschuldigen«, meist so, daß Schuldlosigkeit nachgewiesen werden soll. Im 16. Jahrhundert war Rechtfertigung gleichbedeutend mit Strafvollzug.

Rechtfertigung ist demnach die gerechte Sühne für eine strafwürdige Handlung. Rechtfertigung ruft immer das Bild des Gerichts hervor, sowohl beim Sichentschuldigen wie auch beim Bestrafen. Der Mensch, als Geschöpf, steht vor seinem Schöpfer. Gott hat ihm das Leben, die Schöpfung vorgegeben und ihn mit der Weiterführung der Schöpfung beauftragt. Vor ihm hat sich der Mensch in jeder Beziehung zu verantworten. In der Beziehung Gott-Mensch wird die Frage laut: »Wie bekomme ich, Mensch, einen gnädigen Gott?« Wir wissen, welche Wege die mittelalterliche Kirche dem Menschen anbot, um seine Gewissensqualen zu beruhigen. Zwar wird der Mensch dadurch zum Guten angespornt, doch bleibt letzten Endes die Ungewißheit, ob er Gottes Gnade dadurch erlangt hat. Zum anderen wird Christi Heilswerk in Frage gestellt. Nicht mehr Gott wird im Erlösungswerk die Ehre gegeben, sondern der Mensch möchte sich selbst vor Gott gerecht machen, und zwar durch seine Leistungen. Die Reformatoren griffen die mittelalterliche Kirche in diesem Punkt durch die neue Erkenntnis über Gott an. Mit allem Nachdruck betonten sie das Erlösungswerk Christi und erkannten es in seiner tiefen Intention: daß Gott in Jesus Christus den Menschen seine Gnade anbietet. Der Mensch wird von Gott beschenkt und somit durch ihn vom Zwang zum Guten befreit. Aus der Gnade Gottes darf der Mensch nun leben. Dies bedeutet zunächst sehr viel für ihn. Nicht mehr er, der Mensch, muß sich um sein Selbstverständnis sorgen oder ein neues Selbstverständnis geben, sondern Gott gibt ihm dies: er spricht ihn gerecht, was soviel bedeutet, daß er den Menschen annimmt. Gott gibt ihm durch Jesus Christus zu wissen, wie er ihn sieht. Rechtfertigung beschreibt das Geschehen, das Gott für den Menschen tut. Der Mensch wird gerecht vor Gott allein: »aus Gnaden, um Christi willen, durch den Glauben«. Der Mensch ist dabei der passive. Er ergreift im Zuspruch Gottes Gnadenangebot im Glauben. Allein aus Gnaden heißt: der Mensch empfängt ohne Bedingungen von seiner Seite her den begnadigenden Freispruch seines göttlichen Richters. Um Christi willen heißt: der Grund dieses Freispruches Gottes ist nicht eine lobenswerte Beschaffenheit oder ein verdienstwürdiges Tun des empfangenden Menschen, sondern allein Gottes gnädiges Heilswirken in Jesus Christus. Die Wirklichkeit Jesu Christi macht uns zu Gottes Kindern. Durch den Glauben heißt: der Mensch empfängt den begnadigenden Freispruch als Zuspruch Gottes in der vertrauensvollen Gewißheit, daß sein Inhalt, Christi Leiden, Sterben und Auferstehen, »für ihn« ganz persönlich gilt. Der Glaubende ist bedingungslos bereit, sich von Gott allein alles schenken zu lassen. Gott ist der aktive, während der Mensch passiv ist und bereit, die Handlungsweise Gottes im Glauben anzunehmen.

Dem Menschen wird dieses Geschehen Gottes in Jesus Christus durch das Wort zugesprochen. Damit aber schafft Gottes Wort als schöpferisch-wirkendes Wort zugleich ein Neues; denn indem Gott den Sünder für gerecht erklärt, schafft er den neuen Menschen, so daß seine Gerechterklärung zugleich seine Gerechtmachung ist. Von seiten des Menschen ist die Rechtfertigung grundlegend weder eine seelische Umwandlung noch irgendeine neue irdisch feststellbare Beschaffenheit, sondern das im Glauben empfangene Urteil Gottes, der »den, der von keiner Sünde wußte, für uns zur Sünde gemacht hat, auf daß wir würden in ihm die Gerechtigkeit, die vor Gott gilt« (2. Korinther 5,21). Luther hatte diese Glaubenserkenntnis als »fröhlichen Wechsel« beschrieben. Darum betonte er mit ungemeinem Nachdruck, daß der Glaube nicht als unser Werk erscheinen darf, sondern daß alles Gnade ist. Der Glaube erschließt dem Menschen auch die Gottestat. Nur er kann das Werk Gottes verstehen, daß sich Gott durch Christus zur Rechtfertigung des Menschen erschließt. Durch Christus – und durch die Zusammengehörigkeit mit Christus als dem geschichtlichen Versöhner – werden wir gerechtfertigt. Christus ist es, der uns vor Gott vertritt. Damit sprechen sich die Reformatoren gegen die Heiligenverehrung und den Heiligenkult der mittelalterlichen Kirche aus (Artikel 21 des Augsburger Bekenntnisses). Nur der Glaubende kann dies, wie schon gesagt, verstehen. Er ergreift den Zuspruch des gnädigen Gottes. Er erkennt, daß Christus selbst den Tausch mit dem Platz des sündigen Menschen vor Gott vornimmt. Der Mensch, der dies einsieht und der Zusage der Vergebung glaubt, wird von Gott als gerecht angesehen und stimmt in das Sündenbekenntnis des Zöllners Lukas 18,9–14 ein: »Gott sei mir Sünder gnädig«. Von diesem Zöllner sagte Jesus: »Dieser ging gerechtfertigt in sein Haus hinab.« Der Mensch wird nicht durch sich selbst gerechtfertigt, sondern durch Gott. Er allein ist es, der uns die Gerechtigkeit im Glauben schenkt.

Die Frage wirft sich auf: Denkt der heutige Mensch noch so? Sucht er nach seiner Rechtfertigung? Bemüht er sich um den gnädigen Gott?

Zunächst kann geantwortet werden, daß die religiöse Fragestellung heute eine andere ist. Der Mensch bemüht sich nicht um den gnädigen Gott. Die Botschaft der vierten Vollversammlung des Lutherischen Weltbundes stellte fest: »Der Mensch von heute fragt nicht mehr: Wie kriege ich einen gnädigen Gott? Er fragt radikaler, elementarer, er fragt nach Gott schlechthin: Wo bist du Gott...? Er fragt nicht mehr nach dem gnädigen Gott, sondern ob Gott wirklich ist...?«

Dennoch ist das Problem der Rechtfertigung nicht abgetan. Immer wieder taucht die Problematik in neuer Fragestellung auf. Auch wenn nicht so direkt nach dem gnädigen Gott gefragt wird wie bei Luther, so taucht diese Fragestellung heute im zwischenmenschlichen Bereich auf, und zwar sehr persönlich: Wie rechtfertige ich mich heute? Der Mensch versucht durch Leistung und Erfolg sich selbst eine Rechtfertigung zu verschaffen. Sein Selbstverständnis erhält heute der Mensch durch seine Leistung.

Es ist festzustellen, daß die theologische Fragestellung: Wie bekomme ich einen gnädigen Gott? und die damit verbundene Frage nach dem Selbstverständnis des Menschen heute nicht mehr in der Beziehung Gott–Mensch verhandelt wird, sondern mehr in der Beziehung Mensch–Mensch. Es taucht die Grundfragestellung unter anderen Bedingungen neu auf.

Zum anderen taucht heute bei der anthropologischen Rechtfertigung im zwischenmenschlichen Bereich die gleiche seelische Belastung auf, nämlich durch den Konkurrenzkampf, wie Luther dies im Kloster empfunden hat. Die gleiche Ungewißheit herrscht vor und drückt sich in der Fragestellung aus: Bin ich gerechtfertigt? Heute heißt die Frage mehr: Bin ich anerkannt? Auch heute muß der Mensch aus dieser Selbstverkrampfung, die hervorgerufen wird durch Leistungsdruck und Konkurrenzkampf, erlöst, befreit werden. Wie dies erkannt wird, zeigt die moderne Literatur auf, indem sie die Grundproblematik der Rechtfertigungslehre aufnimmt. Es sei auf die Romane von Max Frisch verwiesen. Auch die Psychotherapie verdeutlicht, wie viele Menschen das »Angenommenwerden« suchen. Mit diesem Begriff beschreibt sie dasselbe Phänomen der Rechtfertigung, daß Gott in Christus den Menschen annimmt, und zwar ohne Verdienst und so wie er ist, als unvollkommener Mensch. Auch hier wird der Sachverhalt nicht theologisch gedeutet, sondern rein immanent als Annahme beschrieben. Der Mensch, der in seinem Dasein das Angenommensein erfahren hat, darf aus diesem Vertrauensverhältnis heraus leben. Ihm ist die Freiheit von dem Zwang, sich immer wieder selbst rechtfertigen zu müssen, genommen worden.

Auch die heutige Fragestellung nach dem Sinn des menschlichen Daseins hängt mit der Rechtfertigung zusammen. Der Mensch ist das der Rechtfertigung bedürftige Wesen. Daraus ergibt sich für ihn seine Rechtfertigung und die Rechtfertigung dessen, was er tut. Durch seine Arbeit und Leistung sucht er die Frage nach dem Sinn zu beantworten und vor sich und den anderen zu rechtfertigen.

Gott erklärt den Menschen für gerecht, indem er ihm Christi Versöhnungswerk anrechnet. Mit dieser Erkenntnis beantworten die Reformatoren nicht bloß eine theologische Fragestellung, sondern auch die menschliche nach dem Sinn des Lebens. Damit haben sie den Menschen aus der Zwangslage befreit, in die er durch die Lehre der mittelalterlichen Kirche gekommen ist. Gleichzeitig wurde dem befreiten Menschen durch die Reformatoren eine neue Sicht über ihn vermittelt, und er wurde befähigt ein verantwortliches Leben zu führen. Das neue Bewußtsein durch die Rechtfertigung wird im Glauben empfangen, lehrten die Reformatoren, und nicht in einer natürlich-übernatürlichen Wandlung des Menschen. Luther nimmt nicht an, daß der Mensch durch die Rechtfertigung in seinem diesseitigen Sein bereits so verändert wird. Das, was Gott wirkt, ist der Glaube als Vertrauen in die göttliche Liebe und den göttlichen Gnadenwillen. Der Glaube als Ausrichtung des

Menschen ist das Neue, aber nicht das Emporheben des Menschen in eine übernatürliche Seinsphäre, wie die katholische Kirche lehrt. Im Glauben orientiert sich der Mensch an Gott und empfängt von ihm die Bestimmung.

Die Rechtfertigung ist ein Zuspruch, der das unruhige Gewissen tröstet. Dem Gewissen wird nicht ein Gedanke über Gott vermittelt, sondern seine Wirklichkeit in Jesus Christus. Er kann uns mit unbedinger Vollmacht vergeben, weil er das versöhnende Ja Gottes zum Menschen ist. Darum ist der Glaubende durch Christus und um Christi willen gerechtfertigt. »Wo ein Verheißungswort Gottes vorliegt, da ist glaubende Annahme des Menschen notwendig; daher ist klar, daß der Beginn unseres Heils der Glaube ist, der an dem Verheißungswort des Gottes hängt, der ohne all unser Bemühen in freier und unverdienter Barmherzigkeit uns zuvorkommt und uns sein Verheißungswort anbietet« (Martin Luther). Der Anrede Gottes in Jesus Christus entspricht auf seiten des Menschen das Hören. Der Verheißung Gottes antwortet der Glaube. Luther beschreibt den rechten, gültigen Glauben als Vertrauen, d. h. als schrankenlose Hingabe an das Du Gottes. Glaube ist also die wissentliche und willentliche Anerkennung der Gottheit Gottes, die gehorsame, vertrauensvolle, fraglose, freie Beugung unter seinen guten Willen. Aus diesem Glauben erwächst dem Menschen ein neues Selbstverständnis. Nicht mehr er muß es erwerben, sondern ihm wird es geschenkt. Der Mensch wird aus seiner Selbstverkrampfung und Egozentrik befreit zu einem bewußten Leben aus Gott. Der Artikel 4 der Confessio Augustana verhilft dem Menschen zu einer neuen Standortbestimmung.

Die ersten vier Artikel des Augsburger Bekenntnisses beschreiben Gottes Weg mit den Menschen. Am Anfang steht die Selbstoffenbarung Gottes. In der Begegnung mit Gott erkennt der Mensch, daß er gegenüber Gott seine Autonomie bewahren möchte. Dadurch fällt der Mensch aus der Gemeinschaft mit Gott. In Jesus Christus wendet sich Gott nochmals dem Menschen zu. Er zeigt ihm in Jesus Christus den neuen Weg mit Gott. An Jesus Christus wird der Weg der Übereinstimmung mit Gott ablesbar. In ihm konkretisiert sich dieser Weg.

5. Die Heilsgemeinschaft

a) Texte aus der Confessio Augustana:
Artikel 5: Vom Predigtamt.
»*Damit wir diesen Glauben erlangen, ist das Predigtamt eingesetzt, welches das Evangelium verkündigt und die Sakramente
darreicht. Denn das Wort und die Sakramente sind die Mittel,
durch welche der Heilige Geist geschenkt wird. Er wirkt den Glauben, wo und wann es Gott gefällt, in denjenigen, welche das Evangelium anhören: daß Gott nicht um unserer Verdienste, sondern
um Christi willen diejenigen rechtfertige, die glauben, daß sie um
Christi willen in die Gnade aufgenommen werden. Galater 3,14:
Daß wir die Verheißung des Geistes empfangen durch den
Glauben.*

*Sie verurteilen die Wiedertäufer und andere Anhänger der Mei-
nung, die Menschen bekämen den Heiligen Geist ohne äußeres
Wort, durch ihre eigenen Vorbereitungen und Werke.*«

Artikel 7: Von der Kirche.
»*Sodann lehren sie: Es gibt eine heilige Kirche, die immer bleiben wird. Die Kirche aber ist die Versammlung der Heiligen, in der
das Evangelium rein gelehrt wird und die Sakramente recht verwaltet werden. Und zur wahren Einheit der Kirche ist es genug,
daß man übereinstimme in der Lehre des Evangeliums und in der
Verwaltung der Sakramente. Es ist nicht notwendig, daß die
menschlichen Traditionen und die Riten und die Zeremonien, welche von Menschen eingeführt wurden, sich überall gleichen; wie
Paulus sagt: ein Glaube, eine Taufe, ein Gott und Vater aller.*«

Artikel 8: Was die Kirche ist.
»*Obwohl die Kirche eigentlich die Versammlung der Heiligen
und wahrhaft Glaubenden ist, so darf man doch, da in diesem
Leben viele Heuchler und Schlechte darunter gemischt sind, die
Sakramente gebrauchen, auch wenn sie von Schlechten verwaltet
werden, nach dem Worte Christi: ›Es sitzen die Schriftgelehrten
und Pharisäer auf dem Stuhle Moses usw.‹ Die Sakramente und*

das Wort sind wirksam wegen der Anordnung und des Befehles Christi, auch wenn sie durch Schlechte gespendet werden.

Sie verurteilen die Donatisten und ihresgleichen, welche sagten, man dürfe in der Kirche den Dienst der Schlechten nicht hinnehmen, und meinten, der Dienst der Schlechten sei unnütz und wirkungslos.«

Artikel 15: Von Kirchenordnungen.

»Von den Kirchenordnungen lehren sie: Diejenigen Gebräuche müssen gewahrt bleiben, welche ohne Sünde bewahrt werden können und nützlich sind zur Ruhe und zu guter Ordnung in der Kirche, z. B. gewisse Tage, Feste und dergleichen. Aber in diesen Dingen werden die Leute ermahnt, daß ja nicht dadurch die Gewissen beschwert werden dürfen, als wäre eine solche Feier zum Heile notwendig. Auch wird ihnen eingeprägt, daß menschliche Überlieferungen mit dem Zwecke, Gott zu versöhnen, die Gnade zu verdienen und für die Sünder Genugtuung zu leisten, dem Evangelium und der Lehre vom Glauben widerstreiten; daß also die Klostergelübde und die Vorschriften über Speisen und Tage usw., durch welche Gnade verdient und für Sünden genuggetan werden soll, unnütz und gegen das Evangelium sind.«

b) Texte aus der Bibel:

Apostelgeschichte 2, 41–42: »Die nun sein Wort gerne annahmen, ließen sich taufen; und wurden hinzugefügt an dem Tage bei dreitausend Seelen. Sie blieben aber beständig in der Apostel Lehre und in der Gemeinschaft und im Brotbrechen und im Gebet.«

Epheser 4,4–13: »Ein Leib und ein Geist, wie ihr auch berufen seid auf einerlei Hoffnung eurer Berufung; ein Herr, ein Glaube, eine Taufe; ein Gott und Vater unser aller, der da ist über euch allen und durch euch alle und in euch allen. Einem jedlichen aber unter uns ist gegeben die Gnade nach dem Maß der Gabe Christi. Darum heißt es: »Er ist aufgefahren in die Höhe und hat das Gefängnis gefangengeführt und hat den Menschen Gaben gegeben.« Daß er aber aufgefahren ist, was ist's, denn daß er zuvor ist hinuntergefahren in die untersten Örter der Erde? Der hinunterge-

fahren ist, das ist derselbe, der aufgefahren ist über alle Himmel, auf daß er alles erfüllte. Und er hat etliche zu Aposteln gesetzt, etliche aber zu Propheten, etliche zu Evangelisten, etliche zu Hirten und Lehrern, daß die Heiligen zugerichtet werden zum Werk des Amtes, dadurch der Leib Christi erbaut werde, bis daß wir alle hinankommen zu einerlei Glauben und Erkenntnis des Sohnes Gottes und ein vollkommener Mann werden, der da sei im Maße des vollkommenen Alters Christi.«

Epheser 2,19–22: »So seid ihr nun nicht mehr Gäste und Fremdlinge, sondern Bürger mit den Heiligen und Gottes Hausgenossen, erbaut auf den Grund der Apostel und Propheten, da Jesus Christus der Eckstein ist, auf welchem der ganze Bau ineinandergefügt wächst zu einem heiligen Tempel in dem Herren, auf welchem auch ihr mit erbaut werdet zu einer Behausung Gottes im Geist.«

Römer 12,4–6: »Denn gleicherweise als wir in einem Leibe viele Glieder haben, aber alle Glieder nicht einerlei Geschäft haben, also sind wir viele ein Leib in Christo, aber untereinander ist einer des anderen Glied, und haben mancherlei Gaben nach der Gnade, die uns gegeben ist.«

Dieser Gedanke von der Kirche als Leib wird noch ausgedrückt in 1. Korinther 12; 1. Petrus 2,4–10.

Matthäus 16,15–19: »Jesus sprach zu ihnen: Wer sagt denn ihr, daß ich sei? Da antwortete Simon Petrus und sprach: »Du bist Christus des lebendigen Gottes Sohn! Und Jesus antwortete und sprach zu ihm: Selig bist du, Simon, Jonas Sohn; denn Fleisch und Blut hat dir das nicht offenbart, sondern mein Vater im Himmel. Und ich sage dir auch: Du bist Petrus, und auf diesen Felsen will ich bauen meine Gemeinde, und die Pforten der Hölle sollen sie nicht überwinden. Und ich will dir des Himmelreichs Schlüssel geben: alles, was du auf Erden binden wirst, soll auch im Himmel gebunden sein, und alles, was du auf Erden lösen wirst, soll auch im Himmel los sein.«

Die Kirche ist uns immer und grundsätzlich vorgegeben. Menschen begründen nicht die Kirche, etwa durch eine Organisation vieler, die sich zur Kirche zusammenfinden. Menschen kommen stets in die Kirche hinein, denn sie ist von Gottes Geist gestiftet, ein besonderer Ausdruck der Liebe Gottes zu uns. Nachdem Jesus gekreuzigt, auferstanden und »gen Himmel gefahren« war, geschah es, daß seine Jünger im Tempel vom Heiligen Geist Gottes erfüllt wurden. Die Pfingstgeschichte gibt davon Kunde. Sie besagt, Jesus lebt und setzt sein Werk fort. In uns Menschen wirkt Gottes Geist. Durch seinen Geist und sein Wort versammelt, schützt und erhält sich Christus in allen Jahrhunderten und an allen Orten der Welt die Kirche. So ist diese Kirche garantiert. Jesus Christus als Stifter seiner Kirche ist allezeit in ihr gegenwärtig. Deshalb nennt Paulus die Kirche mehrfach den Leib Christi. Dieses Bild will verdeutlichen, daß die Christen die Glieder des Leibes sind. Jesus Christus, der lebendige Herr, ist das Haupt dieses Leibes. Das Glieder-Sein regelt und begründet allerdings sogleich eine Ordnung; denn jedes Glied hat seine besondere Funktion (1. Kor. 12). Die Zusammengehörigkeit der Glieder an dem einen Leib weist darauf hin, daß alle am Heil teilhaben, das durch die Auferstehung Jesu Christi begann und der Vollendung entgegengeht.

Solange das lebendige Wort Gottes in der Gemeinde Christi laut wird, ist die Kirche erlebbar institutionell da. Indem die Kirche aus Menschen als reale Gemeinschaft besteht und sich als Gemeinde versammelt, ist zugleich offenkundig, daß in ihr auch eine äußere Ordnung bestehen muß. Eine Orientierung aus dem Neuen Testament zu finden ist leicht hinsichtlich der Feststellung, daß Jesus Christus als das Haupt seines Leibes in der Kirche sein Regiment ausübt (Epheser 4,4 ff.). Jedes Amt in der Kirche ist als Dienstamt abgeleitet vom Auftrag des Herrn der Kirche. Hinter dem Amt steht, sofern es legitim ist, das Wirken des Geistes und damit ein Charisma, d. h. die Begabung und Befähigung dazu. Innerhalb dieser Ordnung wird indessen konkrete Macht ausgeübt, die als Bevollmächtigung eine reale Macht zum Binden und Lösen ist (Matthäus 16,19).

Die erste Aufgabe der Kirche ist die Wortverkündigung. Die Urkirche verkündet primär die heilsgeschichtliche Botschaft vom Christusereignis, das eine neue Situation herausführt zwischen Gott, Welt und Widersacher und das Schicksal der Menschenwelt auf neue Fundamente stellt. Jede Wirklichkeit in Welt und Geschichte ist in irgendeiner Weise rückbezogen auf dieses zentrale Faktum.

c) *Der historisch-dogmatische Hintergrund der Artikel 5, 7, 8, 15.*
Die Lehre des Augsburger Bekenntnisses tritt uns in einer doppelten Form entgegen: in Begriff und Anschauung. Erst durch die Methode des Gesprächs wird die knappe Formulierung des Bekenntnisses anschaulich. In der Beziehung von Frage und Antwort erschließt sich das Neue für den Menschen durch die Reformation.

Aus dem bisher Dargelegten ergibt sich, daß der Glaube zunächst als individueller Glaube erscheint. Gegenüber dem kollektiven Glauben der mittelalterlichen Kirche betonen die Reformatoren die Bedeutung des Glaubens für den einzelnen Menschen. Das Neue der Reformation ist, daß der Mensch nicht in den kollektiven Glauben der Kirche hineingenommen, sondern in die Ich-Du-Beziehung zu Gott gestellt wird, wie es der Artikel von der Rechtfertigung beschreibt. Von dieser neuen Bestimmung des Glaubens ist die Frage nach der Kirche, ihrem Wesen und ihrer Funktion berechtigt. Ist die Kirche die Behausung des Menschen, so wie der Mensch des Mittelalters dies empfunden hat, oder wird sie zur Gemeinschaft der Gläubigen?

In der Lehre über die Kirche beginnen die Reformatoren, wenn dies in einem Bild ausgedrückt werden soll, nicht mit einem mächtigen Dom oder einer Kathedrale, die durch den architektonischen Bau überzeugt und so das Gefühl der Menschen gefangen nimmt; sondern sie suchen den Mittelpunkt auf, das Zentrum, von dem alles ausgeht und seine Bestimmung hat. Die Mitte der Kirche läßt sich demnach leicht finden, da Gott der Handelnde am Menschen ist. Beim Lesen des Augsburger Bekenntnisses erscheint Artikel 4 »Die Rechtfertigung« als die Mitte: Gott spricht um Christi willen den Menschen gerecht. Diese Selbstoffenbarung und diese Tat Gottes sind den Menschen mitzuteilen. Somit wird das Predigtamt in seiner Funktion, Gottes Heilsangebot weiterzusagen, zur Mitte.

Im Gespräch mit der mittelalterlichen Kirche und aus der Bibel entfalten die Reformatoren ihren Gedanken über das Wesen und die Funktion der Kirche, des Amtes und der Sakramente. Die Frage, auf die sie antworten, ist: Wie kommt es zum Glauben an Gott? Wie wird der Mensch seines Heils gewiß? »Damit wir zu diesem Glauben kommen, hat Gott das Predigtamt eingesetzt, das Evangelium und die Sakramente gegeben« so antwortet die Confessio Augustana. Die Reformatoren verstehen das Predigtamt von den Gnadenmitteln des Wortes und der Sakramente her. Zur Verkündigung des Evangeliums und zur Verwaltung der Sakramente hat Christus in seiner Kirche das Predigtamt gestiftet, in dem zu diesem Amt berufene Menschen nach seinem Willen und Auftrag ihr Amt ausführen. Das Predigtamt ist durch den erhöhten Herrn Matthäus 28 gewollt: »Mir (Jesus) ist gegeben alle Gewalt im Himmel und auf Erden. Darum gehet hin und machet zu Jüngern alle Völker, taufet sie auf den Namen des Vaters und des Sohnes und des Heiligen Geistes und lehret sie halten alles, was ich euch befohlen habe. Und siehe, ich bin bei euch alle Tage bis an der Welt Ende.«

Das Predigtamt setzt Christi Auftrag fort. Es nimmt den Menschen in die »Ich-Du-Beziehung« hinein. Der Mensch wird von Gott durch das Wort angesprochen und antwortet durch das glaubende Bekenntnis. Gott führt sein Zwiegespräch mit dem Menschen nur durch die Vermittlung des Wortes. Die Begegnung mit Gott setzt also eine Gemeinschaft von Menschen voraus, die sich zur Verkündigung und zum Hören des Wortes, zur Spendung und zum Empfang der Sakramente wirklich versammeln.

Die Kirche ist die durch das Wort geschaffene Gemeinde des Glaubens. Das griechische Wort »ecclesia« bedeutet ursprünglich die durch den Herold zur Versammlung entbotene Gesamtheit der Vollbürger eines Gemeinwesens. Das Neue Testament füllt diesen Begriff im Anschluß an die Septuaginta mit neuem Inhalt durch das Bestimmungswort »dem Herrn gehörend«, so daß nun »Kirche« die Gemeinschaft, d. h. die durch das Wort zur Versammlung aufgerufene Bürgerschaft des Herrn ist. Doch ist die äußere Form sowie die Art und Weise, in der der Auftrag durchgeführt werden soll, nicht auf eine bestimmte Verfassung oder Ordnung festgelegt. Was in der mittelalterlichen Kirche durch die hierarchische Verfassung mit dem Papst an der Spitze beschrieben wird, wird in der reformierten Kirche durch die Ordnung der vier Ämter Pastoren, Doktoren, Älteste und Diakone ausgedrückt. Nach dem Verständnis des Augsburger Bekenntnisses ist der einzige Maßstab für die biblische Gemäßheit der kirchlichen Ordnung, daß Gottes Wort verkündigt wird und die Sakramente gereicht werden.

Um der Ordnung willen werden in der Kirche durch die Ordination Gläubige zum Predigtamt und zur Sakramentsverwaltung berufen (Artikel 14). Doch ist immer der eigentlich Handelnde auch hier Christus, der sich der Menschen als seiner Diener und Werkzeuge bedient. Die geordnete Berufung einzelner in dieses Amt widerspricht nicht dem allgemeinen Priestertum der Gläubigen, sondern setzt dies voraus aufgrund der Rechtfertigungsbotschaft, denn alle Gläubige sind von ihrer Rechtfertigung her grundsätzlich mögliche Träger des Predigtamtes, das der Auferbauung der Gemeinde dienen soll. Diese Aufgabe ist nicht dem persönlichen Belieben jedes einzelnen überlassen, sondern gebunden an den Willkür und Unordnung in der Gemeinde ausschließenden Auftrag der Kirche im Namen Jesu Christi.

Die Reformatoren sahen von ihrem Menschenverständnis her den Menschen auf das Gespräch mit Gott angelegt. Der Mensch ist ein dialoges Wesen. Durch das Wort Gottes wird er in seinem Gewissen angesprochen. Durch das Wort vernimmt er die Verheißung der angebotenen Sündenvergebung. Dieses »In-Empfangnehmen« ist das vom Evangelium geforderte trostvolle Glauben. Im Hören des Wortes erfährt der Mensch etwas über sich, nämlich, wie Gott zu ihm steht. Nun weiß auch das Augsburger Bekenntnis, daß der Prediger den Glauben nicht wecken kann. Diese Möglichkeit ist ihm nicht gegeben. Luthers Auslegung des Dritten Glaubensartikels im Kleinen Katechismus betont ausdrücklich: »Ich glaube, daß ich nicht aus eigener Vernunft noch Kraft an Jesus Christus, meinen Herrn, glauben kann, sondern der Heilige Geist hat mich durchs Evangelium berufen, mit seinen Gaben erleuchtet, im rechten Glauben geheiligt und erhalten«. Das Wort Gottes ist Mittel, mit dem Gott den Menschen anspricht. Doch wahrt Gott sich seine Freiheit – »wo und wann Gott will« – gegenüber jedem menschlichen, frommen Versuch, den Zuspruch seiner Gnadengegenwart in Wort und Sakrament an uns, von uns her zu einem Anspruch auf seine Gnadengegenwart – und somit unserer Verfügbarkeit – über ihn zu machen.

Das Wort will verkündet, aber auch gehört sein. Durch Wort und Sakramente wirkt Gottes Heiliger Geist. Der Glaube des Menschen wird hervorgerufen durch die Glaubenserkenntnis und die Glaubenseinsicht, daß Gott in Christus zu uns Menschen spricht. Luthers reformatorische Erkenntnis bricht durch: daß Gott das Gewissen des Menschen anspricht. Im Hören des Wortes und im Empfang der Sakramente wird dem Menschen Gottes Rechtfertigung deutlich: »für euch gegeben und vergossen zur Vergebung der Sünden«. Die Wortverkündigung und die Sakramentsspendung sind seelsorgerliche Anliegen der Kirche; denn das rechtfertigende Handeln des rechtfertigenden Gottes mit uns Menschen geschieht primär mittels der Rechtfertigungsweise des rechtfertigenden Wortes der Bibel. Dazu gehören auch die Sakramente, bei denen der rechtfertigende Gott auch mittels der sichtbaren Handlungen von Taufe und Abendmahl sich den Menschen zuwendet. Die Kirche hat die Botschaft von der Rechtfertigung an die Menschen weiterzusagen. Darum wird die ganze Aufgabe und die Funktion der Kirche auf Predigt und Sakrament beschränkt. Das Sakrament wird durch das Wort erklärt, und durch das Wort wird dem Menschen der Verheißungscharakter des Sakramentes zugesprochen. Der Mensch steht dem Wort gegenüber. Er kann sich ihm öffnen oder verschließen. Es liegt beim Menschen, ob er sich auf das Gespräch mit dem Wort einläßt.

Die Predigt gibt Gottes Herrschaft in Jesus Christus weiter. Die durch das Wort zusammengerufene Gemeinde der Gläubigen ist die einzige Gemeinschaft, die den Namen »Gemeinde« – lateinisch: communio, congregatio – wirklich verdient. Wieder ist das Wort, das wirkliche Wort, das Christus zu uns spricht. Christus ist gerade der, der kein »Für-sich-sein« wollte und sich darum nicht gegen uns behauptet, sondern sich für uns opferte. In seinem »Blut« wird deshalb die Absonderung, das »Für-sich-sein-wollen« des Menschen, nicht nur enthüllt und gerichtet, sondern auch vergeben, damit wir den anderen Menschen wieder vergeben (Matthäus 6, 12; 18,11–35). Regiert uns Christus durch das Wort, das wir in der »Versammlung« hören, so entsteht eine Bindung, eine Gemeinschaft. Es ist die Solidarität der Menschen, die von der Vergebung leben. Durch dieses Wort wird die Gemeinde begründet. Durch dieses Wort ist die Versammlung eine Kirche der Hoffenden, die durch ihren Herrn geführt wird (Matthäus 28,20). Die Kirche lebt von diesem lebendigen Wort als zukünftige in der Gegenwart und wird ihre Vollendung beim Kommen Christi sehen.

Nach Auffassung der lutherischen Bekenntnisse wird die Kirche also nicht vereinsmäßig gegründet und auch nicht erhalten durch eine Willenserklärung derer, die sich zu ihr zusammenschließen. Sie hat auch nicht ihren Grund in der Gläubigkeit oder Wohlanständigkeit ihrer Mitglieder, sondern allein im Heilswirken und Heilswillen Gottes in Jesus Christus. Der Mensch wird durch das Evangelium und durch die Sakramente hineingerufen in den Heilswillen Gottes. In dieser wirklichen Versammlung wirkt der Heilige Geist, gibt den Glauben, führt in den neuen Gehorsam hinein. Die Kirche ist demnach die allem menschlichen Tun und Streben vorausgegebene Gemeinschaft, der Leib Christi, der durch Christus lebt. Gerade das 12. Kapitel des 1. Korintherbriefes beschreibt dieses Bild von Kirche. Somit bleibt das evangelische Kirchenverständnis nicht auf den Kirchenraum beschränkt. Mit dem Wort »Versammlung« wird die lebendige Gemeinschaft bezeichnet, die sich durch Wort und Sakrament bestimmt weiß. Aus dem Wort und den Sakramenten als den Mitteln und Werkzeugen, deren sich Christus zur Begründung und Erhaltung seiner Kirche bedient, gewinnt sie ihre Lebendigkeit. Die Kirche ist nicht eine statische Heilsgestalt, sondern eine lebendige Versammlung der Gläubigen.

Die Einheit der Kirche besteht darin, daß Wort und Sakrament recht gebraucht werden. Durch das Wort und die Sakramente werden die einzelnen Kirchengemeinden zur Kirche zusammengefügt. Die Einheit ist im Geist und Glauben gegeben. Im lateinischen Text der Confessio Augustana heißt es »congregatio sanctorum«, was übersetzt heißt: a) die Gemeinschaft der Heiligen oder b) die

Gemeinschaft derer, die zum Sakrament gehen. Die Kirche ist kein platonischer Staat, sondern eine Wirklichkeit, durch die Gottes Herrschaft hier auf Erden beginnt. Nach Luther ist also die Verwaltung der Gnadenmittel: das Predigen des Evangeliums und das Reichen der Sakramente zwar äußerliches Kennzeichen des Daseins der Kirche als ihre sicher wirkende Lebensursache und als ihre sicher eintretende Lebensäußerung.

Die Spaltung der Kirche dürfte es demnach nicht geben und die Reformatoren wollten sie auch nicht, weil die Einheit der Kirche in Gott und durch ihn begründet ist, der in Christus seine Herrschaft vorantreibt. Des Menschen Haltung ist, das Angebot Gottes glaubend anzunehmen. Weil alles auf den Glauben – und zwar indem der Mensch von sich selbst wegsieht und hinsieht auf Christus – ankommt, deshalb reicht auch der Begriff Kirche bei den Reformatoren soweit, wie das Evangelium recht verkündet und die Sakramente recht gespendet werden.

Deshalb haben die Reformatoren im Gespräch über die Kirche zunächst den Ausgangspunkt ihrer Darlegung bei dem genommen, der der Herr der Kirche ist: Gott, der sich in Jesus Christus geoffenbart hat. Von ihrem Gottes-Verständnis – bedingt durch die Erfahrung mit Gott – legen die Reformatoren dar, wodurch sich Gott den Menschen zeigt: durch Wort und Sakrament. Gottes Gnadenlehre begründet die Kirche. Daraus folgert dann die Ausgestaltung der Kirche in ihrer äußeren Form. Zur Einheit der Kirche gehören also nicht überall und allezeit die gleichen kirchlichen Ordnungen, etwa die Kirchen- oder Gemeindeverfassung oder die Gestaltung der kirchlichen Ämter. Diese können – je nach den geschichtlichen Umständen – durchaus verschieden sein. Der Maßstab für die jeweils rechte Ordnung ist, daß sie »zur Förderung des Glaubens und der Liebe dienen und nicht zum Nachteil des Glaubens« (Luther). Dies gibt der Kirche auf der einen Seite die großartige Freiheit, ihre Ordnungen jeweils so zu gestalten, daß sie ihrem Verkündigungsauftrag in der Welt in Wort und Tat in bestmöglicher Weise nachkommen kann. Wird jedoch diese Freiheit mißbraucht, so daß sie andere in ihrem Gewissen belastet oder in ihrem Glauben ernstlich gefährdet, dann wird sie auf der anderen Seite auf alles verzichten, was das Gewissen und den Glauben der anderen Menschen ernstlich belastet oder gefährdet, weil sie »der Liebe und des Nächsten Diener ist und sein soll« (Luther, Deutsche Messe und Ordnung des Gottesdienstes).

Das ist ja das Besondere an der Beschreibung der Kirche durch die Reformatoren, daß das Kirchenverständnis am Maßstab der Rechtfertigungsbotschaft gemessen wird, d. h. an der Frage, ob die Botschaft und das Angebot der Gnade Gottes in Jesus Christus an die Welt durch ihre verfaßte Gestalt und die in ihr geltenden Ordnungen deutlich oder verdunkelt ausgesprochen wird. Die Kirche hat ihre Gestalt und ihre Ordnungen immer wieder zu überprüfen an der Frage, ob und wie weit beide in der jeweils gegebenen geschichtlichen Lage ihrem Evangeliumsauftrag dienen. Dieser Auftrag ist der Maßstab, die kirchlichen und gemeindlichen Ordnungen den jeweiligen Erfordernissen neu anzupassen. Deshalb konnten die Reformatoren mit dem mittelalterlichen Brauchtum der Kirche brechen, weil es nicht dem Evangelium entsprach (Artikel 15 der Confessio Augustana).

Die Rechtfertigungsbotschaft ist die Mitte der Kirche und bestimmt auch ihre Ausgestaltung. Von da aus ist es nur allzu verständlich, daß die Reformatoren vom allgemeinen Priestertum der Gläubigen sprechen und nicht, wie in der mittelalterlichen Kirche, die Trennung zwischen Priester und Laien betonen. Darum wird auch folgende Anschauung abgelehnt als sei es möglich, die Kirche als die Gemeinschaft der »wahrhaft Heiligen« aus der Masse der Unheiligen und Ungläubigen herauszuschälen und beide Gruppen von einander zu scheiden. Dieser Versuch hat zunächst das klare Wort Christi gegen sich. Es ist das Gleichnis »Vom Unkraut unter dem Weizen« (Matthäus 13,24–30), das deutlich macht, wie es in der Kirche in dieser Zeit zugeht. Zum anderen würde eine Differenzierung zwischen Heiligen und Unheiligen das Urteil Gottes über die Menschen vorwegnehmen, das Gott sich selbst vorbehalten hat. Die Kirche ist nicht auf den sittlichen und moralischen Eigenschaften ihrer Glieder aufgebaut, sondern wird durch die Gnadenmittel des Evangeliums in Wort und Sakrament bestimmt.

Die Reformatoren nehmen auch die besondere Frage auf: Hängt

die Spendung der Sakramente von der Würdigkeit der Priester ab? Von der Rechtfertigung her wird auch diese Frage beantwortet. Die Kirche und das Amt sind nicht um ihrer selbst willen da, sondern haben Funktionscharakter. Sie vermitteln Gottes Heilsangebot an die Menschen. Der Funktionscharakter des Amtes – auch Dienstcharakter des Amtes – ist durch die Lehre der Sakramente bedingt. Sie sind göttliche Handlungen, durch die Gott zur Erlösung der Menschen wirkt. Gott ist das Subjekt des Taufaktes, des Abendmahls und der Lossprechung. Das Amt ist eine notwendige Tätigkeit der Kirche. Nicht die Person ist das entscheidende, sondern das Wort, das die Rechtfertigungsbotschaft bringt.

Weil Gott der Handelnde ist, deshalb lehnen die Reformatoren die Anschauung der Donatisten über das Amt ab. Diese bildeten eine Gruppe, die ihren Namen von dem Bischof Donatus (4. Jahrhundert) aus Nordafrika herleiteten. Dieser betonte, daß die Weihen und Amtshandlungen von Bischöfen und Priestern, die in der diokletianischen Christenverfolgung (303–311 n. Chr.) abtrünnig wurden, ungültig seien. Diese Anschauung macht die Kirche abhängig von der persönlichen Frömmigkeit und Gläubigkeit ihrer Amtsträger und verdeckt somit das kirchenschaffende Wollen und Wirken Gottes. Martin Luther lehnte die Anschauung der Donatisten weder mit der Begründung eines Augustins noch mit der der mittelalterlichen Kirche ab, die meinte, daß in der Taufe und durch die Weihe dem Priester ein »unverlierbarer Stempel« der Gnade gegeben seien, sondern durch die Freiheit des göttlichen Wortes, die unabdingbar ist von der Heiligkeit des betreffenden Priesters. Das Augsburger Bekenntnis weiß um die Unvollkommenheit der Menschen und auch der Amtsträger. Daher drücken die Autoren den Sachverhalt mit folgenden Worten aus: »Die Sakramente und das Wort sind wirksam wegen der Anordnung und des Befehles Christi, auch wenn sie durch Schlechte gespendet werden« (Artikel 8). Dies ist keine Abwertung des Amtes, sondern die Betonung, daß Gott selbst in der Kirche wirkt und seine Kirche baut. Die Kirche ist nicht Prediger-, nicht Priester-, nicht Pastoren-, nicht Papst- und nicht Volkskirche, sondern durch und durch Christuskirche. Der Pfarrer steht im Dienst Christi und hat das

Evangelium zu verkündigen. An diesem Maßstab: ob Christus allein hochgehalten wird, ist alles in der Kirche und an der Kirche zu messen. Deshalb rücken die Reformatoren von der Anschauung der mittelalterlichen Kirche ab, daß Wort und Sakrament nur wirksam seien aufgrund der Priesterweihe und nicht aufgrund des Auftrags Christi.

Ebenso sprechen sich die Reformatoren mit voller Entschiedenheit gegen die Wiedertäufer und »andere, so lehren, daß wir ohne das leibliche Wort des Evangelii den heiligen Geist durch eigene Bereitung, Gedanken und Werk erlangen« (Artikel 5) aus. Die Schwärmer hatten in Deutschland mit Karlstadt und Thomas Münzer ihre ersten Vertreter. Sie betonten einen mystischen Subjektivismus. Das »Wort Gottes« wirkt im menschlichen Herzen als übernatürliche Erleuchtung, Vision. Dem gegenüber betonten die Reformatoren, daß Gott seinen Geist nur gebe in Verbindung mit den Gnadenmitteln des Wortes und der Sakramente. »Die äußeren Stücke sollen und müssen vorangehen . . ., also daß er's (Gott) beschlossen hat, keinem Menschen die innerlichen Stücke zu geben ohne durch die äußerlichen Stücke« (Luther, Wider die himmlischen Propheten). Die Verachtung des Wortes und der Sakramente durch die Schwärmer war und ist im letzten Grunde eine mehr oder weniger verdeckte Form der Werkgerechtigkeit, die meint, die Gnadenmittel Gottes entbehren zu können.

Die Reformatoren zeigen auf, daß die Kirche durch das Wort Gottes geschaffen wird. Gottes Gnade wirkt an den Menschen durch äußere Mittel. Als solche Mittel kommen das Wort Gottes und die heiligen Sakramente in Betracht. Wo immer diese Mittel im Gebrauch sind, da will Gott und der Heilige Geist durch sie und mit ihnen wirken. Darum liegt auch bei den Sakramenten der Nachdruck auf dem Wort, und die sichtbare Handlung wird nur als Sichtbarmachung des Wortes verstanden. Der Inhalt der Sakramente ist der gleiche wie im Wort: Gottes Rechtfertigung. Darum ist das Evangelium das eigentliche Wort Gottes, im Worte Gottes aber das eigentliche Gnadenmittel: der Heilige Geist wirkt zwar sowohl durch Gesetz als auch durch Evangelium, wobei er den beseligenden, erneuernden Glauben bewirkt; empfangen wird dieser jedoch nur durch das Evangelium. Die Aufgabe des Pfarrers besteht darin, dies weiterzugeben durch Wort und Sakrament. Deshalb wird die Kirche der Reformation auch die Kirche des Wortes genannt, weil sie auf Gottes Zusage baut.

6. Das kirchliche Amt

a) Texte aus der Confessio Augustana:
Artikel 14: Vom Kirchenregiment (Amt und Ordination).
»Vom Kirchenregiment lehren sie: Niemand darf in der Kirche öffentlich lehren oder die Sakramente verwalten, er sei denn dazu rechtmäßig berufen.«

Artikel 28: Von der Gewalt der Bischöfe (in Auszügen).
»Große Auseinandersetzungen wurden einst geführt über die Gewalt der Bischöfe, und viele vermengten dabei zum Nachteil der Sache die Gewalt der Kirche und die Gewalt des Schwertes. Aus dieser Vermengung entstanden blutige Kriege und stürmische Tumulte, da die Päpste, gestützt auf die Gewalt der Schlüssel, nicht bloß neue Arten der Gottesverehrung einführten und durch Vorbehalt bestimmter Fälle, durch gewaltsame Exkommunikation die Gewissen belasteten, sondern sich auch unterfingen, weltliche Herrschaft zu verleihen und den Kaisern ihr Reich zu nehmen. Diese Übergriffe sind längst in der Kirche von frommen und gelehrten Männern getadelt worden. Darum wurden die Unsrigen zur Unterrichtung der Gewissen gezwungen, den Unterschied der kirchlichen Gewalt von der Gewalt des Schwertes aufzuzeigen; sie lehrten, beide Gewalten müßten um des göttlichen Gebots willen mit allem Ernst geehrt werden als die höchsten Gaben Gottes auf Erden.

So aber denken sie: Die Gewalt der Schlüssel, also die Gewalt der Bischöfe, ist nach dem Evangelium die Vollmacht oder der Auftrag Gottes, das Evangelium zu verkündigen, Sünden nachzulassen oder zu behalten und die Sakramente zu spenden. Denn mit diesem Auftrag sendet Jesus die Apostel aus: ›Wie mich der Vater gesandt hat, so sende ich euch...‹ (Johannes 20,21 ff.).

Diese Gewalt wird einzig und allein ausgeübt durch Lehren und Predigen des Wortes und Darreichung der Sakramente an viele oder an einzelne, je nach der Berufung; es werden ja nicht körperliche Dinge dargeboten, sondern ewige Dinge, die ewige Gerechtigkeit, der Heilige Geist, das ewige Leben. Das alles kann man nur bekommen durch den Dienst des Wortes und der Sakramente, wie Paulus sagt: ›Das Evangelium ist die Kraft Gottes zum Heile für jeden, der glaubt‹ (Römer 1,16) ... Weil also die kirchliche Gewalt ewige Dinge darbietet und nur ausgeübt werden kann durch den Dienst des Wortes, behindert sie die politische Verwaltung nicht; sowenig die Sangeskunst die politische Verwaltung behindert. Denn die politische Verwaltung hat es mit anderen Dingen zu tun als das Evangelium. Die Obrigkeit schützt nicht die Seelen, sondern die Leiber und die leiblichen Angelegenheiten gegen offenkundiges Unrecht und regiert die Menschen mit dem Schwert und körperlichen Strafen. Das Evangelium aber schützt die Seelen gegen gottlose Lehren, den Teufel und den ewigen Tod.

Darum dürfen die kirchliche und die politische Gewalt nicht vermengt werden. Die kirchliche Gewalt hat ihren eigenen Auftrag, nämlich das Evangelium zu lehren und die Sakramente zu verwalten. Sie darf nicht einbrechen in ein fremdes Amt, sie darf nicht weltliche Herrschaft verleihen, nicht die Gesetze der Obrigkeit abschaffen, nicht vom gesetzmäßigen Gehorsam entbinden, sie darf nicht Urteile über irgendwelche bürgerlichen Ordnungen oder Verträge verhindern, sie darf den Obrigkeiten keine Vorschriften machen über die Formen des Staatswesen, ...

Auf solche Weise machen die Unsrigen einen Unterschied zwischen den Pflichten beider Gewalten, fordern aber, jede von beiden zu ehren und anzuerkennen, daß eine jede Gottes Geschenk und Wohltat ist.

Soweit Bischöfe eine Gewalt des Schwertes haben, so haben sie diese nicht als Bischöfe durch den Auftrag des Evangeliums, sondern auf Grund menschlichen Rechtes; sie ist ihnen von Königen und Kaisern zur Verwaltung ihrer weltlichen Güter gegeben worden. Das ist aber eine ganz andere Funktion als der Dienst des Evangeliums. Erhebt sich also die Frage nach der Jurisdiktion der Bischöfe, so muß man unterscheiden zwischen ihrer fürstlichen Stellung und ihrer kirchlichen Vollmacht. Das heißt, nach dem Evangelium oder, wie man sagt, ›nach göttlichem Recht‹ kommt diese Vollmacht den Bischöfen als Bischöfe zu, also als denen, welchen der Dienst des Wortes und der Sakramente anvertraut ist: die

Vollmacht, Sünden nachzulassen, und Lehre, die wider das Evangelium ist, zurückzuweisen und die offenkundig Gottlosen von der kirchlichen Gemeinschaft auszuschließen, aber ohne weltliche Gewalt, nur mit dem Worte. In diesen Dingen müssen die Gemeinden (den Bischöfen) notwendigerweise und kraft göttlichen Rechtes Gehorsam leisten nach dem Worte: ›Wer euch höret, der höret mich‹ (Lukas 10,16). Aber wenn sie etwas gegen das Evangelium lehren oder bestimmen, dann haben die Gemeinden den Befehl Gottes, welcher den Gehorsam verbietet, Matthäus 7,15: ›Hütet euch vor den falschen Propheten.‹

Wenn die Bischöfe das Recht haben, mit solchen Menschensatzungen die Gewissen zu beschweren, warum verbietet dann die Heilige Schrift so oft, Satzungen aufzustellen? Warum nennt sie sie ›Lehren der Dämonen‹ (1. Tim. 4,1)? Hat denn wirklich der Heilige Geist umsonst davor gewarnt?

Es ergibt sich also: Da Anordnungen, die als gewissenbindend oder als Mittel auferlegt werden, um Gnade zu verdienen, dem Evangelium widerstreiten, so darf kein Bischof solche Formen der Gottesverehrung einführen oder als verpflichtend fordern. Denn man muß in den Gemeinden an der Lehre von der christlichen Freiheit festhalten, daß die Knechtschaft des Gesetzes nicht notwendig ist zur Rechtfertigung, wie im Galaterbrief geschrieben steht: ›Lasset euch nicht wiederum unter das Joch der Knechtschaft bringen‹ (Galater 5,1). Es muß bei dem Hauptartikel des Evangeliums bleiben: Gnade erlangen wir durch den Glauben an Christus, und nicht durch gewisse ›Beobachtungen‹ oder durch fromme Übungen, die von Menschen eingeführt sind.

Wohl aber sollen die Bischöfe und Pfarrer in der Kirche Ordnungen einführen, damit es in ihr ordentlich zugeht ... und die Gemeinden sollen solche Ordnungen um der Liebe und des Friedens willen innehalten und hierin den Bischöfen und Pfarrern gehorsam sein.«

b) Texte aus der Bibel:

2. Timotheus 1,6: »Um solcher Ursache willen erinnere ich dich, daß du erweckest die Gabe Gottes, die in dir ist durch die Auflegung meiner Hände.« (vgl. 1. Timotheus 4,14).

Apostelgeschichte 13,2–3: »*Da sie aber dem Herrn dienten und fasteten, sprach der heilige Geist: Sondert mir aus Barnabas und Saulus zu dem Werk, dazu ich sie berufen habe. Da fasteten sie und beteten und legten die Hände auf sie und ließen sie gehen.*« (vgl. Apostelgeschichte 14,23).

Apostelgeschichte 20,28: »*So habt nun acht auf euch selbst und auf die ganze Herde, unter welche euch der heilige Geist gesetzt hat zu Bischöfen, zu weiden die Gemeinde Gottes, welche er durch sein eigen Blut erworben hat.*«

Johannes 20,21–23: »*Da sprach Jesus abermals zu ihnen: Friede sei mit euch! Gleichwie mich der Vater gesandt hat, so sende ich euch. Und da er das gesagt hatte, blies er sie an und spricht zu ihnen: Nehmet hin den heiligen Geist! Welchen ihr die Sünden erlasset, denen sind sie erlassen; und welchen ihr sie behaltet, denen sind sie behalten.*«

2. Korinther 5.19–20: »*Denn Gott war in Christo und versöhnte die Welt mit ihm selber und rechnete ihnen ihre Sünden nicht zu und hat unter uns aufgerichtet das Wort von der Versöhnung. So sind wir nun Botschafter an Christi Statt, denn Gott vermahnet durch uns; so bitten wir nun an Christi Statt: Lasset euch versöhnen mit Gott.*«

Jesus Christus als der Erhöhte wirkt durch den Heiligen Geist den Glauben. Diese innere Vergegenwärtigung im Glauben ist aber daran gebunden, daß Christus für den Glauben, zur Entscheidung des Glaubens »äußerlich« gegenwärtig wird. Das geschieht in dem geschichtlichen Zeugnis von ihm, dessen Träger die Kirche ist. Die Kirche hat das Zeugen-Amt, die Versöhnung anzubieten; das Zeugnis von Christus zu verkündigen, um Glauben zu wecken. Dieses Zeugnis ist immer ein Zeugnis von Personen an Personen. Allein durch das Zeugnis der Kirche erreicht das Angebot der Versöhnung die Menschen (2. Korinther 5,20). Die Vollmacht zu diesem Zeugnis hängt nicht an der Autorisierung durch die »apostolische Sukzession« bestimmter Ämter und durch den hierarchischen Instanzenzug. Die Vollmacht zum autoritativen, die Vergebung anbietenden Zeugnis empfängt jeder Christ, indem er das Zeugnis selber für sich im Glauben empfängt. Das Zeugnis-

Amt ist als »allgemeines Priestertum« allen Glaubenden von Christus verliehen (1. Petrus 2,9). Eine apostolische Sukzession ist aus den Bibelstellen nicht zu entnehmen. Vielmehr werden durch den Apostel Paulus Menschen zur Leitung der Kirche beauftragt.

Doch bedarf die Kirche eines besonderen Amtes der öffentlichen Verkündigung. Denn es geht nicht nur darum, daß einzelne Menschen vom Evangelium zum Glauben überwunden werden, sondern daß »Gemeinde«, d. h. Einheit im Glauben und Handeln, entstehe. Um diese Gemeinsamkeit zu bewirken gibt es das öffentliche »Amt des Wortes«. Es hebt das »allgemeine Priestertum« und sein Zeugnis-Amt nicht auf. Sein Handeln ist ein Handeln der Gemeinde: sie als ganze delegiert einen der ihren zu diesem öffentlichen Amt; aber nicht nur »um der Ordnung willen« (Artikel 14), sondern um der Einheit willen, damit die Gemeinde als Einheit wirklich werde (Epheser 4,4–6).

c) Historisch-dogmatischer Hintergrund der Artikel 14,28.

Die Notwendigkeit des Predigtamtes in der Confessio Augustana wird unmittelbar aus der Rechtfertigung hergeleitet: »Solchen Glauben zu erlangen hat Gott das Predigtamt eingesetzt, Evangelium und Sakramente gegeben« (Artikel 5). Gewiß gibt es kein Rezept zur Gewinnung des Glaubens. Und doch muß wenigstens eine Bedingung erfüllt sein, damit es zum Glauben kommen kann: Gottes Wort muß dargeboten werden, damit es geglaubt werden kann. »So kommt der Glaube aus der Predigt« (Römer 10,17). Das Predigtamt ist als ganz unmittelbar in der Offenbarung Gottes begründet. Es verdankt wie die Kirche überhaupt sein Dasein dem Wort Gottes; weil das Wort geglaubt werden will, muß es in der »Versammlung« verkündigt werden.

Die Wortverkündigung ist ein Amt der Kirche. Ihr ist das Predigtamt befohlen. Die Spaltung in »Geistliche« und »Laien« ist auf dem Boden der Rechtfertigung unmöglich und sinnlos, »weil alle Christen wahrhaftig geistlichen Standes sind . . . Das macht alles, daß wir eine Taufe, ein Evangelium, einen Glauben haben und gleiche Christen sind; denn Taufe, Evangelium und Glauben, die machen allein geistlich und zu Christenvolk »(Luther: An den

Christlichen Adel, WA 6,407). Darum ist das Predigtamt Recht und Pflicht eines jeden Christen. Nur muß es bei der Wortverkündigung »secundum ordinem«, nach der Ordnung zugehen (1. Korinther 14,27). Um der Ordnung willen überträgt die Gemeinde das Recht der öffentlichen Wortverkündigung einzelnen, die sie ordnungsgemäß beruft »rite vocatus« (Artikel 14), die sie ordiniert.

Die in der Berufung liegende Berufsverpflichtung verleiht dem Berufenen die notwendige Autorität und Sicherheit. Er erhält in der Ordination das Recht, im Namen der Gemeinde und vor der Gemeinde das Wort zu verkündigen. Durch seine Ordination wird der Prediger zum Diener des göttlichen Wortes. Er handelt fortan in der Wortverkündigung und Sakramentsverwaltung »aus dem Befehl unseres Herrn Jesus Christus« (Matthäus 28,20). Paulus nimmt diese Intention auf und begründet das Amtsverständnis aus der Versöhnungstat Christi (2. Korinther 5,19-21). Darum hat der Diener des Wortes weder über das Wort zu verfügen noch es zu erzeugen. Darin liegt der Unterschied zum katholischen Priester und religiösen Virtuosen. Der Protestantismus ist demgegenüber einig in der Verwerfung eines hierarchischen Standes, insbesondere eines mittlerischen Priestertums. Er kennt daher keinen Priesterstand über dem der Laien, sondern nur ein Amt in der Kirche, nämlich den Dienst in der Gemeinde im Namen und Auftrag der Gemeinde. Zwar erkennt er dies Amt als gewollt, ja gestiftet an, sieht jedoch in der Amtsübertragung kein eigentliches Sakrament. Dagegen wird die ordentliche Berufung und Belehrung durch die Gemeinde oder ihre Vertreter gefordert. Wenn in der Regel diese »Ordination« durch höhere kirchliche Amtsträger geschieht, so ist dies bloß eine Ordnung »de iure humano«. Aus dem allgemeinen Priestertum folgt, daß sich keiner in der Gemeinde zum Lehrer oder Verwalter der Gnadenmittel selbst aufwerfen darf. Vielmehr hat die Gemeinde das Recht und damit zugleich die Pflicht, Amtsträger aus ihrer Mitte zu berufen, die mithin nicht Herren, sondern Diener (ministri) der Kirche sind. Auch in den Amtsträgern bleibt die Gemeinde der Gläubigen das eigentliche Subjekt des Kirchenbegriffes. Damit ist eine klare Trennung zum Priester- und Amtsbegriff der mittelalterlichen Kirche gezogen. Das Amt ist im Protestantismus durch den Dienst und die Funktion bestimmt. Es leitet sich ab aus der Rechtfertigung (2. Korinther 5,19–20).

Dieses neue Priesterverständnis – gewonnen aus der Bibel – stellt die Hierarchie der mittelalterlichen Kirche in Frage. Deshalb legen die Reformatoren im Gespräch mit ihren Gegnern den Schwerpunkt auf die bischöfliche Gewalt (Artikel 28). Die Organisation der mittelalterlichen Kirche beruhte auf dem Bischofsamt. In Deutschland waren die Bischöfe zugleich auch Reichsfürsten. Durch die Einführung der Reformation, wie in Sachsen, Ansbach, Nürnberg, Hessen, Braunschweig, Straßburg, Hamburg trat an die Stelle der bischöflichen Kirchenregierung das landesherrliche Kirchenregiment. (Wir verlassen diesen Gedankengang in seiner weiteren Entwicklung und wenden uns der Problematik des Artikel 28 zu.)

Es wird zwischen geistlicher und weltlicher Gewalt geschieden, welche jede für sich dem Wohle der Christenheit zu dienen hat. Die Befugnisse der Bischöfe in weltlicher Hinsicht beruhen auf menschlichen, geschichtlich gewordenen Rechten. Ihre geistliche Gewalt aber ist dem Wesen nach keine andere als die des geistlichen Amtes überhaupt, nämlich die Befugnis zur Predigt des Evangeliums und zur Verwaltung der Sakramente.

Die Kirche hat das Evangelium nicht nur zu »verkündigen«, sondern auch zu »vollziehen«. Dies allerdings nur mit den ihr gemäßen Mitteln der Evangeliumspredigt und Sakramentsverwaltung. Die Kirchengewalt ist in allem anders, ganz anders, als die staatliche Gewalt. Von ihrer genauen Bestimmung des Amtes her spricht sich die Reformation gegen eine Vermengung von Kirchen- und Staatsgewalt aus. Zwar stammt die Staatsgewalt von dem Schöpferwillen Gottes, hat jedoch ein ihr zugewiesenes Territorium. Desgleichen stammt die Kirchengewalt auch von Gott. Doch will und darf sie nichts anderes sein als sein Evangelium. Deshalb darf die Kirchenzucht nach biblisch-reformatorischer Auffassung allein der Seelsorge am Glied der Gemeinde und der Gemeinde als solcher dienen im Sinne von 1. Korinther 5,5 und 2. Korinther 7,8 ff.

Von der Rechtfertigung her bestimmen die Reformatoren neu den Aufgabenbereich der Kirche. Zunächst entbinden sie die Kirche aus dem politischen Gefecht. Die Vermengung beider Ämter, so daß das eine Herrschaft, Aufsichtsrecht oder Weisungsbefugnis über das andere hat, oder den Auftrag und die Handlungsmittel des anderen für sich selbst beansprucht, wird getrennt. Mit dieser Trennung von geistlicher und weltlicher Macht haben die Reformatoren den leidvollen Kampf zwischen Papst und Kaiser beendet. Gerade die falsche Auslegung von Matthäus 16,19: »Ich will dir des Himmelreichs Schlüssel geben, und alles, was du auf Erden binden wirst, soll auch im Himmel gebunden sein, und alles, was du auf Erden lösen wirst, soll auch im Himmel los sein«, verleitete die Päpste Gregor VII. (1073–1085) zu der Machtanmaßung: »Der Papst kann die Kaiser absetzen«, und Bonifaz VIII (1294–1303): »Die geistliche Gewalt hat die Macht, die irdische Gewalt einzusetzen und zu richten, wenn sie nicht gut sein soll«.

Die Reformatoren bestimmen das Amt als Dienst des Wortes und der Sakramente. Es hat seine Gewalt, nämlich das Wort der Heiligen Schrift über sich, d. h. wenn der Pfarrer beim heiligen Abendmahl die Einsetzungsworte der Anweisung und dem Befehl Christi gemäß spricht, dann erhalten sie konsekrierenden Charakter, nicht etwa weil der Pfarrer sie spricht, sondern weil es eben diese Worte sind, die mit Christi Befehl und Verheißung verbunden sind. Das Augsburger Bekenntnis stellt den Funktionswert des Amtes heraus und nicht das Amt selber. Dieser Unterschied kann am Bußsakrament verdeutlicht werden. In der katholischen Kirche dagegen hat der Pfarrer mehr Gewalt, weil er die Jurisdiktionsgewalt Christi durch die Sukzession übertragen bekommen hat. Deshalb kann er nach seiner Prüfung dem Büßenden Strafe auferlegen und ihn von der Schuld, nachdem er sie in der Ohrenbeichte gehört hat, freisprechen. In der protestantischen Kirche hat der Pfarrer die Absolution auszusprechen und nicht das Recht, von dem Beichtenden eine vollständige Aufzählung seiner Sünden zu fordern. Die Aufgabe des Pfarrers ist, in seinem Handeln den Menschen Gottes Evangelium zu verkündigen. Das Amtsverständnis des Pfarrers wird durch das Wort unterstrichen. Der Pfarrer verweist auf Christus, von dem er das Wort hat. Deshalb wird in den Bekenntnisschriften immer wieder betont, daß der Zusammenhang von Wort Gottes und Amt gesehen werden muß. Der Pfarrer hat den Auftrag, Gottes Wort recht zu verkündigen und das Sakrament recht zu spenden. Das funktionelle Verständnis des Amtes hat zur Folge, daß dem Amtsträger keine geistlichen Sonderstellungen gegenüber dem Gläubigen eingeräumt werden dürfen. Aus diesem Grund spricht sich das Augsburger Bekenntnis gegen das hierarchische Amtsverständnis der katholischen Kirche aus. Der Artikel 28 weiß nichts von einer durch apostolische Sukzession fortgepflanzten höheren Gewalt der Bischöfe über die Träger des geistlichen Amtes und die Gemeinden auf Grund göttlich gestifteter Rechte, auch nichts von einem gottgeordneten Papsttum. Dadurch wird die Ordnungsfunktion des Amtes nicht aufgehoben. Den Bischöfen wird das Recht nicht bestritten, Ordnungen in bezug auf das Leben der Kirche zu schaffen. Nur dürfen diese Ordnungen nicht dem Evangelium und der christlichen Freiheit widersprechen, indem sie etwa den Menschen von der Gnade weg auf seine eigenen Verdienste lenken oder andere Gebote ihm zur Pflicht machen. Die Reformatoren legen dar: so sehr die Kirche Mittlerin zwischen Verheißung und Glauben ist, so darf sie sich doch nicht mit eigenem Recht und Anspruch zwischen beide drängen wollen. Es wird immer wieder betont, daß das kirchliche Handeln nichts Rechtfertigendes, nichts Sühnendes vor Gott hat. Die Gemeinde darf sich – das ist ihre von Gott geschenkte Freiheit – nach Wunsch und Bedürfnis einrichten, sich Sonntage, Feste und Feiern schaffen, eine Ordnung aufrichten, nach der nur der rechtmäßig Berufene zur Wortverkündigung kommt, darf alles tun, was zum Frieden und zur Erbauung dient, aber nicht, »damit für die Sünde genugzutun oder die Gewissen damit zu verbinden« (Artikel 28). Die Unterordnung unter den rechten Gottesdienst möchte das Augsburger Bekenntnis im Artikel »Von der bischöflichen Gewalt« aufzeigen.

Es ist deutlich zu spüren im Artikel 28, daß die Reformatoren sich gegen die Bestimmung des kirchlichen Amtes durch das V. Laterankonzil vom 10.12.1512 aussprechen. Denn dort wurde festgelegt, daß der Priester durch die Weihe zum Organ der göttlichen Offenbarung bestimmt wird. Er ist ein zweiter Christus, ein »alter deus in terris«, ein anderer Gott auf Erden, ein heute auf Erden »wandelnder Christus«. In ihm begegnet Gott uns Heutigen. Darum tritt er nicht nur fürbittenderweise für den sündigen Bruder ein, sondern vergibt ihm mit derselben Vollmacht, wie es Jesus einst getan hat: »Ego te absolvo«, ich spreche dich los. In unblutiger Weise, aber mit der gleichen Wirkung, wiederholt er in der Messe das Opfer Christi.

Die Reformatoren haben sich gegen jede klerikale Anmaßung und Überheblichkeit ausgesprochen. Sie betonen, daß Gott dem Menschen gegenüber frei bleibt. Der Prediger ist nicht Herr, sondern Diener des Wortes. Er ist darauf angewiesen, daß Gott sein Reden und Tun segnet. Daß er Diener am Wort ist, daß in seinem Reden Gottes Wort laut werden will, das allein begründet die Autorität des Predigers und macht das Hören der Predigt zu einer entscheidungsvollen Angelegenheit; denn »wer euch hört, der hört mich; und wer euch verachtet, der verachtet mich, wer aber mich verachtet, der verachtet den, der mich gesandt hat« (Lukas 10,16).

Maßstab für das kirchliche Handeln ist das Wort Gottes. Diese Grenze ist für das geistliche Amt abgesteckt durch den ihm von Gott anvertrauten Auftrag der unverkürzten und unverfälscht lauteren Verkündigung des Evangeliums von der alleinwirkenden Heilsgnade Gottes in Jesus Christus und der daraus geschenkten Freiheit des gerechtfertigten Sünders vom Gesetz. Wo beide verdunkelt oder gefährdet werden, ist die Kirche um ihres Auftrages willen vom Gehorsam gegen solche Amtsträger entbunden (Apostelgeschichte 5,29).

Die Bestimmung des Amtes durch die Rechtfertigung hat die damalige Kirche, soweit sie die Reformation annahm, von der weltlichen Macht und Verantwortung befreit. Die Kirche, die Pfarrer und Bischöfe haben sich nun voll und ganz der Verkündigung zu widmen.

7. Die Gnadenmittel

a) Texte aus der Confessio Augustana:
Artikel 13: Vom Gebrauch der Sakramente.

»Vom Gebrauch der Sakramente lehren sie: Die Sakramente sind eingesetzt nicht bloß, damit sie Erkennungszeichen des christlichen Bekenntnisses unter den Menschen seien, sondern weit mehr, damit sie Zeichen und Zeugnisse des Willens Gottes gegen uns seien, die gegeben sind, um den Glauben in den Empfangenden zu erwecken und zu befestigen. Darum muß man die Sakramente so empfangen, daß der Glaube dabei ist, welcher den Verheißungen vertraut, die durch die Sakramente dargeboten und vor Augen gehalten werden.«

Artikel 9: Von der Taufe.

»Von der Taufe lehren sie: Sie ist notwendig zum Heil; durch die Taufe wird die Gnade Gottes dargeboten; die Kinder müssen getauft werden, sie werden durch die Taufe Gott dargeboten und in die Gnade Gottes aufgenommen. Sie verurteilen die Wiedertäufer, welche die Kindertaufe verwerfen und behaupten, die Kinder würden ohne die Taufe gerettet.«

Artikel 10: Vom heiligen Abendmahl.

»Vom Abendmahl des Herrn lehren sie: Leib und Blut Christi sind im Abendmahl wahrhaft gegenwärtig und werden denen, welche es genießen, ausgeteilt; und sie lehnen die ab, welche anderes lehren.«.

Artikel 22: Von beiderlei Gestalt des Abendmahls.

»Den Laien werden bei uns die beiden Gestalten des Sakraments im Mahl des Herrn gereicht; diese Sitte beruht ja auf dem Befehle des Herrn: »Trinket alle daraus« (Matthäus 26,27). Da hat Christus offenkundig vom Kelche bestimmt, daß alle ihn trinken sollen. Und damit niemand schwindeln könne, das gehe bloß auf die Priester, so führt Paulus an die Korinther (1. Korinther 11,26) ein Beispiel an, aus welchem klar hervorgeht, daß die ganze Gemeinde beide Gestalten bekam.

Lange erhielt sich dann auch in der Kirche diese Sitte, und es läßt sich nicht feststellen, wann oder durch wen sie abgeändert wurde, wenn auch der Kardinal von Kues angibt, wann es gebilligt worden sei. Cyprian bezeugt an einigen Stellen, daß dem Volk das Blut gereicht wurde. Hieronymus ebenfalls mit den Worten: ›Die Priester feiern die Eucharistie und teilen das Blut Christi dem Volk aus‹. Ja, Papst Gelasius schärft ein, daß das Sakrament nicht geteilt werden soll, nämlich in der Distinctio II über die Konsekration im Kapitel (welches beginnt) Comperimus. Nur die herrschende Gewohnheit, die nicht so sehr alt ist, hält es anders. Es steht jedoch fest, daß eine Gewohnheit, die gegen Gebote Gottes eingeführt wurde, nicht gebilligt werden darf, wie auch die Kirchengesetze es besagen: Distinctio VIII im Kapitel Veritate und den folgenden. Diese Gewohnheit ist nicht bloß im Gegensatz zur Heiligen Schrift, sondern auch im Gegensatz zu den alten Kirchengesetzen und im Gegensatz zur Praxis der Kirche in Übung gekommen. Darum hätte man niemanden, der das Sakrament unter beiden Gestalten empfangen wollte, zwingen dürfen, es anders zu machen, gegen sein Gewissen. Und weil die Teilung des Sakraments nicht übereinstimmt mit der Einsetzung Christi, so ist es bei uns Sitte, die bisher übliche Prozession zu unterlassen.«

b) Texte aus der Bibel:
Apostelgeschichte 2,42–47: »Sie blieben aber beständig in der Apostel Lehre und in der Gemeinschaft und im Brotbrechen und im Gebet. Es kam auch alle Seelen Furcht an, und geschahen viel Wunder und Zeichen durch die Apostel. Alle aber, die gläubig waren geworden, waren beieinander und hielten alle Dinge gemein. Ihre Güter und Habe verkauften sie und teilten sie aus unter alle, nach dem jedermann not war. Und sie waren täglich und stets beieinander einmütig im Tempel und brachen das Brot hin und her in Häusern, nahmen die Speise und lobten Gott mit Freuden und einfältigem Herzen und hatten Gnade bei dem ganzen Volk. Der Herr aber tat hinzu täglich, die da selig wurden, zu der Gemeinde.«
Matthäus 28,18–20: »Und Jesus trat zu ihnen, redete mit ihnen

und sprach: »Mir ist gegeben alle Gewalt im Himmel und auf Erden. Darum gehet hin und lehret alle Völker und taufet sie im Namen des Vaters und des Sohnes und des heiligen Geistes, und lehret sie halten alles, was ich euch befohlen habe. Und siehe, ich bin bei euch alle Tage bis an der Welt Ende!«

Markus 1,9–11: »Und es begab sich zu der Zeit, daß Jesus aus Galiläa von Nazareth kam und ließ sich taufen von Johannes im Jordan. Und alsbald stieg er aus dem Wasser und sah, daß sich der Himmel auftat, und den Geist gleich wie eine Taube herabkommen auf ihn. Und da geschah eine Stimme vom Himmel: Du bist mein lieber Sohn, an dem ich Wohlgefallen habe.«

Römer 6,1–4: »Was wollen wir hiezu sagen? Sollen wir denn in der Sünde beharren, auf daß die Gnade desto mächtiger werde? Das sei ferne! Wie sollten wir in der Sünde wollen leben, der wir abgestorben sind? Wisset ihr nicht, daß alle, die wir in Jesum Christum getauft sind, die sind in seinen Tod getauft? So sind wir ja mit ihm begraben durch die Taufe in den Tod, auf daß, gleichwie Christus ist auferweckt von den Toten durch die Herrlichkeit des Vaters, also sollen auch wir in einem neuen Leben wandeln.«

Titus 3,4–7: »Da aber erschien die Freundlichkeit und Leutseligkeit Gottes, unseres Heilandes, nicht um der Werke willen der Gerechtigkeit, die wir getan hatten, sondern nach seiner Barmherzigkeit machte er uns selig durch das Bad der Wiedergeburt und Erneuerung des heiligen Geistes, welchen er ausgegossen hat über uns reichlich durch Jesum Christum, unsern Heiland, auf daß wir durch desselben Gnade gerecht und Erben seien des ewigen Lebens nach der Hoffnung.«

Lukas 22: 19–20: »Und Jesus nahm das Brot, dankte und brach's und gab's ihnen und sprach: Das ist mein Leib, der für euch gegeben wird; das tut zu meinem Gedächtnis. Desselbigengleichen auch den Kelch, nach dem Abendmahl, und sprach: Das ist der Kelch, das neue Testament in meinem Blut, das für euch vergossen wird.«

1. Korinther 11,23–26: »Ich habe es von dem Herrn empfangen, das ich euch gegeben habe. Denn der Herr Jesus in der Nacht, da er verraten ward, nahm das Brot, dankte und brach's und sprach: Nehmet, esset, das ist mein Leib, der für euch gebrochen wird;

solches tut zu meinem Gedächtnis. Desselbigengleichen auch den Kelch nach dem Abendmahl und sprach: Dieser Kelch ist das neue Testament in meinem Blut; solches tut, so oft ihr's trinket, zu meinem Gedächtnis. Denn so oft ihr von diesem Brot esset und von diesem Kelch trinket, sollt ihr des Herrn Tod verkündigen, bis daß er kommt.«

Jesus hat die Johannestaufe auf sich genommen und aus dem Täuferkreis die ersten Jünger gewonnen. In allen Evangelien verbindet sich der Missionsbefehl mit Taufmotiven (Matthäus 28,19). Denn die Aussendung der Apostel zielt auf die Sammlung des neuen Bundesvolkes. Die junge Christengemeinde hatte von Anfang an eine feste christliche Taufsitte (Römer 6,3). Die Taufe der Urgemeinde ist die Zeichnung des Menschen mit dem Namen Jesu. Bei Paulus wird der Täufling unter das Zeichen des Kreuzes gestellt. Der Kreuzestod Christi ist die Voraussetzung für die Taufe in Christi Namen. Der Abstieg in das Todeselement des Taufwassers ist ein Begrabenwerden »mit Christus«, das Emporsteigen aus dem Taufwasser aber ist ein Aufersehen »mit Christus« (Römer 6,3). Der Getaufte ist ein Auferweckter im geltungshaften Sinne. Er muß sich hinfort als ein zu neuem Leben Erweckter bewähren im ethischen Sinn (Epheser 5,14) und wird dereinst zum ewigen Leben erweckt werden im schöpferischen Sinn (Römer 6,4).

Nach dem Zeugnis des Neuen Testaments war das letzte Mahl Jesu mit seinen Jüngern ein Passahmahl. Die neue Sinnbestimmung des Passahmahls vollzieht Jesus erst in den Deuteformeln: Dies »ist« mein Leib, dies »ist« mein Bundesblut, das für viele vergossen wird. Mit dem »ist« der Abendmahlsworte ist nicht in irgendeinem Sinne die Transsubstantiationslehre gemeint. Aus der Passahperikope 2. Mose 13 läßt sich der Sinn der Deuteworte verstehen. Hier setzt Mose im Namen Gottes den Ritus der ungesäuerten Brote ein mit den Worten: »Das soll dir ein Zeichen in deiner Hand und ein Denkmal vor deinen Augen sein; denn Jahve hat dich mit mächtiger Hand aus Ägypten geführt.« Dieser Passahritus hat eine rettende Bedeutung. Gleichermaßen setzt Jesus den Abendmahlsritus ein als ein Zeichen und Denkmal für die Rettungstat Gottes am Kreuz. Das Brotbrechen ist ein Zeichen und Denkmal für die Hingabe seines Leibes, die Kelchspendung ein Zeichen und Denkmal für die Hingabe seines Blutes. Am Vorabend der göttlichen Rettungstat auf Golgatha begeht Jesus mit seinen Jüngern das Abendmahl, und zum rettenden Gedächtnis an diese Rettungstat feiert die christliche Bundesgemeinde hinfort die Eucharistie.

Paulus hat die Abendmahlstradition fortgeführt. In 1. Korinther 10,16 spricht er von einer Sakramentsgemeinschaft besonderer Art. Das Eine Brot schafft die Gemeinschaft des Leibes, weil die Vielen an dem Einen Brot teilhaben und darum gemeinsam Einen Leib ausmachen, den Leib Christi. Jesus selbst ist das Passahlamm, das zu unserer Rettung geschlachtet ist (1. Korinther 5,7). Das Abendmahl Jesu ist nicht nur Passahmahl, sondern auch die Speisung auf dem Wüstenzug.

In der Urkirche hatten die Sakramente einen festen Platz im gottesdienstlichen Leben (Apostelgeschichte 2,42–47).

c) historisch-dogmatischer Hintergrund der Artikel 13, 9, 10, 22.
Auch die Sakramente werden als eine Tat Gottes verstanden. Sie sind sichtbare Zeichen der Gnade Gottes in der Rechtfertigung. Gerade Artikel 5 des Augsburger Bekenntnisses betont, daß Gott den Menschen rechtfertigt und ihn wieder aufrichtet durch das Wort und die Sakramente von Taufe und Abendmahl. Zum »Dienst am Wort«, durch welchen die Kirche Christus für den Glauben vergegenwärtigt, gehört die Verwaltung von Taufe und Abendmahl wesentlich dazu.

Das Sakrament kann nach evangelischem Verständnis nichts anderes sein als Wort. In diesem Sinne ist es die Gegenwart der persönlichen Zuwendung Gottes zu dem Menschen, die im Glauben ergriffen werden will. Er gibt auch hier nichts weniger und nichts mehr als sich selbst zur Gemeinschaft mit dem Menschen im Glauben. Die selbständige Bedeutung des Sakramentes neben der Verkündigung besteht darin, daß das Evangelium in der symbolischen, das ganze Heil bezeichnenden Handlung als Akt an den Menschen kommt. Das Sakrament bietet inhaltlich und in seiner

Heilswirkung nichts über die Verkündigung hinaus. Erst im Sakrament, dem verbum actuale, kommt der Sinn der Verkündigung, nämlich der Charakter des Wortes als gegenwärtig berufender, richtender, begnadender Tat Gottes, die in einer Tat der Entscheidung ergriffen werden will, offenkundig heraus. Indem die Sakramentshandlung den einzelnen betrifft und in Anspruch nimmt, bildet sie Gemeinde und grenzt sie ab. Als leiblicher, den Leib betreffender Akt bezeugt sie unmittelbar, daß Gottes Anspruch und Verheißung dem ganzen Menschen, auch seiner Leiblichkeit gilt. Verkündigung und Sakrament werden nur im Zusammenhang miteinander, jedes von dem anderen aus richtig verstanden.

Die Reformatoren übernehmen den Sakramentsbegriff der mittelalterlichen Kirche. Diese kennt die Aufteilung der Sakramente in Form und Materie. Bei den Sakramenten sind bei der Taufe Wasser, beim Abendmahl Brot und Wein. Das Wort ist die Form, das zum sichtbaren Zeichen des Sakraments gehört, ist Verheißungswort oder Befehlswort. Wort und Zeichen verdeutlichen und erklären das Sakrament und nehmen ihm den magischen Charakter. Deshalb müssen diese zwei Forderungen bei jeder sakramentalen Handlung erfüllt werden: das sichtbare Zeichen und das Verheißungswort Gottes. Das Sakrament will den Glauben stärken.

Die Reformatoren setzen sich mit der Sakramentslehre der katholischen Kirche auseinander. Sie betont die sieben Sakramente. Petrus Lombardus hatte dies bereits in seiner Schrift »Sententiarum libri VI« dargelegt. Die IV. Lateransynode 1215 hatte diese Lehre zum Dogma erhoben und die Florentiner Unionssynode 1439 dies bestätigt. Die Reformatoren erkennen nur zwei Sakramente an. Maßstab und Kriterium für ein Sakrament sind die Einsetzungsworte Jesu: bei der Taufe Matthäus 28, beim Abendmahl Matthäus 26,27; Markus 14,22 und Lukas 22,19.

Gemäß seiner substantiellen Vorstellung des Göttlichen läßt der Katholizismus die materiellen Bestandteile der Sakramente und der Sakramentalien Träger göttlicher Kräfte und Vermittler der Gnade sein, und in diesem Sinne die Sakramente die Gnade enthalten; das Wort aber als forma sacramenti macht, vom Priester gesprochen, in magischer Weise die Materie zum Träger der Gnade. Der gesamte Protestantismus lehnt diese Ansicht ab. Hinsichtlich des Vollzuges der Sakramente stimmen Katholizismus und Protestantismus darin überein, daß er rite, d. h. einsetzungsgemäß geschehen muß. Ferner besteht hinsichtlich des Spenders Übereinstimmung darüber, daß es in der Regel ein Träger des kirchlichen Amtes sein soll, daß aber von seiner religiösen und sittlichen Würdigkeit die Wirksamkeit der Sakramente nicht abhängt (Artikel 8 der Confessio Augustana). Hierfür verweist der Protestantismus auf die fortwirkende Kraft der Stiftung Christi und die Berufung der Diener durch die Kirche, während für den Katholizismus die sakramentale Kraft der Priesterweihe maßgebend ist. Über die Bedingungen für die Wirkung der Sakramente lehrt der Katholizismus, daß sie dem Empfänger, der nicht »den Riegel einer (ungebeichteten) Todsünde vorschiebt«, kraft bloßen Vollzuges (ex opere operato) die in ihnen enthaltene Gnade mitteilen. Demgegenüber verwirft der gesamte Protestantismus eine Wirkung der Sakramente ex opere operato und fordert den Glauben im Sinne der fides specialis als Bedingung heilsamen Empfanges, lehrt aber zugleich, daß dieser Glaube durch die im Sakrament enthaltene und dargebotene Gnadenverheißung Gottes, also durchs Wort, geweckt und genährt wird. Indem durch den Protestantismus nur die eine neutestamentliche Heilsgnade durch die Sakramente vermittelt wird und er die Einsetzung Christus nur gelten läßt, wenn sie durch die Schrift unzweifelhaft bezeugt ist, kennt er an Zahl nur zwei Sakramente: Taufe und Abendmahl.

Der Gedanke, daß Gott in den Sakramenten handelt, ist nur von der Rechtfertigung und der göttlichen Gerechtigkeit, die eben Gottes Werk und Gabe ist, zu verstehen. Durch das sakramentale Handeln wird der Mensch in das eschatologische Geschehen Gottes hineingenommen. Ihm wird schon jetzt die Erlösung zugesprochen. Der Christ hat diese Spannung des »schon jetzt« und des »noch nicht« der Erlösung glaubend auszuhalten. Das Sakrament ist Stärkung des Glaubens. Immer wieder wird den Menschen durch die Sakramente die Verheißung zugesprochen. Wer das Sakrament nicht wegen der Verheißung empfängt oder spendet, der empfängt oder spendet mittels des mißbrauchten Sakraments den Unglauben, die Sünde.

Von dem eben dargelegten Sakramentsverständnis her lassen sich die Reformatoren auf das Gespräch über die Taufe ein. Zunächst wird grundsätzlich die Heilsnotwendigkeit der Taufe betont, und zwar im Hinblick auf die Erbsünde, weshalb sie auch die Kindertaufe fordern. In der Taufe geschieht die justificatio und das bedeutet, daß durch die Taufe alle Schuld vergeben, Strafe erlassen und die Gnade Gottes geschenkt wird. Die Taufe ist ein Rettungswerk, in dem uns Gottes Gnadenwerk in Jesus Christu zugesprochen wird. So wird gerade von der Taufe alles ausgesagt, was für den Gläubigen gilt, der die Gnade erfahren hat: die Taufe rettet, sie gibt die Gnade und schafft die Gemeinde, die Gottes Wort hört und die Sakramente empfängt. Christus hat die Taufe befohlen (Matthäus 28) und eine Verheißung an sie geknüpft. Gott handelt in der Taufe mittels der verordneten Diener (Artikel 14 der Confessio Augustana). Der Vollzug der Taufe ist das Heilshandeln Gottes an dem Menschen, denn »in, mit und unter« der Taufe gibt Gott dem Menschen sein Gnadenheil wirklich und wahrhaftig. Zum anderen wird der Täufling eingegliedert in den Leib Christi und hat dann als Glied dieses Leibes am Leben des Leibes Christi Anteil, daß alles, was Christus durch sein Leiden, Sterben und Auferstehen erworben hat, nun auch dem Menschen gehören soll. Somit ist der Täufling der Empfangende.

Die Kirche vollzieht den Taufbefehl im Gehorsam zu ihrem Herrn. Sie schließt keine Gruppe von der Taufe aus wie die Wiedertäufer. Diese waren eine schwärmerische Religionsgemeinschaft in der Reformationszeit, welche u. a. den Eid und die Kindertaufe für unchristlich erklärten. Auf Grund von Markus 16,16 forderten sie den persönlichen Glauben als Voraussetzung der Taufe und lehnten somit die Kindertaufe ab, weil Kinder noch keinen bewußten persönlichen Glauben haben können. Martin Luther meinte, wenn die Taufe vom wahren persönlichen Glauben abhängig gemacht werden soll, dann könne niemand getauft werden, weil ein Urteil über die Echtheit des Glaubens nur Gott fällen könne. Nur von der Rechtfertigung als Gottes Gnadengeschenk kann die Kirche taufen und auch Kleinkinder. Glaube an die Rechtfertigung aus Gnaden um Christi willen und tägliche Reue und Buße sind als lebenslängliche Folge der Taufe notwendig. Die Kindertaufe bleibt für die Christen verbindlich als ein Zeichen dafür, daß Gott seine Gnade umsonst schenkt, ohne vorhergehende Leistungen des Menschen. Deshalb wird die Ansicht der Wiedertäufer abgelehnt.

Von der Rechtfertigung her argumentieren die Reformatoren für die Kindertaufe. Denn überall muß die Gnade erst den Grund legen, bevor der Mensch mit seinem Glauben antworten kann. Zu beachten ist aber, daß die Kindertaufe nachfolgende christliche Erziehung und Unterweisung fordert. Sie setzt also christliche Familie voraus. Den Zielpunkt dieser Erziehung bildet die Konfirmation und die Aufnahme in die Abendmahlsgemeinschaft. Mit der Taufe beginnt der christliche Gnadenstand. Aus ihm entwickkelt sich christliches Leben. »Darum hat ein jeglicher Christ sein Leben lang genug zu lernen und zu üben an der Taufe; denn er hat immerdar zu schaffen, daß er festiglich glaube, was sie zusagt und bringt, Überwindung des Teufels und des Todes, Vergebung der Sünde, Gottes Gnade, den ganzen Christus und heiligen Geist mit seinen Gaben« (Luther). Der dem Menschen in der Taufe angebotenen Gabe Gottes entspricht auf seiten des Menschen, diesen Glauben bewußt zu leben.

Das Sakrament ist Stärkung für den Gläubigen. Dies wird besonders deutlich im Abendmahl.

Es war zunächst Jüngermahl, Versammlung um Jesus und mit ihm, dann Gedächtnismahl. Unter »Gedächtnis« ist nicht Rückbesinnung auf die Vergangenheit zu verstehen, sondern, daß dieses vergangene Ereignis für die Gläubigen Gegenwart wird. Im Abendmahl wird nicht nur das vergangene, sondern auch das zukünftige Heilsgeschehen Gegenwart. Der Gläubige hofft darauf, daß Christus das vollenden wird, was er angefangen hat, daß er die Welt zum Ziele führt. Als Unterpfand dieser Hoffnung ist dem Gläubigen das Abendmahl gegeben. Was im Lebensopfer Jesu am Kreuz geschah, wird für den Gläubigen im Abendmahl greifbar. Indem Jesus den Gläubigen seinen geopferten Leib und sein vergossenes Blut gibt, nimmt er diesen in die am Kreuz geschehene Versöhnung Gottes mit den Menschen hinein und schenkt damit die Vergebung der Schuld. So erhalten die Gläubigen Frieden mit Gott, Leben und Hoffnung. Jeder, der am Abendmahl teilnimmt, tritt in die Gemeinschaft Christi und somit in eine menschliche, brüderliche Gemeinschaft. So sagt Paulus ausdrücklich: ».. . Das Brot, das wir brechen, ist das nicht die Gemeinschaft des Leibes Christi? Denn ein Brot ist's, so sind wir viele ein Leib, weil wir alle eines Brotes teilhaftig sind« (1. Korinther 10,16). Das Abendmahl ist das Sakrament der Einheit. Sie gründet sich auf das Teilhaben an dem einen Brot und damit an dem einen Christus. Von dieser biblischen Erkenntnis über das Abendmahl führen nun die Reformatoren den Dialog mit der mittelalterlichen Kirche.

Zwar lehren Katholizismus und Protestantismus übereinstimmend eine »substantielle Gegenwart« des Leibes und Blutes Christi im Abendmahl. Doch der Katholizismus betont, daß dies durch eine Transsubstantiation geschieht, bei welcher die Substanz Brot und Wein in die Substanz Leib und Blut verwandelt wird, während die sichtbar wahrnehmbaren Eigenschaften bleiben. Diese Wandlung erfolgt auf Grund der Konsekrationsgewalt des Priesters durch die von ihm ausgesprochenen Einsetzungsworte. Leib und Blut Christi sind vom Moment der Konsekration an bis zum Verderben der Elemente vorhanden. Der Protestantismus lehnt diese Anschauung ab. Eine Gegenwart des Leibes und Blutes Christi sind in, mit und unter dem unverwandelten Brot und Wein. Die Wirklichkeit dieser Gegenwart wird aus der fortwirkenden Kraft der Einsetzung Christi und ihre Möglichkeit aus der Allmacht des erhöhten Gottmenschen abgeleitet. Die Wirklichkeit von Leib und Blut sind nur für die sakramentale Handlung geltend. Die Reformatoren betonen, daß das Abendmahl unter beiderlei Gestalt begangen werden soll. Die griechisch-orthodoxe Kirche hält ebenso am Einsetzungswortlaut Jesu fest. In der abendländischen Kirche wurde den Laien der Kelch entzogen. Der Brauch, den Laien das Abendmahl nur unter einer Gestalt zu gewähren, nämlich ihnen nur das Brot zu geben, hat seinen theologischen Grund in der Lehre der mittelalterlichen Kirche, daß der ganze Christus sowohl im Brot wie auch im Wein empfangen werde. Der Verzicht der Laien auf den Kelch (communio sub una) ist begründet worden von Alexander Halesius. Seine Anschauung von der concomitantia besagt, daß in jeder »specie«, im Brot wie im Wein, der ganze Christus sei. Neben der theologischen Begründung wurde auch aus ängstlicher Scheu der Laien dieser Brauch eingeführt. Es wurde angenommen, daß bei der Darreichung des Kelches etwas von dem in das Blut Christi verwandelten Wein verschüttet werden und man damit sich an Christus schuldig machen könne. Auf dem IV. Laterankonzil in Rom 1215 wurde die Darreichung des Abendmahls unter der einen Gestalt des Brotes (Leib) zum Dogma erhoben. Gegen diese Laienkommunion wenden sich die Reformatoren, weil dadurch den Priestern ein besonderer Stand zuerkannt wird.

Die Reformatoren betonen die Abendmahlsfeier unter beiderlei Gestalt, wie es in Artikel 10 und 22 dargelegt wird. Dabei halten sie sich an den ausdrücklichen Befehl Christi in Matthäus 26,26 ff. Zum anderen sehen sie sich in Übereinstimmung mit der einhelligen, von Kirchenvätern und Päpsten bezeugten Gewohnheit der alten Kirche. Diese Kontinuität mit der alten Kirche wird von den Reformatoren gewahrt und ausdrücklich im Beschluß des ersten Teils der 21 Artikel betont. Der Hinweis auf die Kirchenväter beinhaltet ferner den Vorwurf, daß die römisch-katholische Kirche von der usprünglichen Lehre der alten Kirche abgewichen ist. Somit kennzeichnet die Augustana die römische Kirche als eine Einzel- und somit Sonderkirche, der gegenüber die »Augsburgischen Religionsverwandten« auf Grund der Übereinstimmung ihrer Lehre mit der Bibel und den Kirchenvätern die wahrhaft »allgemeine, christliche«, d. h. »katholische und apostolische« Kirche darstellen.

Neben der Abgrenzung zur römisch-katholischen Abendmahlsauffassung lehnen die Reformatoren auch die spiritualisierenden Abendmahlslehren eines Karlstadt, Schwenkfeld und Zwingli ab. Auffallend ist, daß die Reformatoren für diese Abgrenzung den Ausdruck »Ablehnung« verwenden, der verglichen mit den sonst gebrauchten Verwerfungsformeln milde ist. Die Reformatoren sprechen sich gegen die Abendmahlslehre Zwinglis aus, weil für ihn das Abendmahl nur eine Gedächtnisfeier zur Erinnerung an den Tod Christi und ein Bekenntnis der Kommunikanten zu Christo ist. Brot und Wein sind demnach nur Zeichen des Leibes und Blutes des Herrn und nicht mehr. Die Abendmahlslehre des Augsburger Bekenntnisses grenzt sich auch gegen das sogenannte »Extra Calvinisticum« der reformierten Kirchen ab. Nach Calvins Ansicht ist das Abendmahl eine wirkliche Speisung, aber nicht mit dem Leib und Blut Christi, sondern mit Kräften dieses Leibes und Blutes, die der Heilige Geist den Gläubigen schenkt. Brot und Wein sind nicht Träger, sondern nur Unterpfand einer gleichzeitig dem Gläubigen dargereichten himmlischen Gnadengabe. Diese Lehre hat einen ihrer Gründe in dem Anliegen der reformierten Theologie, die unendliche Majestät Gottes nicht in die endliche Welt herabzuziehen und damit die Ehre Gottes anzutasten. Demgegenüber versteht Zwingli das Abendmahl vornehmlich als Erinnerungsfeier. In der Abgrenzung zu den anderen Reformatoren Zwingli und Calvin betonen die Autoren des Augsburger Bekenntnisses die wirkliche und wahre Gegenwart des geopferten Leibes und vergossenen Blutes Jesu Christi in der unlöslichen Verbindung »in, mit und unter«, denn in dem im Abendmahl dargereichten Brot und Wein ist Jesus Christus gegenwärtig. Das Essen und Trinken beim Abendmahl sind nichts anderes als sonst das Hören bei der Versammlung: der ewige Christus, der Christus für uns ist gegenwärtig. Das heilige Abendmahl ist somit ein Gang der vorwärts drängenden Herrschaft Gottes. Luther hat mit allem Nachdruck betont, daß es im heiligen Abendmahl ebenfalls auf den ewigen Christus ankomme: auf »Leib und Blut« des ewigen Christus. Deshalb ist das Abendmahl eine Stärkung des Glaubens. Darum möchte Luther den Gedanken des Zuspruches beim Abendmahl für den Glaubenden nicht durch die philosophische und theologische Spekulation verdeckt wissen, die sich mit folgender Frage beschäftigt: Wie ist im Brot und Wein Christus gegenwärtig? Für ihn ist diese »Wie-Frage« eine falsche Fragestellung, die dem Menschen seelsorgerlich nicht hilft. Luther fragt: »Was ist Christus für mich?« Das ist die echte religiöse Fragestellung. Hier kann auch auf die Frage aus der Apostelgeschichte 16,30 verwiesen werden: »Was soll ich tun, daß ich selig werde?« Auf diese Frage kann nur mit dem Christuszeugnis geantwortet werden, daß Gott sich uns in Christus zuwendet. Der Glaubende vertraut diesem Zuspruch: »Der rechte Glaube ist ein ganz Vertrauen im Herzen zu Christo und diesen erweckt allein Christus« (Luther: 1. Korinther 12,3 und Johannes 6,44). Damit wird für Luther das Abendmahl zu einer Gewißheit seines Glaubens: der ewige Christus selbst ist gegenwärtig in den Speisen dieses Mahles, und nicht bloß der Gedanke der Genießenden steigt hinauf zum ewigen Christus.

Was Luther immer wieder veranlaßt, mit solchem Nachdruck die Einsetzungsworte in erster Linie als Befehl zu verstehen, wird aus seinem Gehorsam gegenüber der Bibel deutlich. Zum anderen betont er die Verbundenheit gerade mit der Kirche in der Sakramentslehre, so wie sie der Kirchenvater Augustin verstanden hat. Wo das Abendmahl gefeiert wird und die Einsetzungsworte gesprochen werden, da ist Christus im Brot und Wein dieses Mahls kraft dieser Worte gegenwärtig. Das Wort Christi hat die gleiche Bedeutung wie Gottes Wort nach 1. Mose 1,1 ff. Durch Christi Befehl wird sein Leib im heiligen Abendmahl gegenwärtig; denn alles, was er mit seinem Willen spricht das geschieht. Die Einsetzungsworte sind Christi eigene Worte, die die ursprüngliche Schöpfungskraft behalten haben. Der Pfarrer, der sie spricht, ist nur ein Werkzeug Christi und handelt in dessen Auftrag und an seiner Statt. Er repräsentiert Christus in seiner Funktion, aber nicht in seiner Person. Irgendeine selbständige Machtbefugnis eignet ihm nicht, als wäre er ein Mittel, mit dem Christus zur Erfüllung seines Heilswerkes zusammenarbeitet. Die wirkende, konsekrierende Kraft liegt bei Christus und seinem Wort, das durch den Pfarrer im Abendmahlsgottesdienst nur wiederholt und aktualisiert wird. Das Wort macht Brot und Wein zu Christi Leib und Blut, daß es den Auferstehungsleib Christi in Brot und Wein gegenwärtig werden läßt und sie miteinander vereint. Die Realpräsenz Christi wird durch das Wort »dies ist mein Leib« und »dies ist mein Blut« für unerschütterlich angesehen.

Die Einsetzungsworte beziehen sich aber nicht nur auf Brot und

Wein des Abendmahls, sondern richten sich auf in Gestalt einer Verheißung an die Kommunikanten. Dem Abendmahl eignet der Gemeinschaftscharakter. Gerade die Worte »für euch« drücken dies aus. Die Einsetzungsworte machen also den Leib Christi im Abendmahl gegenwärtig und erhalten zugleich die Versicherung, daß Christus hier zur Vergebung der Sünden dahingegeben ist.

Die Reformatoren haben sich gegen die Vorstellung des Abendmahles, daß es ein erneutes Opfer sei, ausgesprochen. Der Katholizismus betrachtet das Abendmahl als Gnadenmittel nicht bloß, sofern es Sakrament ist, sondern auch – wenngleich mittelbarerweise –, sofern es Opfer ist, und läßt es auch als solches von Christus gestiftet sein. Und zwar ist es nicht bloß Vergegenwärtigung, sondern eine unblutige Wiederholung und erneute Darbringung des sühnenden Golgathaopfers an Gott durch Vermittlung des Priesters auf Grund der durch ihn bewirkten Wandlung der Elemente. Trotz dieser vollen Gleichheit mit dem einmaligen Golgathaopfer ist doch das Meßopfer nicht wie jenes von unendlichem, sondern nur von endlichem Werte, darum der Wiederholung nicht nur fähig, sondern sogar bedürftig. Das Meßopfer ist somit Satisfaktionsleistung für Sünden und Dank- und Lobopfer. Der Protestantismus verwirft das sühnende und genugtuende Meßopfer auf das Entschiedenste als unverträglich mit seinem Materialprinzip, weil es den Wert der ewigen gültigen Leistung Christi beeinträchtigt. Bereits im Artikel 3 der Confessio Augustana wird betont, daß Christus nicht bloß ein Opfer allein für die Erbsünde, sondern auch für alle anderen Sünden ist.

Luther und der Confessio Augustana geht es bei ihrer Betonung der Gegenwart Christi im heiligen Abendmahl um die Gewißheit und den Trost für die angefochtenen und geängsteten Gewissen. Im Abendmahl ist Gott in Christus der Handelnde und Gebende, der Mensch der Empfangende. Zwar ist die Gegenwart Christi im Abendmahl nicht abhängig vom Glauben des Empfangenden, sondern vorgegeben und begründet im Verheißungswort und Gegenwartswillen Christi, wie sie sich in seinen Einsetzungsworten selbst verwirklichen, so daß auch der Ungläubige im Abendmahl Christi Leib und Blut empfängt. Aber nur dem Gläubigen gereicht

dieses Mahl zum Segen und Heil, indem es ihm als seine Gaben
»Vergebung der Sünden, Leben und Seligkeit« schenkt, während
der Ungläubige es zu seinem Gericht empfängt (1. Korinther
11,29). Indem das Abendmahl Christi Opfertod zueignet, beruft es
zugleich zum brüderlichen Opfer in der Gemeinde, durch das
Christus in den Seinen für die Brüder tragend und helfend gegenwärtig sein will. So ist das Abendmahl das Sakrament der »communio sanctorum«, der Gemeinde (Martin Luther, Abendmahl-
sermon, 1519). Abendmahl verbürgt die Gemeinschaft Christi mit
den Sündern, von der die Gemeinde lebt, und verpflichtet zu der
Gemeinschaft untereinander, in der die Gemeinde ihr Leben hat.

8. Das seelsorgerliche Wirken der Kirche

a) Texte aus der Confessio Augustana:
Artikel 11: Von der Beichte.

»*Von der Beichte lehren sie: Die Lossprechung des einzelnen muß in den Gemeinden beibehalten werden. Aber es ist nicht notwendig, in der Beichte alle Vergehen aufzuzählen, zumal es ja auch unmöglich ist nach dem Psalmwort:* ›*Die Vergehen, wer kennt sie*‹?«

Artikel 12: Von der Buße.

»*Von der Buße lehren sie: Die nach der Taufe gefallen sind, können zu jeder Zeit Vergebung der Sünden erlangen, wann sie sich bekehren, und die Kirche muß solche zur Buße Umkehrenden die Lossprechung gewähren. Es besteht aber die Buße im strengen Sinne aus diesen zwei Teilen: 1. aus der Reue (contritio), d. h. aus den Schrecken, welche die Erkenntnis der Sünde dem Gewissen einjagt, 2. aus dem Glauben, der aus dem Evangelium, d. h. aus der Lossprechung, empfangen wird und gewiß ist, daß um Christi willen die Sünden vergeben werden, und der so das Gewissen tröstet und aus den Schrecken befreit. Hernach müssen gute Werke folgen, welche die Früchte der Buße sind.*

Sie verurteilen die Wiedertäufer, welche sagen: Wer einmal gerechtfertigt ist, kann den Heiligen Geist nicht mehr verlieren; ebenso die Behauptung, es kämen einige in diesem Leben zu solcher Vollkommenheit, daß sie nicht mehr sündigen könnten. Auch werden die Novatianer verurteilt, welche denen, die nach der Taufe gefallen sind, aber zur Buße umkehren, die Absolution verweigern. Verworfen werden auch diejenigen, welche nicht lehren, daß Vergebung der Sünden durch den Glauben komme, sondern uns anweisen, die Gnade durch unsere Genugtuungswerke zu verdienen.«

Artikel 25: Über die Beichte.

»*Die Beichte ist in unseren Gemeinden nicht abgeschafft. Vielmehr, es ist Sitte, den Leib des Herrn nur solchen zu reichen, die vorher verhört und losgesprochen wurden. Und auf das sorgfältig-*

ste unterrichtet man das Volk über den Glauben an die Lossprechung, über die vor dieser Zeit großes Stillschweigen herrschte. Die Leute werden belehrt, die Lossprechung auf das höchste zu schätzen, denn sie ist die Stimme Gottes und wird auf Befehl Gottes verkündet. Man preist die Gewalt der Schlüssel und weist darauf hin, welch großen Trost sie den erschreckten Gewissen bringt, und daß Gott den Glauben will, damit wir jene Lossprechung als seine Stimme, die vom Himmel erklingt, gläubig aufnehmen, und daß dieser Glaube an Christus wirklich die Vergebung der Sünden erreicht und empfängt. Vormals wurden die Genugtuungswerke maßlos hervorgehoben; den Glauben aber und das Verdienst Christi und die Glaubensgerechtigkeit erwähnte man gar nicht. Darum darf man in dieser Sache unseren Gemeinden nicht die geringste Schuld zumessen. Ja, sogar unsere Gegner müssen uns dies zugestehen, daß die Lehre von der Buße von den Unsrigen auf das sorgfältigste behandelt und vorgetragen wird.

Aber über das Beichten lehren sie (unsere Gemeinden), daß die vollständige Aufzählung der Sünden nicht notwendig ist und die Gewissen nicht mit der Sorge beschwert werden dürfen, ob sie alle Vergehungen aufgezählt haben. Denn es ist unmöglich, alle Vergehen anzugeben, wie der Psalm bezeugt (19,13): ›Wer kennt die Vergehen?‹ Ebenso Jeremias (17,9): ›Verderbt ist das Herz des Menschen und nicht zu ergründen.‹ Wenn also nur die aufgezählten Sünden nachgelassen würden, dann könnte kein Gewissen je ruhig werden, denn sehr viele Sünden sieht man nicht und weiß man nicht mehr. Auch die alten Kirchenschriftsteller bestätigen, daß jene Aufzählungen nicht notwendig sind. In dem Dekret wird z. B. Chrysostomus zitert, der also spricht: ›Ich sage dir nicht, du sollst dich vor der Öffentlichkeit bloßstellen oder dich bei anderen anklagen, sondern ich will, daß du dem Propheten gehorchst, welcher spricht: Offenbare vor Gott deinen Weg. Also bekenne deine Sünden vor Gott, dem wahren Richter, im Gebet. Sprich deine Vergehen nicht mit der Zunge aus, sondern mit deinem mahnenden Gewissen.‹ Und die Glosse über die Buße in der 5. Distinktion im Kapitel ›Consideret‹ gibt zu, daß das Beichten aus menschlichem Rechte stammt. Aber wir behalten die Beichte, einmal wegen der außerordentlichen Wohltat, die in der Lossprechung liegt, dann aber auch wegen sonstigen Nutzens, den sie für die Gewissen hat.«

b) Texte aus der Bibel:
Lukas 15,17–24: »Das schlug er in sich und sprach: Wie viel Tagelöhner hat mein Vater, die Brot die Fülle haben, und ich verderbe im Hunger! Ich will mich aufmachen und zu meinem Vater gehen und zu ihm sagen: Vater, ich habe gesündigt gegen den Himmel und vor dir, und bin hinfort nicht mehr wert, daß ich dein Sohn heiße; mache mich zu einem deiner Tagelöhner! Und er machte sich auf und kam zu seinem Vater. Da er aber noch ferne von dannen war, sah ihn sein Vater, und es jammerte ihn, lief und fiel ihm um seinen Hals und küßte ihn. Der Sohn aber sprach zu ihm: Vater, ich habe gesündigt gegen den Himmel und vor dir; ich bin hinfort nicht mehr wert, daß ich dein Sohn heiße. Aber der Vater sprach zu seinen Knechten: Bringt das beste Kleid hervor und tut es ihm an, und gebt ihm einen Fingerreif an seine Hand und Schuhe an seine Füße, und bringt ein gemästet Kalb her und schlachtet's; lasset uns essen und fröhlich sein! denn dieser mein Sohn war tot und ist wieder lebendig geworden; er war verloren und ist gefunden worden. Und sie fingen an, fröhlich zu sein.«

Johannes 20,21–23: »Da sprach Jesus abermals zu ihnen: Friede sei mit euch! Gleichwie mich der Vater gesandt hat, so sende ich euch. Und da er das gesagt hatte, blies er sie an und spricht zu ihnen: Nehmet hin den heiligen Geist! Welchen ihr die Sünden erlasset, denen sind sie erlassen; und welchen ihr sie behaltet, denen sind sie behalten.«

1. Johannes 1,7–10: »So wir aber im Licht wandeln, wie Er im Licht ist, so haben wir Gemeinschaft untereinander, und das Blut Jesu Christi, seines Sohnes, macht uns rein von aller Sünde. So wir sagen, wir haben keine Sünde, so verführen wir uns selbst, und die Wahrheit ist nicht in uns. So wir aber unsre Sünden bekennen, so ist er treu und gerecht, daß er uns die Sünden vergibt und reinigt uns von aller Untugend. So wir sagen, wir haben nicht gesündigt, so machen wir ihn zum Lügner, und sein Wort ist nicht in uns.«
Die 7 Bußpsalmen: Psalm: 6, 32, 38, 51, 102, 130, 143.

c) historisch-dogmatischer Hintergrund der Artikel 11, 12, 25.
Auch die Buße ist im Augsburger Bekenntnis von der Rechtfertigung her zu verstehen. Für die Reformatoren sind Buße und Rechtfertigung aufeinander bezogen. Die Buße ist Gottes Werk im Menschen, und zwar als Gericht über ihn durch das Gesetz und als Lossprechung durch das Evangelium.

Ein Blick in die Kirchengeschichte zeigt, daß für die erste Generation mit der Taufe gleichzeitig Bekenntnis und Vergebung der Sünden gegeben waren (Römer 6,1-4). Wer nach der Taufe in der Urkirche sündigte, dem wurde keine Vergebung gewährt (Hebräer 6,4-6). Später ließ die Kirche noch eine zweite Buße zu. Wer sündigte, wurde zunächst aus der Gemeinde ausgeschlossen und mußte, wenn er wieder aufgenommen werden sollte, vor der Gemeinde seine Sünden bekennen. Beichte war damals mit Kirchenzucht eng verbunden. Ein anderer Beichtgebrauch wurde in den Klöstern der Frühzeit eingeführt, wo die Beichte als Frömmigkeitsübung praktiziert wurde. Und zwar beichtete jeder vor dem Abt und bekannte ihm alle Sünden, auch die Gedankensünden. Das geschah in regelmäßiger Folge, also nicht nur aus besonderem Anlaß. Im 9. Jahrhundert wurde diese Art von Beichte auch in der Priesterschaft und in der Gemeinde üblich. Die Kirche des Mittelalters machte die Beichte zu einem Teil des Bußsakramentes. Das IV. Laterankonzil von 1215 machte sie allen Christen vom Unterscheidungsalter an zur Pflicht vor dem jährlichen Besuch des Abendmahls. Sie mußten alle Sünden bekennen, um dem Priester eine gerechte Ausübung der Schlüsselgewalt zu ermöglichen, und sie durften nur »ihrem« Priester beichten, dem sie zur Seelsorge anbefohlen waren. Eingeschlossen ist darin, daß nur ein Priester die Beichte hören darf. Die Reformatoren setzen sich mit diesem Bußverständnis auseinander. Unter der Beichte versteht das Augsburger Bekenntnis die freiwillige Einzel- oder Privatbeichte. Sie und die mit ihr verbundene Einzel- oder Privatabsolution als Zuspruch der Vergebung der Sünden und Heilszuspruch im Auftrag und Namen Jesu Christi haben ihren Grund in der den Jüngern von Christus gegebenen Vollmacht zu »lösen« und zu »binden« (Matthäus 18,18), d. h. in seinem Namen Sünden zu vergeben und zu behalten (Johannes 20,23). Demgegenüber wird die mittelalterliche Bußpraxis der Kirche, die Ohrenbeichte, der ein gesetzlicher Charakter durch die Aufzählung der Sünden anhaftet, abgelehnt.

Ganz kurz sei das Verständnis der katholischen Buße dargestellt. Unter der Voraussetzung, daß auch der Christ wieder in Todsünde gerate und daß mit einer solchen die Heilswirkung der Taufe erlösche, nimmt der Katholizismus für Gefallene ein Sakrament der Buße an. Vermittelt dasselbe die Erneuerung der Gnade, so doch nur mittels Unterstellung unter das kirchliche Beichtgericht. Als Materie werden die drei Akte des Büßenden betrachtet: Zerknirschung des Herzens, Bekenntnis des Mundes und Genugtuung mit dem Werk, als Form die Lossprechung durch den Priester. Statt wahrer contritio cordis gilt als ausreichend auch die attritio (unvollkommene Reue), die nur aus Furcht vor göttlicher Strafe mit dem Vorsatz, die Sünde nicht mehr zu begehen, geleistet wird. Die Ohrenbeichte vor dem Priester wird hinsichtlich aller Todsünden mit Angabe von Zahl und wesentlichen Umständen gefordert. Daraufhin erteilt – oder auch versagt – der Priester die Absolution, die im römischen Katholizismus auf die Verdienste Christi und der Heiligen begründet wird. Kraft der Absolution werden nach römischer Lehre Schuld und Höllenstrafe erlassen, nicht aber alle zeitlichen Strafen. Damit diese abgebüßt werden und zugleich zur sittlichen Heilung beitragen, legt der Priester satisfaktorische Leistungen auf. Als solche kommen alle sogenannten guten Werke in Betracht, darunter insbesondere das Gebet, das mithin als Strafarbeit in bestimmter Quantität verordnet wird. Der Priester ist der Bevollmächtigte. Mit dem Hirtenamt übt er eine jurisdiktionelle Gewalt aus. Von Christus hat nach katholischem Verständnis von Johannes 20,22 der Priester die auctoritas absolvendi. Von seinem priesterlichen Urteil, dem arbitrium, hängt die Satisfaktion ab.

Was die Schlüsselgewalt betrifft, so ist folgendes zu sagen: Jesus überträgt (Matthäus 16,19 u. 18,18) der ganzen Jüngergemeinde die Macht zu binden und zu lösen. Sie haben die »Schlüsselgewalt«, d. h. die Vollmacht, den Weg zum Himmelreich zu öffnen oder zu verschließen. Mit Schlüsselgewalt wird vor allem die Vollmacht Sünden zu vergeben beschrieben. So setzt sich die Kraft der Scheidung, die von Jesu Person ausging, in seinen Jüngern fort. Indem sie die Sündenvergebung ausrufen, wird offenbar, wer Gott recht gibt und darum zur endzeitlichen Herrschaft Gottes gehört, und wer das nicht tut und darum mit der alten Welt zugrunde geht. Die Schlüsselgewalt entfaltet sich in der Vollmacht der Predigt, in der Vollmacht der Kirchenzucht und in der Vollmacht der Sündenvergebung im besonderen, also in der Beichte.

Luthers Protest entzündet sich gerade an dem falschen Gebrauch des Bußsakraments. So war es nicht zufällig, daß er auf die Beichte sein besonderes Augenmerk richtete. Wer gebeichtet hatte, sollte als ein wirklich Getrösteter von dannen ziehen können. All seine Kritik an der römischen Beichtpraxis ist von daher zu verstehen. In der Methode, alle seine Sünden aufzuzählen, sah er einen Zwang, der den Beichtenden zur Verzweiflung führt, weil er nie sicher sein wird, ob er auch keine ausgelassen hat. Wenn die römisch-katholische Kirche die Kraft der Absolution davon abhängig macht, ob alle Sünden gebeichtet worden sind, so hat die Beichtpraxis und die damit zusammenhängende Absolution alle Gewißheit verloren. Niemand kann sich dann mehr auf das Wort des Priesters verlassen: »Dir sind deine Sünden vergeben.« Der Protestantismus fordert einesteils wahre und dauernde Buße des Herzens und Lebens, andernteils schätzt er die der Kirche in der Schlüsselgewalt mitgeteilte Vollmacht der Absolution um so höher, als er nur durch den Glauben die Reue zur Buße sich vollenden läßt. Daher hat er zunächst die Privatbeichte und Privatabsolution beibehalten. Nur hat er auch hierfür die gesetzliche Vorschrift, alle einzelnen Sünden zu beichten, eine richterliche Befugnis der Priester, die Forderung, ja die Möglichkeit satisfaktorischer Leistungen verworfen.

Nach dem Verständnis des Augsburger Bekenntnisses ist die Buße das Werk Gottes im Menschen ohne menschliche Vermittlung. Sie wird als eine Folge der Taufe angesehen. Als göttliche Tat in und an den Menschen hat sie sowohl einen existentiellen wie auch einen sakramentalen Sinn. Einerseits ist sie Ausdruck der Existenzform des Christen. Der Glaubende hält sich an die sündenvergebende Kraft des Evangeliums. In der Reue über die Sünde und im Glauben an das Evangelium ereignet sich die das ganze Leben des Menschen umgreifende »Umkehr« (Matthäus 3,2). Somit wird das Leben des Gläubigen ein Leben aus dem Evangelium, wie Luther es in der ersten der 95 Thesen betont: »Da unser Herr und Meister Jesus Christus spricht: Tut Buße..., hat er gewollt, daß das ganze Leben der Gläubigen Buße sein soll.« Sie reinigt das Gewissen. In diesem Falle verlagert sich der Schwerpunkt von der Reue und vom Glauben auf die Lossprechung von der Sünde.

Die Buße wird als innere Buße verstanden. Die Reue ist Gottes Werk und zum anderen ein Erschrecken über Gottes Gericht. Luthers Bußerfahrung schlägt durch. Er richtet seinen Blick auf Gott und sieht die Reue als Gottes Werk im Menschen. Sie wird theologisch wie auch psychologisch betrachtet. Theologisch ist die Reue Gottes Werk im Menschen, psychologisch dagegen erlebt der Mensch die Reue als Terror des Gewissens, als das Erschrecken des Gewissens über begangene Sünden (Artikel 12). Die Reue ist die Reaktion des Menschen gegenüber der Gesetzespredigt, die den Zorn Gottes verkündet. Dabei ist sie aber Gottes Werk und entsteht, wenn Gottes Wort uns unserer Sünde überführt. Die Reue ist etwas, was der Mensch um seiner Sünden willen ertragen muß. In seiner Gewissensnot kann er sich nur auf die Barmherzigkeit Gottes in Christus verlassen. Obwohl die Reue Gottes Werk ist, läßt sie doch Raum genug für die Erkenntnis: ich habe gesündigt.

Bei dieser Sicht der Dinge könnte gesagt werden, daß die Lehre über den Menschen in den Bekenntnisschriften ein passives Bild vom Menschen zeichnet. Doch ist der Mensch ein Glaubender. Theologisch kann der Glaube als lebensspendendes Werk Gottes, psychologisch als ein Akt im Verstand und Willen des Menschen beschrieben werden. Trotzdem ist der Glaube gerade in seiner Eigenschaft als Gottes Werk ein Geschehen im Menschen, durch das neue Bewegung an die Stelle der gottfeindlichen bösen Affekte tritt. Der Glaube als Gottes Werk im Menschen bildet einen Schutz gegen die Werkfrömmigkeit.

In der Buße tut Gott sein eigenes Werk durch das Evangelium, besser gesagt, durch die Verheißung von Gottes Gnade denen gegenüber, die unter der Sünde leiden. Im Zusammenhang mit der Buße enthält die Verheißung die spezielle Bedeutung von Lossprechung, Absolution. Sie ist die mündlich zugesprochene Verheißung der Sündenvergebung, d. h. das Verheißungswort des Evangeliums in Funktion. Der Zweck der Lossprechung ist Glauben zu wecken und zu stärken (Artikel 25). Das Wort, in diesem Falle das Verheißungswort des Evangeliums, ist Gottes Mittel, um die Geängsteten und Bedrückten lebendig zu machen.

Die Reformatoren haben bewußt den Priester als Mittler zwischen Gott und Menschen ausgeschaltet und den Menschen direkt vor Gott gestellt. Trotzdem benötigt die Kirche Priester (Artikel 14). Doch geht alle wirkende Kraft von Gott aus, der Menschen nur gebraucht, um seine guten Zwecke zu verwirklichen. Das Amt des Priesters wird nur als Medium benützt. Das Wort hat Vollmächtigkeit in sich selber. Der Lossprechung kommt die Schlüsselgewalt zu, die auf diese Weise das Evangelium verwaltet und vermittelt. Der dreifache Auftrag des Pfarrers besteht darin, das Evangelium zu predigen, die Sakramente zu verwalten und den Binde- und Löseschlüssel zu gebrauchen. Den von Gott erhaltenen Auftrag, die Vergebung der Sünden mitzuteilen, soll er ausführen (Artikel 28). Deshalb fungiert nach dem Verständnis der Confessio Augustana der Pfarrer als Verkündiger des Evangeliums und nicht als Verwalter des Rechts.

Die Mitte der Beichte bildet die Lossprechung. Sie ist von Gott in der Heiligen Schrift befohlen und daher »iure divino«. Deshalb kann das Beichtbekenntnis des einzelnen vor einem Priester den Christen nicht als Forderung auferlegt werden. Es fehlt die biblische Begründung, daher »iure humano« (Artikel 25). Die Beichte verdeutlicht in besonderer Weise die Funktion von Gottes Wort als Gesetz und als Evangelium. Sie ist das geeignete Mittel zur Tröstung bedrückter Gewissen.

Deshalb lehnt das Augsburger Bekenntnis die Anschauung der Novatianer (nach dem Theologen Novatian, im 3. Jahrhundert in Rom wirkend) über die Buße ab. Die Novatianer vertraten die Meinung, daß die während der Christenverfolgung von ihrem Glauben abgefallenen Gläubigen für immer vom Altarsakrament ausgeschlossen bleiben. Die Begründung war, daß es nach der Taufe eine zweite Buße nicht mehr gibt. Die Autoren des Augsburger Bekenntnisses sprechen sich gegen das Bußverständnis der Novatianer aus. Die Reformatoren wissen um die Schwachheit des Menschen und zeigen die Gnade und Barmherzigkeit Gottes als Angebot zur Ergreifung der Gnade auf.

Die Beichte führt heute ein Zwitterwesen. In der evangelischen Kirche wird sie nicht als Sakrament geübt. Übriggeblieben ist nur jene Form, die wir die »allgemeine Beichte« nennen, also das Sündenbekenntnis, das sich eines festformulierten Textes bedient. Diese Form ist meist Vorbereitungsakt für das heilige Abendmahl. Die allgemeine Beichte hat ihre bleibende Bedeutung als Gesamtbekenntnis und für den einzelnen als Bekenntnis auch der Sünden, die ihm nicht bekannt sind. Doch der ganze Trost, der in der vollmächtigen Absolution liegt, kommt erst dort zum Tragen, wo der Mensch das Geheimnis mit ganz bestimmten Sünden bricht und wo die Vergebung im Blick auf diese Sünden zugesprochen wird. Luther hat dies in der letzten seiner Invokavitpredigten von 1522 betont: »Ich weiß, was Trost und Stärke sie (die Beichte) mir gegeben hat. Ja, ich wäre längst vom Teufel erwürgt, wenn mich nicht die Beichte erhalten hätte.«

Das Nachdenken über die Beichte wird heute von der Tiefenpsychologie her gegeben, die lehrt, wie wichtig das Aussprechen von seelisch belastenden Dingen für den Heilungsprozeß ist. Deshalb wird die Psychotherapie zu einer Art »weltlichen Beichte« ohne Gott. Durch das Aussprechen der verdrängten unangenehmen Probleme erfährt der Mensch die Befreiung von der belastenden Vergangenheit. Der Psychotherapeut nimmt die Rolle des Priesters ein. Nur fehlt dem ganzen Vorgang der Psychotherapie der Zuspruch der Tröstung.

Auch in der Theologie ist durch den Frankfurter Kirchentag 1956 wieder die Beichte in die kirchliche Öffentlichkeit gerückt. Die Beichte ist nicht nur eine private Angelegenheit: Gott und die Seele, sondern auch eine christliche Lebenshaltung. Es geht um Nachfolge, um wirklichkeitsechten Gehorsam. Es geht um das Zeugnis des ganzen Lebens. Dies beinhaltet die Beichte.

9. Das Leben aus dem Glauben

a) Texte aus der Confessio Augustana:
Artikel 6: Vom neuen Gehorsam.

»*Sodann lehren sie: Jener Glaube muß gute Früchte hervorbringen; man muß die von Gott gebotenen guten Werke tun, weil Gott es will, nicht um unser Vertrauen darauf zu setzen, daß wir durch diese Werke die Rechtfertigung vor Gott verdienen. Denn die Vergebung der Sünden und die Rechtfertigung wird mit dem Glauben ergriffen, wie es auch das Wort Christi bezeugt: ›Wenn ihr dies alles getan habt, dann sagt: Wir sind unnütze Knechte.‹ Das lehren auch die alten Kirchenschriftsteller. Ambrosius nämlich sagt: ›Es ist von Gott bestimmt worden, daß wer an Christus glaubt, gerettet ist ohne Werk, durch den Glauben allein; er empfängt ohne eigenes Zutun die Vergebung der Sünden‹.*«

Artikel 20: Vom Glauben und von guten Werken.

»*Zu Unrecht werden die Unsrigen beschuldigt, daß sie die guten Werke verbieten. Denn ihre Schriften über die Zehn Gebote und andere mit ähnlichem Inhalt beweisen doch, daß sie über alle Zweige und Pflichten des Lebens trefflichen Unterricht gegeben haben, welche Lebensformen und Werke in jederlei Berufe Gott gefällig sind. Davon lehrten einst die Prediger allzu wenig; sie drängten nur zu kindischen und unnötigen Werken, wie zur Haltung gewisser Tage, gewisser Fasten, zu Bruderschaften, Wallfahrten, Heiligenverehrung, Rosenkränzen, zum Mönchsstand und dergleichen. Jetzt haben auch unsere Gegner sich mahnen lassen und kommen ab davon, predigen nun nicht mehr diese unnützen Werke von einst. Ja, sie beginnen nun auch in der Predigt den Glauben zu betonen, über den einstmals befremdendes Schweigen herrschte. Sie lehren jetzt, wir würden nicht allein durch die Werke gerechtfertigt, sondern sie verbinden den Glauben mit den Werken und sagen, wir würden durch den Glauben und die Werke gerechtfertigt. Diese Meinung ist erträglicher als die frühere und kann mehr Trost bringen als ihre alte Lehre.*

Weil also das Wort vom Glauben, welches in der Kirche die

Hauptsache sein muß, so lange im verborgenen lag – und das müssen alle zugestehen: über die Glaubensgerechtigkeit herrschte das tiefste Schweigen in den Predigten, nur die Werklehre wurde in den Kirchen getrieben –, darum haben die Unsrigen die Gemeinden also über den Glauben belehrt:

Erstens: Unsere Werke können Gott nicht versöhnen und nicht die Vergebung der Sünden und die Gnade verdienen, sondern das erlangen wir allein durch den Glauben, nämlich wenn wir darauf vertrauen, daß wir um Christi willen in die Gnade aufgenommen werden. Denn er allein ist gesetzt zum Mittler und zur Sühnegabe, durch ihn wird der Vater versöhnt. Wer also darauf rechnet, durch Werke die Gnade verdienen zu können, der verschmäht das Verdienst und die Gnade Christi und sucht ohne Christus durch Menschenkraft den Weg zu Gott, während Christus doch von sich gesagt hat: Ich bin der Weg, die Wahrheit und das Leben (Joh. 14,6).

Diese Lehre vom Glauben wird überall bei Paulus behandelt, so Epheser 2,8: ›Aus Gnade seid ihr selig worden durch den Glauben, und das nicht aus euch, Gottes Gabe ist es, nicht aus den Werken, auf daß sich nicht jemand rühme.‹

Und damit nicht einer schwindele, wir brächten eine ganz neue Auslegung des Paulus auf, so weisen wir darauf hin, daß wir die Zeugnisse der Kirchenväter auf unserer Seite haben. Augustin verteidigt ja in vielen Büchern die Gnade und die Glaubensgerechtigkeit gegen das Verdienst aus den Werken. Und ähnlich lehrt Ambrosius in der Schrift ›Über die Berufung der Heiden‹ und anderswo. In der Schrift ›Über die Berufung der Heiden‹ sagt er: ›Wertlos würde die Erlösung durch Christi Blut, und die Barmherzigkeit Gottes hätte nicht den Vorrang vor den menschlichen Werken, wenn die Rechtfertigung, die aus Gnaden geschieht, durch vorausgehende Verdienste erworben würde, so daß sie nicht Güte des Spenders, sondern Lohn für den Arbeiter wäre.‹

Mag auch diese Lehre von den Unangefochtenen verachtet werden, so haben fromme und erschrockene Gewissen dennoch erfahren, welchen Reichtum an Trost sie spendet. Denn die Gewissen können nicht ruhig werden durch irgendwelche Werke, sondern

*allein durch den Glauben, wenn sie dessen gewiß sind, daß sie um
Christi willen einen versöhnten Gott haben, wie Paulus lehrt Römer 5,1: ›Da wir gerechtfertigt sind durch den Glauben, haben wir
Frieden mit Gott.‹ Diese ganze Lehre gehört in den Kampf des
erschreckten Gewissens, ohne diesen Kampf kann man sie nicht
verstehen. Darum sind schlechte Richter in dieser Sache die Unangefochtenen und Glaubenslosen (profani), welche in dem Wahn
leben, die christliche Gerechtigkeit sei nichts anderes als die bürgerliche oder philosophische. Vordem quälte man die Gewissen
mit der Lehre von den Werken, da bekamen sie keinen Trost aus
dem Evangelium zu hören. So trieb das Gewissen manche in die
Einsamkeit, in die Klöster, wo sie die Gnade durch ihr Mönchsle-
ben zu verdienen hofften. Andere ergrübelten andere Werke, um
Gnade zu verdienen und Genugtuung zu leisten für die Sünden.
Darum war es hoch von Nöten, diese Lehre vom Glauben zu
verkündigen und zu erneuern, damit den erschreckten Gewissen
der Trost nicht fehle, sie vielmehr wüßten, daß durch den Glauben
an Christus die Gnade und die Vergebung der Sünden ergriffen
wird.*

*Die Leute werden (bei uns) auch darauf aufmerksam gemacht,
daß hier das Wort ›Glaube‹ nicht bloß ›Kenntnisnahme einer
Tatsache‹ bedeutet, denn die gibt es auch bei den Gottlosen und
beim Teufel. Sondern es bedeutet einen Glauben, der nicht bloß
Geschehenes glaubt, sondern auch die Wirkung des Geschehenen,
hier in diesem Artikel von der Vergebung der Sünden also, daß wir
durch Christus Gnade, Gerechtigkeit und Sündenvergebung
haben.*

*Wenn nun einer weiß, daß er durch Christus einen gnädigen
Vater hat, so kennt er Gott wirklich, weiß, daß er ihm am Herzen
liegt, ruft ihn an, kurz, er ist nicht ohne Gott wie die Heiden. Denn
die Teufel und die Gottlosen können diesen Artikel von der Vergebung der Sünden nicht glauben. Darum hassen sie Gott als einen
Feind, rufen ihn nicht an, erwarten nichts Gutes von ihm. Auch
Augustin belehrt den Leser in dieser Weise über den Begriff ›Glauben‹ und zeigt, daß das Wort ›glaube‹ in der Heiligen Schrift nicht
im Sinne von ›Kenntnisnahme‹ verstanden wird, wie sie auch die*

Gottlosen haben, sondern im Sinne von ›Vertrauen‹, welches die erschreckten Gewissen tröstet und aufrichtet.

Zweitens: Die Unsrigen lehren, es sei notwendig, gute Werke zu tun, nicht um unser Vertrauen darauf zu setzen, daß wir dadurch Gnade verdienen, sondern weil Gott es so will. Nur durch den Glauben wird die Vergebung der Sünden und die Gnade ergriffen, weil durch den Glauben der Heilige Geist empfangen wird, so werden alsbald die Herzen erneuert, sie bekommen neue Triebe und können dadurch gute Werke hervorbringen. Denn, so sagt Ambrosius: ›Der Glaube ist der Vater des guten Willens und der gerechten Tat.‹ Die menschlichen Kräfte sind ja ohne den Heiligen Geist voll gottloser Triebe und zu schwach, Werke hervorzubringen, die vor Gott gut sind. Zudem sind sie in der Gewalt des Teufels, welcher die Menschen zu mannigfachen Sünden treibt, zu gottlosen Gedanken, zu offenen Verbrechen. Das ist zu ersehen an den Philosophen: auch sie versuchten sittlich zu leben, brachten es aber doch nicht fertig, sondern befleckten sich mit offenkundigen Verbrechen. So groß ist die Schwäche des Menschen, wenn er ohne den Glauben und ohne den Heiligen Geist dasteht und sich nur mit menschlichen Kräften leitet.

So erkennt man leicht, wie haltlos der Vorwurf ist, diese Lehre verbietet die guten Werke; im Gegenteil, es ist ihre Stärke, daß sie zeigt, wie wir gute Werke fertigbringen. Denn ohne den Glauben kann die menschliche Natur in keiner Weise die Werke des ersten und zweiten Gebots tun. Ohne den Glauben ruft sie Gott nicht an, erwartet nichts von Gott, trägt ihr Kreuz nicht, sondern ist auf menschliche Hilfe aus und vertraut auf sie. Unter diesen Umständen herrschen im Herzen alle Begierden und menschlichen Ratschlüsse, wenn der Glaube und das Vertrauen zu Gott fehlen. Darum sprach auch Christus: ›Ohne mich könnt ihr nichts tun‹ (Johannes 15,5). Und die Kirche singt: ›Ohne deine Macht ist nichts im Menschen, nichts Reines‹.«

Artikel 21: Vom Dienst der Heiligen.

»Vom Dienst der Heiligen lehren sie: Das Gedächtnis an die Heiligen kann gepflegt werden, auf daß wir ihren Glauben nach-

ahmen und ihre guten Werke in ihrem Berufe. So kann der Kaiser das Beispiel Davids nachahmen im Kriege zur Abhaltung der Türken vom Vaterland; denn der eine wie der andere ist ein König. Aber die Heilige Schrift lehrt nicht, die Heiligen anrufen oder Hilfe von den Heiligen erflehen; denn sie stellt uns Christus allein als Mittler, Versöhner, Hohenpriester und Fürbitter vor Augen. Ihn muß man anrufen, und er hat versprochen, unsere Gebete zu erhören, und diese Verehrung empfiehlt er höchlichst, er will angerufen werden in allen Betrübnissen. 1. Johannes 2,1: ›Wenn einer sündigt, so haben wir einen Fürsprecher bei Gott‹.«

b) Texte aus der Bibel:
Römer 12,1–2: »Ich ermahne euch nun, liebe Brüder, durch die Barmherzigkeit Gottes, daß ihr eure Leiber begebet zum Opfer, das da lebendig, heilig und Gott wohlgefällig sei, welches sei euer vernünftiger Gottesdienst. Und stellt euch nicht dieser Welt gleich, sondern verändert euch durch Erneuerung eures Sinnes, auf daß ihr prüfen möget, welches da sei der gute, wohlgefällige und vollkommene Gotteswille.«

Epheser 4,23–32: »Erneuert euch aber im Geist eures Gemüts und ziehet den neuen Menschen an, der nach Gott geschaffen ist in rechtschaffener Gerechtigkeit und Heiligkeit. Darum leget die Lüge ab und redet die Wahrheit, ein jeglicher mit seinem Nächsten, sintemal wir untereinander Glieder sind. Zürnet und sündigt nicht; lasset die Sonne nicht über eurem Zorn untergehen. Gebet auch nicht Raum dem Lästerer. Wer gestohlen hat, der stehle nicht mehr, sondern arbeite und schaffe mit den Händen etwas Gutes, auf daß er habe, zu geben dem Dürftigen. Lasset kein faul Geschwätz aus eurem Munde gehen, sondern was nützlich zur Besserung ist, wo es not tut, daß es holdselig sei zu hören. Und betrübt nicht den heiligen Geist Gottes, mit dem ihr versiegelt seid auf den Tag der Erlösung. Alle Bitterkeit und Grimm und Zorn und Geschrei und Lästerung sei ferne von euch samt aller Bosheit. Seid aber untereinander freundlich, herzlich und vergebet einer dem andern, gleichwie Gott euch vergeben hat in Christo.«

Lukas 6,43–46: »Denn es ist kein guter Baum, der faule Frucht trage, und kein fauler Baum, der gute Frucht trage. Ein jeglicher Baum wird an seiner eigenen Frucht erkannt. Denn man liest nicht Feigen von den Dornen, auch liest man nicht Trauben von den Hecken. Ein guter Mensch bringt Gutes hervor aus dem guten Schatz seines Herzens; und ein böser Mensch bringt Böses hervor aus dem bösen Schatz seines Herzens. Denn wes das Herz voll ist, des geht der Mund über. Was heißt ihr mich aber Herr, Herr, und tut nicht, was ich euch sage?«

Matthäus 25, 14–30: Das Gleichnis von den anvertrauten Zentnern: »Gleichwie ein Mensch, der über Land zog, rief seine Knechte und tat ihnen seine Güter aus; und einem gab er fünf Zentner, dem andern zwei, dem dritten einen, einem jeden nach seinem Vermögen, und zog bald hinweg. Da ging der hin, der fünf Zentner empfangen hatte, und handelte mit ihnen und gewann andere fünf Zentner . . .«

c) Der historisch-dogmatische Hintergrund der Artikel 6, 20, 21.
Die Reformatoren erkennen, daß die Rechtfertigung durch Gott das ganze Leben des Menschen verändert. Durch die geschenkte Gnade gewinnt der Mensch eine neue Einstellung zu sich und seiner Umwelt. Deshalb legen sie im Gespräch dar, wie der Glaube das Leben bestimmt.

Zunächst einmal haben sich die Reformatoren gegen den Vorwurf zu erwehren, daß die Rechtfertigung die guten Werke überflüssig mache. Das Mißverständnis entstand durch die Meinung, daß die Rechtfertigung den Menschen nur äußerlich betrifft, als ob der Mensch nicht wirklich verändert werde und gute Werke überflüssig seien. Demgegenüber zeigen die Reformatoren auf, daß das Handeln Gottes am Menschen diesen auch wirklich ergreift und verändert. Martin Luther hat immer wieder betont, der Glaube sei ein »kräftig, mächtig, tätig Ding« (Luther: Sermon von den guten Werken, 1520). Der Glaube als die Gnade Gottes ergreifende und so die Person allererst konstituierende Tat des Menschen hat sein Wesen gerade im Tun dieser Person. Damit stellen die Reformatoren den Vorwurf ihrer Gegner richtig, daß sie keineswegs das Sittliche preisgeben. Im Gegenteil, es ist keine Zerstörung, sondern eine tiefe Neubegründung der Ethik, ihre Absicht aufzuzeigen. Worauf die Reformatoren immer wieder Nachdruck legen ist, daß die Werke des Menschen völlig frei sein sollen von dem Wunsch, vor Gott Geltung, Verdienste zu erwerben. Die Trennung von Welt und Frömmigkeit der mittelalterlichen Kirche greifen die Reformatoren an. Gerade diese Frömmigkeitspraxis, die die Welt aufspaltet und eine Abkehr von ihr betont, wurde von ihnen verworfen. Die Welt als Schöpfung Gottes, in der der Mensch seine Aufgabe zu erfüllen hat, wird von den Reformatoren als Ganzes gesehen. Nach ihrer Meinung konnte nur eine einseitige Interpretation der Bibel und menschliche Satzungen wie Klostergelübde und Fasten zu einer Abkehr von der Welt als Schöpfung Gottes führen.

Demgegenüber betonen die Reformatoren mit allem Nachdruck, daß die Rechtfertigung für das Leben in der Welt Konsequenzen hat. Als eine befreiende Tat Gottes in Jesus Christus sehen sie die Erkenntnis der Rechtfertigung Gottes gegenüber den versklavenden Mächten der Kirchengeboten an. Deshalb schließt sich an die Lehre von der Rechtfertigung (Artikel 4) die Lehre vom neuen Gehorsam (Artikel 6) an. Von der Rechtfertigung des Gottlosen in Jesus Christus wird dies bestimmt nach Römer 4,5: »Dem aber, der nicht mit Werken umgeht, glaubt aber an den, der die Gottlosen gerecht macht, dem wird sein Glaube gerechnet zur Gerechtigkeit«. Das gilt unter der ständigen Voraussetzung von 1. Korinther 1,30: »Jesus Christus ist uns gemacht von Gott zur Weisheit und zur Gerechtigkeit und Heiligung und zur Erlösung.« Denn der Christ lebt aus dem Evangelium, d. h. aus und in Jesus Christus, aber er lebt in der Welt. Wiederum betonen die Reformatoren, daß das Leben von der Rechtfertigung her zu sehen sei. Gottes Handeln am Menschen in der Erlösung ist zugleich eine Neuschöpfung. Diese beginnt schon durch die Taufe, da die Rechtfertigung für den Menschen eine ihm jetzt schon eignende Wirklichkeit ist. Die Tauf-Rechtfertigung geschieht jetzt »aus Gnaden, um Christi willen, durch den Glauben«. Nun betonen die Reformatoren, daß das verdienstliche Mitwirken des Menschen einen Raub an der Ausschließlichkeit und Vollkommenheit des neuschöpferischen Gnadenhandelns Gottes in dem für uns vollbrachten Opfer Jesu Christi sei. Deshalb ist die Rechtfertigung der Schlüssel zum Verständnis auch der Frage nach dem rechten Verhältnis von Glauben und Werken. Die Rechtfertigung beschreibt das bedingungslos vertrauende Sichausliefern des Menschen an die Heilsverheißung Gottes in Jesus Christus und die hier hineingebettete Gewißheit, daß diese Heilsverheißung dem Glaubenden bedingungslos gilt. Durch den Glauben, der Gottes Zusage ergreift, wird dem Menschen eine neue Lebensbestimmung gegeben. Daraus erwächst eine positive Lebenseinstellung. Das ist ja das Besondere, daß die Reformatoren wieder den Schöpfungsauftrag des Menschen (1. Mose 1,27) durch die Rechtfertigungsbotschaft herausgestellt haben. Gerade das öffentliche Leben, das die mittelalterliche Kirche abwertete, indem sie das Klosterleben hochschätzte, wird durch die Reformation wieder aufgewertet. Luther hat das ganze Leben und die Arbeit eines Menschen als Gottesdienst angesehen und nicht nur das Klosterleben als heiliges Leben.

Die zugesprochene Erlösung des Menschen in der Rechtfertigung stellt den Menschen auch in den neuen Schöpfungszusammenhang. Die Rechtfertigungsbotschaft mach den Menschen nicht passiv, sondern befähigt ihn zu einem aktiven Leben. Das Tun des Menschen ist nun nicht mehr dadurch bestimmt, vor Gott Verdienste zu erlangen, sondern der Mensch darf gute Werke tun. Der Glaubende wird durch Christus zur Freiheit des Handelns berufen (Galater 5,1). Aus dieser Glaubenserkenntnis erwächst die neue Lebenseinstellung. Der Glaubende kann nun sein ganzes Leben als einen Gottesdienst ansehen (Römer 12,1 ff.).

Es wäre ein Mißverständnis, wenn nun aus Artikel 6 und 20 gefolgert würde, daß die Reformatoren den Wert der guten Werke nicht schätzen und würdigen. Das Gegenteil ist der Fall. Sie bestimmen vielmehr neu die Zielrichtung der guten Werke: Gott wirkt durch die Wiedergeburt die guten Werke in uns. Gottes Heiliger Geist erfüllt das Innere des Menschen mit neuen Affekten und ermöglicht die Gesetzeserfüllung. Dies begründet eine ethische Lebensweise. Der Gläubige wird zum sozialen Handeln befähigt. Es ist ein Handeln aus der Freiheit. So wie Luther in seiner

Schrift 1520 »Von der Freiheit eines Christenmenschen« es dar-legt: »Ein Christenmensch ist ein freier Mensch und niemand un-tertan; ein Christenmensch ist ein dienstbarer Knecht und jeder-mann untertan, durch die Liebe.« Die Liebe, die Gott den Men-schen schenkt, befähigt sie zur Liebe untereinander. Darin besteht die gesellschaftliche Verantwortung des Christen. Der Artikel 6 der Confessio Augustana belehrt über die Früchte des rechtferti-genden Glaubens. Es besteht demnach für den Gläubigen eine Notwendigkeit, gute Werke zu tun. Diese Notwendigkeit ist aber keine äußerliche und gesetzliche, sondern ein innerlicher Trieb dem Glauben gemäß: »Gesetz der Freiheit« (Jakobus 1,25). Diese guten Werke sind ihrem Wesen nach nicht Werke selbsterwählter Frömmigkeit, sondern die Erfüllung der Gebote Gottes, also ein heiliges Leben in der Liebe zu Gott und dem Nächsten und in allen christlichen Tugenden, ein Leben in der Nachfolge Jesu.

Um die rechte Beziehung von guten Werken und Rechtferti-gung ringen die Reformatoren. Sie wissen, daß die Rechtfertigung ohne neuen Gehorsam in geistliche und sittliche Freigeisterei aus-artet. Deshalb betonen sie die Befolgung der Gebote, und zwar nicht als Zwang, sondern aus der Befähigung, die die Rechtferti-gung ihnen schenkt. Die Befehle – mandatum – und Gebote Got-tes haben schöpferischen Charakter, so wie die Einsetzungsworte Jesu beim Abendmahl und beim Taufbefehl. Gerade diese Wech-selwirkung von Gebot Gottes und Schöpfung wird gesehen. Der Glaube an Gott führt nicht zu einer Weltflucht, sondern zu einer bewußten Bejahung der Welt. Durch den Glauben befähigt drängt der Glaubende vorwärts zum Reich Gottes. Dieses Reich besteht darin, daß der Mensch aus dem Rechtfertigungsglauben handelt. Gerade der Artikel 20 der Confessio Augustana entwickelt die Befähigung des Gläubigen, in der Familie, in der Gemeinde, im Staat und in der Kultur zu wirken.

Als verantwortliche Vorbilder werden die Heiligen gewählt (Ar-tikel 20). Das Besondere an diesem Artikel ist, daß die Reformato-ren die Heiligen nicht als Fürsprecher bei Gott ansehen, sondern als Menschen, die Gottes Gnade erfahren haben und aus ihr nun leben. Aus diesem Grund wird die mittelalterliche Frömmigkeit abgelehnt, nämlich in den Heiligen himmlische Mittler und Fürsprecher zu sehen, weil Christus des Menschen einziger und völlig ausreichender Vertreter vor Gott ist (1. Timotheus 2,5; Römer 8,34; 1. Johannes 2,1). Erst durch Luther wandelt sich die »sachliche« Bedeutung von sanctorum (Heilige) und erhält den Sinn »Gemeinschaft der Heiligen«. Demnach sind die »Heiligen« nicht Gläubige wegen einer besonders rühmenswerten religiösen oder menschlichen Beschaffenheit, sondern auf Grund ihrer Berufung in die Gemeinde (1. Korinther 1,2), als die berufenen Heiligen, durch die sie als Glieder in dem einen Leibe Christi (1. Korinther 12,12 ff.) Gemeinschaft untereinander haben und dadurch Anteil an den heiligen Gaben Christi.

Gerade Luther hat mit der Auslegung des »Magnifikat« ein Beispiel gegeben, wie eine Heiligenverehrung auf das öffentliche Leben übertragen wird. Aus der Vorrede des Magnifikat von 1521, in dem Luther seinem fürstlichen Gönner Herzog Johann Friedrich von Sachsen verheißt, sein vor geraumer Zeit gegebenes Versprechen einzulösen und ihm Marias Lobgesang, das Magnifikat, auszulegen: »Habe doch ein Regent vor Gott ganz besondere Verantwortung für sein Amt, von dem so vieler Leute Heil abhänge; nirgends aber könne ein gottesfürchtiger Fürst sich besser über Gottes Willen unterrichten als im Magnifikat.« Wiederum wird deutlich, daß die Reformatoren die mittelalterliche Frömmigkeit durch die Rechtfertigungslehre korrigieren und somit ein neues Lebensgefühl und auch gleichzeitig eine neue Lebenshaltung begründen.

Nach dieser Darlegung wird deutlich, daß die Reformatoren das Besondere der Rechtfertigung betonen. Der Mensch braucht sich nicht mehr durch besondere Verdienstleistungen das ewige Leben erwerben. In diesem Sinne gilt: gute Werke sind zur Seligkeit nicht nötig. Damit fällt jede eudämonistische Begründung der Sittlichkeit dahin. Dagegen bringt der rechtfertigende Glaube den Heiligen Geist mit sich, oder der Gläubige, der in seinem Glauben schon selig ist, empfängt den Heiligen Geist, und damit Lust und Liebe zum Willen Gottes und freie Dienstwilligkeit gegen den Nächsten. Doch soll mit dieser häufig gebrauchten Formel die sittliche Erneuerung nicht vom Glauben abgelöst, sondern gerade aus ihm abgeleitet werden. Daher steht neben ihr die andere, daß der Glaube, der das Heil empfängt und hat, unmittelbar die Triebkraft der Gesetzeserfüllung, einer neuen Sittlichkeit sei. Beide Formeln aber besagen, daß die Gnade das neue Leben nicht bloß ermöglicht, sondern im Prinzip verwirklicht. Damit ist der Ursprung der neuen Sittlichkeit von der subjektiven Seite her bezeichnet.

Für das sittliche Leben in der Welt hat aber Gott in seinem Gesetz die subjektive Aufgabe gestellt, und gute Werke sind daher nur solche, die Gottes Gebot für sich haben. Aber diese sittliche Norm wird ganz anders verstanden als im Katholizismus. Sie ist das durch Jesus Christus ausgelegte und erfüllte Gesetz Gottes, wie es in der Heiligen Schrift enthalten ist. Dasselbe gewinnt aber mit seiner allgemeinen Forderung, Gott über alles und die Nächsten wie sich selbst zu lieben, für jeden Menschen eine individualisierte Gestalt durch seinen Stand und Beruf, d. h. durch die Gesamtheit der sittlichen Beziehungen, in die er sich hineingestellt findet. Diese bilden das Material, an dem jeder die im letzten Grunde für alle gleiche religiös-sittliche Aufgabe zu lösen hat. Daraus folgt, daß das sittliche Leben als eine Einheit sich darstellt, und daß eine äußerliche Abstufung der einzelnen Werke nach ihrer Güte nicht statthaben kann.

Mit dem Gesagten ist aber eine andere Stellung des Gläubigen zum Gesetz gegeben als im Katholizismus. Nicht mehr steht ihm das Gesetz als äußerliches Gebot fremd gegenüber, sondern sein wiedergeborener Wille ist eins geworden mit dem Willen des Gesetzes und hat Lust zu ihm. Darum ist der Gläubige innerlich frei vom Gesetz und erst recht von jeder menschlichen religiösen Gesetzgebung und bevormundenden Leitung. Der Christ muß und darf demnach sein Tun kraft selbständiger Gewissensentscheidung regeln. Des Gesetzes bedarf er nur einerseits, weil er auch als neuer Mensch den Willen Gottes noch nicht vollkommen erkennt, andererseits, weil er in seinem Fleische noch den alten Menschen an sich trägt; aber ihn beugt der Gläubige selbst unter das Joch des Gesetzes. Damit ist nun aber wirklich eine Notwendigkeit der guten Werke gegeben, freilich nicht eine solche zur Seligkeit, die sie zu allem auch um ihrer Unvollkommenheit willen nicht verdienen würden, wohl aber eine innere ethische Notwendigkeit, so daß sie nicht in die Willkür der Gläubigen gestellt sind, sondern aus ihrem Fehlen auf ein Nichtvorhandensein des wahren Glaubens geschlossen werden muß.

Dagegen widerstreitet die Annahme eines Standes, in dem vor anderen die christliche Vollkommenheit zu erreichen wäre, allen bisherigen ethischen Voraussetzungen. Vielmehr wird erwartet, daß ein jeder in Glauben und Liebe seinem Berufe obliege.

10. Das Verhältnis von Kirche und Staat

a) Texte aus der Confessio Augustana:
Artikel 16: Von staatlicher Gewalt und vom weltlichen Regiment.

»*Von den weltlichen Angelegenheiten lehren sie: Die weltlichen Rechtsordnungen sind gute Gotteswerke. Es ist den Christen erlaubt, obrigkeitliche Ämter zu führen, Richter zu sein, Recht zu sprechen nach den kaiserlichen und anderen geltenden Gesetzen, die Todesstrafe nach dem Recht zu verhängen, nach dem Recht Krieg zu führen, Soldatendienst zu tun, nach dem Gesetz Verträge zu schließen, Eigentum zu haben, Eide zu leisten auf Geheiß der Obrigkeit, ein Weib zu nehmen, zu heiraten.*

Sie verurteilen die Wiedertäufer, welche den Christen diese weltlichen Geschäfte verbieten.

Sie verurteilen auch jene, welche die christliche Vollkommenheit nicht in Gottesfurcht und Glauben verlegen, sondern in die Flucht vor den weltlichen Geschäften, denn das Evangelium lehrt die ewige Gerechtigkeit des Herzens. Für die Zwischenzeit zerstört das Evangelium keineswegs das staatliche oder soziale Wesen, sondern fordert ernstlich, es als Gottesordnung zu erhalten und Liebe darin zu üben. Deshalben sind die Christen unbedingt verpflichtet, ihren Obrigkeiten und den Gesetzen zu gehorchen, es sei denn, sie verlangten, Sünde zu tun, denn dann muß man Gott mehr gehorchen als den Menschen, Apostelgeschichte; 5,29.«

Artikel 28: Von der Gewalt der Bischöfe.

b) Texte aus der Bibel:
Römer 13,1–7: »*Jedermann sei untertan der Obrigkeit, die Gewalt über ihn hat. Denn es ist keine Obrigkeit ohne von Gott, wo aber Obrigkeit ist, die ist von Gott verordnet. Wer sich nun der Obrigkeit widersetzt, der widerstrebt Gottes Ordnung; die aber widerstreben, werden über sich ein Urteil empfangen. Denn die Gewaltigen sind nicht den guten Werken, sondern den bösen zu fürchten. Willst du dich aber nicht fürchten vor der Obrigkeit, so tue Gutes, so wirst du Lob von ihr haben. Denn sie ist Gottes Dienerin dir*

zugut. Tust du aber Böses, so fürchte dich; denn sie trägt das Schwert nicht umsonst: sie ist Gottes Dienerin, eine Rächerin zur Strafe über den, der Böses tut. Darum ist's not, untertan zu sein, nicht allein um der Strafe willen, sondern auch um des Gewissens willen. Derhalben müßt ihr auch Schoß geben; denn sie sind Gottes Diener, die solchen Schutz sollen handhaben. So gebet nun jedermann, was ihr schuldig seid: Schoß, dem der Schoß gebührt; Zoll, dem der Zoll gebührt; Furcht, dem die Furcht gebührt; Ehre, dem die Ehre gebührt.«

Lukas 20,24–25: »Zeiget mir einen Groschen! Wes Bild und Überschrift hat er? Sie antworteten und sprachen: Des Kaisers. Jesus aber sprach zu ihnen: So gebet dem Kaiser, was des Kaisers ist, und Gott, was Gottes ist!«

Apostelgeschichte 5,29: »Petrus aber antwortete und die Apostel und sprachen: Man muß Gott mehr gehorchen denn den Menschen!«

1. Petrus 2,11–17: »Liebe Brüder, ich ermahne euch als die Fremdlinge und Pilgrime: Enthaltet euch von fleischlichen Lüsten, welche wider die Seele streiten, und führet einen guten Wandel unter den Heiden, auf daß die, so von euch afterreden als von Übeltätern, eure guten Werke sehen und Gott preisen, wenn es nun an den Tag kommen wird. Seid untertan aller menschlichen Ordnung um des Herrn willen, es sei dem Könige, als dem Obersten, oder den Hauptleuten, als die von ihm gesandt sind zur Rache über die Übeltäter und zu Lobe der Frommen. Denn das ist der Wille Gottes, daß ihr mit Wohltun verstopfet die Unwissenheit der törichten Menschen, als hättet ihr die Freiheit zum Deckel der Bosheit, sondern als die Knechte Gottes. Tut Ehre jedermann, habt die Brüder lieb; fürchtet Gott, ehret den König.«

Offenbarung Johannes 13,1–10.

Das Neue Testament gibt keine christliche Staatslehre wieder. Vielmehr wird über das Verhalten reflektiert: Wie haben sich Christen im Staat, gegenüber dem Staat zu verhalten? »Gebet dem Kaiser zurück, was des Kaisers ist«, sagt Jesus und legt damit das Fundament für alle praktischen Erörterungen über die christliche Staatsbürgerpflicht. »Gebet zurück« d. h. die Staatsbürgerpflicht ist Rückerstattungspflicht. Der Christ nimmt den Staat wie jeder Mensch in Anspruch und deshalb darf er sich seiner Gegenansprüche nicht entziehen.

Der Apostel Paulus kennt nicht nur eine Rückerstattungspflicht gegen den Staat, sondern auch eine christliche Gewissenspflicht. »Wir müssen gehorsam sein um des Gewissens willen« (Römer 13,5). Nicht nur der Gehorsam wird gefordert, sondern es ist für den Staat zu beten (1. Timotheus 2,1 ff.).

Die Fürbitte der Urkirche für die Obrigkeit ist von folgenden Gesichtspunkten bestimmt: Die Staatsgewalt ist die gottgesetzte Ordnungsmacht zur Abwehr der Chaosmächte. Der Staat übt Gewalt aus und kann somit Unrecht tun. Deshalb betet die Kirche darum, daß der Staat um seiner Sendung willen vor der Versuchung zur Selbstgerechtigkeit und Selbstherrlichkeit bewahrt bleibt.

Der folgende Satz ist schwerwiegend: »Es ist keine Obrigkeit außer von Gott« (Römer 13,1). Diese Aussage fordert den Gehorsam des Staatsbürgers. Jede Revolution ist somit verboten. Doch verlangt die Bibel niemals den blinden Gehorsam den Menschen gegenüber. Dies wird deutlich durch Apostelgeschichte 5,29: »Man muß Gott mehr gehorchen als den Menschen.« Gott gegenüber hat der Mensch gehorsam zu sein. Deshalb ist seine Kritik am Staat nicht von Protestaktionen bestimmt, sondern von dem schlichten und festen Bekenntnis zu Gott. Darum haben die ersten Christen alles staatliche Unrecht erlitten mit dem Bekenntnis: »Unsere Reichshauptstadt ist im Himmel.«

Die Christen wußten allezeit um die Relativität der staatlichen Macht.

c) *Historisch-dogmatischer Hintergrund der Artikel 16, 28.*

Der Christ ist Bürger dieser Welt. Somit gehört er dieser Welt mit ihren Ordnungen an. Dennoch steht er zur Welt in einem anderen Verhältnis. Er wird sich an sie nicht ganz verlieren noch ausliefern. Er weiß um die Vorläufigkeit der Welt und ihrer Ordnungen. Dennoch nimmt er verantwortlich an ihren Problemen teil.

Die Bibel kennt in ihrer gesamten Verkündigung keine Lehre

vom Staat, keine Staatsphilosophie und keine Staatstheologie. Die Bibel will nicht über den Staat unterrichten. Sie spricht an allen Stellen, in denen vom Staat und dem Verhalten zu ihm die Rede ist, seelsorgerlich. Deshalb können wir auch in Römer 13,1–7 uns nur über das Verhalten zum Staat informieren. In diesem Sinne ist der Artikel 16 der Confessio Augustana abgefaßt. Die Reformatoren betonen, daß die Staatsmacht auf göttlicher Einsetzung gründet. Nach 1. Petrus 2,13 ist die politische Gewalt eine Schöpfungsordnung Gottes. Dies schließt jede Vergottung und Anbetung der Staatsmacht aus. Die politische Gewalt hat ihren Ursprung in der Gewalt, die Gott seinem zum Ebenbild bestimmten Geschöpf zuteilt (1. Mose 1,28). In ihr bestimmt Gott den Menschen zu seinem Mitarbeiter in der Weltregierung. Die politische Gewalt ist infolge des Sündenfalls Gottes Vergeltungsordnung. Gott straft dadurch den Sünder. Das bedeutet, daß Gott die Welt damit vor dem Chaos bewahrt. Gottes Zorn hat seinen Raum in dieser Welt. Jesu Herrschaft ist nicht die Auflösung der göttlichen Ordnungen. In ihnen erhält der Schöpfer die Welt bis zum Tage des Gerichts. Jesus setzt Pilatus und die Hohenpriester nicht ab. Er erkennt sie an und erhebt gleichzeitig Anspruch auf sie. Jeder Versuch, diese Ordnung aufzuheben und diese nach idealistischen Gesichtspunkten oder nach der Ordnung des zukünftigen Reiches zu regieren, wird von daher als Schwärmerei erkannt, in der die Spannung zwischen der Not dieser Welt und der Hoffnung der zukünftigen Welt nicht ausgehalten wird.

Der Artikel 16 des Augsburger Bekenntnisses war wichtig in der Darlegung der Glaubenslehre der Reformatoren vor Kaiser und Reich. Denn der neue Glaube hatte gleichzeitig auch ein neues Verhalten zur Folge. Deshalb zeigen die Reformatoren in diesem Artikel auf, wie sie den Staat sehen.

Zunächst grenzen sie sich zu den Wiedertäufern ab. Diese waren die dritte große religiöse Bewegung des 16. Jahrhunderts neben der mittelalterlichen Kirche und den Protestanten. Die Bibel nahmen sie wörtlich und insbesondere die Bergpredigt. Aus dem Geist der Bergpredigt lehnten sie die weltliche Ordnung ab; denn diese war für sie als Geistmenschen nicht mehr notwendig. Ihre falsch verstandene christliche Freiheit führte zum Chaos. Das Beispiel der Täufer in Münster/Westfalen während der Reformation gibt einen Einblick: Es wurde an die Stelle der Obrigkeit die falschverstandene allgemeine Gleichheit, an Stelle der Ehe die Polygamie, an Stelle des Eigentums die erzwungene Gemeinschaft gesetzt. Ebenso wenden sich die Reformatoren gegen die Anschauungen der mittelalterlichen Kirche in ihrem Verhalten zu den gesellschaftlichen und wirtschaftlichen Ordnungen. In der mittelalterlichen Kirche herrschten über die Auffassung des »Staates« noch immer die Gedanken Augustins (Enchiridion und De civitate Dei) vor. Daraus erwuchs die im Mittelalter vorherrschende doppelte Verkehrung des Verhältnisses der beiden Gewalten: So die Verabsolutierung, daß es nur eine von Gott gestiftete Staatsgewalt gibt: die »civitas Dei«. Die »civitas terrena« hat nur abgeleitete Gewalt. Die andere Form ist die Vermischung von geistlicher und weltlicher Macht. Die Kirche übt staatliche Funktion aus. Sie ist Rechtskirche und führt Kriege. Die »civitas terrena« ist völlig der Kirche unterworfen. Diese Vorstellungen wurden von Papst Bonifazius VIII. in seiner berühmten Bulle »unam sanctam« von 1302 dargelegt, wonach die Kirche sowohl das geistliche als auch das weltliche Schwert in ihrer Gewalt habe und letzteres nur der staatlichen Obrigkeit zu einer Verwendung im Sinne der Kirche überlasse. Diese Vermischung des Mittelalters ist nur eine Weise der schwärmerischen Vermischungen, in denen das Reich Gottes nicht eschatologische Größe ist, sondern Gegenwart in der Kirche, und der Staat nur der Kirche gegenüber dienende Funktion hat. Die Reformatoren sprechen sich gegen die Vermischung von Kirche und Staat aus, und zwar ganz bewußt im Artikel 28 der Confessio Augustana.

Dies ist nur möglich, weil die Reformatoren einen rein geistig-religiösen Kirchenbegriff haben. Die Autoren der Confessio Augustana unterscheiden grundsätzlich geistliche und weltliche Gewalt und erkennen jeder in ihrem Bereiche ihre selbständige, von Gott unmittelbar gegebene sittliche Würde zu, ohne irgendwie auf Umwegen die Staatsgewalt wieder unter die Kirchengewalt zu beugen. Die Pflicht des Gehorsams gegen die Obrigkeit wird für den Christen nachdrücklich betont, das Recht von Revolutionen verworfen. Die Gewalt der Kirche ist und bleibt eine rein geistliche, zielt nur auf die Seelen und das Himmelreich und die Erneuerung der Menschen zur »geistlichen Gerechtigkeit«, die vor Gott gilt. Dagegen ist es Übergriff in ein fremdes Amt, wenn die kirchliche Gewalt in die Staatsordnung eingreift, indem sie weltliche Obrigkeit einsetzt oder entsetzt, die staatlichen Gesetzte mißachtet oder dem Staat Gesetze vorschreibt. Das einzige Machtmittel der kirchlichen Gewalt zum Wirken und Wehren auf ihrem Gebiete, auch wider Ketzer und offenbare Sünder, ist das Wort, ohne äußere Gewalt und Zwang. Die Staatsgewalt dagegen erstreckt sich nur auf den Leib und irdisches Gut, aber in ihrem ganzen Umfang und bei allen »Geistlichen« wie Weltlichen, schützt die irdischen Güter und in ihrem Besitze die Guten gegen die Bösen, braucht als Mittel dazu physische Gewalt, das Schwert, und setzt so, zum Teil also zwangsweise, eine »bürgerliche Gerechtigkeit« in der Gesellschaft durch. Diese öffentliche Zucht, die nach Maßgabe des göttlichen Gesetzes, aber in der gegebenen Beschränkung auf die »externa opera« (Confessio Augustana Artikel 18) geschehen soll, schafft der Kirche Raum für ihre geistliche Arbeit.

Das Augsburger Bekenntnis stellt den Menschen in den Schöpfungszusammenhang. Es betont den Schöpfungsauftrag 1. Mose 1,27: »machet euch die Erde untertan«. Der Mensch hat demnach verantwortlich in den »orbrigkeitlichen, politischen und richterlichen Ämtern« mitzuarbeiten. Darum werten die Reformatoren das öffentliche Leben auf. Sie sahen durch die Überordnung des mönchischen Lebensstandes über die weltliche Arbeit den natürlichen Kreislauf des Lebens zerrissen. Luther beschreibt mit dem Wort »Beruf« die Wirkungsweise im öffentlichen Leben. Dieses Wort drückt den wirklichen Gottesauftrag aus, der hinter keiner Berufung zum mönchischen Stand zurückzustehen braucht. In den neuen schöpferischen Zusammenhang ist der protestantische Mensch hineingestellt durch die Freiheit, die nicht mehr mißverstanden oder mißbraucht werden darf, da sie der Beugung unter Gott entspringt, so wie Artikel 16 lehrt, »daß alle Obrigkeit in der Welt und alle geordneten Regierungen und Gesetze von Gott geschaffen und eingesetzte gute Ordnungen sind«. Die Anweisungen zum verantwortlichen Handeln in der Welt wird ermöglicht durch die Rechtfertigungslehre (Artikel 4). Sie betont ja, daß Gott den Menschen um Christi willen annimmt ohne menschliches Verdienst. Die Rechtfertigungslehre hat auch sozialethische Konsequenzen. Sie stellt den Menschen als Mitverantwortlichen in die Welt. Das Gnadenangebot gibt den Raum frei, indem der neue Mensch nicht mehr nach äußerer Anleitung, sondern nach innerer Sicherheit handelt. Nun wird aus dem Handeln nach Vorschrift des Gesetzes das Handeln aus Zuversicht. Diese Verwandlung der sittlichen Forderung in die Natürlichkeit des neuen Menschen ist der Sinn der reformatorischen Freiheitslehre, so wie Luther 1520 in dem »Sermon von den guten Werken« ausgesprochen hat: »Wenn ein Mann oder Weib sich zum anderen versieht Lieb und Wohlgefallens und dasselb fest gläubt, wer lehret denselben, was er tun, lassen, sagen, schweigen, denken, soll? Die einige Zuversicht lehret ihn das alles und mehr denn not ist ... Also ein Christenmensch, der in dieser Zuversicht gegen Gott lebt, weiß alle Ding, vermag alle Ding, vermisset sich aller Ding, was zu tun ist, und tuts alles fröhlich und frei« (WA. 6, S. 207).

Aus dieser neuen Einsicht, die die Rechtfertigungslehre dem Menschen gibt, wird das Verhalten in den weltlichen Angelegenheiten behandelt. Dabei ist zu beobachten, daß die Confessio Augustana nicht zwischen weltlich und christlich trennt. Das »Weltliche« ist das staatliche und soziale Leben. Gottes Wille hat die Schöpfung so eingerichtet, daß Staat, Familien, Rechtsordnungen und Liebesordnungen sein müssen. Das »Naturrecht« stammt aus dem Schöpferwillen Gottes. In der Schöpfung liegt somit eine Ordnung und ein Ziel begründet. Es ist derselbe Gott, der unsere Erlösung in Christus geplant und durchgeführt hat. Trotzdem muß darauf hingewiesen werden, daß die Schöpfung nicht dasselbe wie die Erlösung ist, darum ist das staatliche und das soziale Leben nicht einfach das christliche Leben. Es herrschen im sozialen und staatlichen Leben eine Eigengesetzlichkeit. Der Christ darf, soll, muß im staatlichen und sozialen Leben mitmachen, es pflegen und fördern. Er kann mitmachen, weil der Gott der Schöpfung auch der Gott der Erlösung ist. Es ist demnach mitzubedenken, daß es keinen christlichen Staat und keine christliche Familie an sich gibt. Vielmehr können diese praktischen Gegebenheiten große Veränderungen erfahren, und sie müssen dauernd verändert werden nach der Liebe, die den Menschen, erst recht den Christen aufgetragen ist.

Die Ordnungen dieser Welt empfangen ihren Wert von dem Wissen, daß die Welt in die Spannung eingebettet ist zwischen Himmelfahrt und Wiederkunft Christi. Der Christ hat seinen Orientierungspunkt in Gott. Er lebt zum Jüngsten Tag hin und vom Jüngsten Tag her. Die Schöpfungsordnungen sind Schutzordnungen, die vor dem Chaos bewahren und zu einem menschlichen Leben verhelfen. Diese Ordnungen fordern bei aller berechtigter kritischer Haltung ihnen gegenüber unseren Gehorsam Gott gegenüber und die Liebe zum Nächsten heraus.

Die Frage ist berechtigt, ob die Aussagen der Reformatoren uns heute in einer gesellschaftlich veränderten Welt helfen. Ein Vergleich der politischen, gesellschaftlichen und wirtschaftlichen Grundlagen und Verhältnisse der Zeit, in der die Augsburger Konfession verfaßt wurde mit unserer Gegenwart wird gewiß zahlreiche gewichtige Unterschiede aufdecken, so daß die Frage nicht unberechtigt ist, ob es erlaubt ist, die Aussage dieses Artikels überhaupt auf unsere Gegenwart zu beziehen.

Es darf nicht aus dem Artikel 16 herausgelesen werden, es müsse Krieg, es müsse die Todesstrafe geben. Vielmehr übernimmt der Artikel 16 die politische Gegebenheit: damals war der Staat überzeugt, Krieg führen und die Todesstrafe handhaben zu müssen. Die Anschauung darüber kann sich ändern. Wenn heute ein Staat für die Abschaffung des Krieges und der Todesstrafe eintritt, so kann der Christ, darf der Christ, ja muß der Christ als Präsident, Beamter, Soldat, Richter ebenso seinen Mann stehen und hat keinerlei Pflichten gegenüber früheren Gegebenheiten. Der Streit über die Familie und den Staat hat die jeweilige Gegebenheit zu berücksichtigen; es darf daran nur nach den Grundsätzen der Liebe Kritik geübt und Umgestaltung herbeigeführt werden. Gewiß gibt es auch Grenzen. Daß ein geordneter Staat, daß die Familie, daß das Eigentum und die Gesetze bestehen und bleiben müssen, wird jeder einsehen, der um die Bedeutung des Naturrechts und um den Schöpferwillen Gottes weiß.

Der Mensch und seine politischen und sozialen Grunderfordernisse sind und bleiben in allen Zeiten grundsätzlich dieselben, die Gestaltungen wechseln. Dennoch ist die grundsätzliche Gültigkeit der Aussage des Artikels 16 nicht aufgehoben, da er ja nicht von der geschichtlichen wandelbaren Lage des Menschen und der Gesellschaft ausgeht, sondern das Verhalten gegenüber und in den Grundordnungen dieser Welt in ihrer Würde als Ausdruck und Mittel des gnädigen Erhaltungswillens Gottes für den Menschen auf die Wiederkunft Christi beschreibt.

Der reformatorische Christ erkennt den Staat aus dem Schöpferwillen herrührend an. Sein Weg in das Weltliche und Staatliche ist frei. Nur darf er die Sünde nicht mitmachen. Der Christ ist zwar zu einem loyalen Verhalten dem Staat gegenüber aufgerufen, dennoch hat er die Spannung auch zu einem ungerechten Staat auszuhalten. Er darf sein Handeln gegen den ungerechten Staat nicht religiös verbrämen, sondern kann nur aus der rechten Prüfung seines Gewissens vor Gott dem Staat seinen Gehorsam aufkündigen im Sinne von Apostelgeschichte 5,29: »Man muß Gott mehr gehorchen als den Menschen.« Damit wird nicht zu einer Revolution im Namen Jesu aufgerufen. Jesus hat dies bewußt zurückgewiesen in Matthäus 25,25: »Stecke dein Schwert an seinen Ort«, und Johannes 18,36: »Mein Reich ist nicht von dieser Welt. Wäre mein Reich von dieser Welt, meine Diener würden kämpfen.« Noch in der Verweigerung des Gehorsams gibt der Christ der politischen Gewalt die Ehre und ruft sie dadurch in den Gehorsam Gottes zurück. Deshalb gibt es keine verbindliche Anordnung von der Bibel her zur Revolution, zum Tyrannensturz. Jeder Christ steht vor Gott und fällt auch seine politische Entscheidung ganz persönlich vor ihm. Der hier deutlich werdende Gewissenskonflikt wurde von den Männern des 20. Juli 1944 durchlebt.

Gerade der Satz aus Apostelgeschichte 5,29 bewahrt den Christen vor einer Bindung an den Staat. Er ermöglicht andererseits die verantwortliche Mitarbeit im Staat aus der Verantwortung vor

Gott. So schafft die Bibel den Freiraum zum positiven Gestalten im menschlichen Zusammenleben. Luther hat in seinem Buch »Von der Freiheit eines Christenmenschen« von 1520 das Verhalten des Christen beschrieben. Er betont die Freiheit von Werken und die Freiheit zu Werken, beides in unauflöslicher Einheit für die durch den Glauben an Christus frei gewordene Person. Ein Zitat aus der ebengenannten Schrift: »Erstens. Damit wir von Grund aus erkennen mögen, was ein Christenmensch ist und wie es mit der Freiheit bestellt ist, die ihm Christus erworben und gegeben hat (wovon S. Paulus so viel schreibt), will ich folgende zwei Sätze aufstellen: Ein Christenmensch ist ein freier Herr über alle Dinge und niemand untertan. Ein Christenmensch ist ein dienstbarer Knecht aller Dinge und jedermann untertan. Diese zwei Sätze sind klar der Standpunkt von S. Paulus 1. Korinther 9,19: ›Ich bin frei in allen Dingen und habe mich zu jedermanns Knecht gemacht.‹ Ferner Römer 13,8: ›Ihr sollt niemand gegenüber zu etwas verpflichtet sein, als dazu, daß ihr euch untereinander liebet.‹ Liebe aber – die ist dem dienstbar und untertan, was sie lieb hat, so heißt es auch von Christus Galater 4,4: ›Gott hat seinen Sohn ausgesandt, von einem Weibe geboren und dem Gesetze untertan gemacht.‹ Zweitens. Um diese zwei sich widersprechenden Sätze von der Freiheit und der Dienstbarkeit zu erfassen, müssen wir daran denken, daß ein jeder Christ zweierlei Naturen an sich hat: eine geistliche und eine leibliche. Im Blick auf die Seele wird er ein geistlicher, neuer, innerlicher Mensch genannt; im Blick auf Fleisch und Blut wird er ein leiblicher, alter und äußerlicher Mensch genannt. Und um dieses Unterschiedes willen werden von ihm in der Schrift Dinge gesagt, die geradezu widersprechen, wie ich soeben von der Freiheit und der Dienstbarkeit gesprochen habe.« In diesem Sinne möchte der Artikel 16 das Verhalten gegenüber der weltlichen Obrigkeit geregelt sehen.

Noch ein Wort zu der umstrittenen Aussage in Artikel 16 »jurae bellare« und »ohne Sünde sein«. Die Problematik des rechtmäßigen Krieges soll nicht diskutiert werden. Die Aufgabe der Gemeinde angesichts drohender Kriege und in Kriegen ist für den Frieden zu beten. Die Gemeinde in ihrer Existenz ist Gottes aufgerichtetes Zeichen, daß er Friede gemacht hat mit der Welt. (2. Korinther 5,18). Der Ökumenische Rat der Kirchen hat in New Haven 1957 einen Beschluß gefaßt, wonach heute der mit Massenvernichtungsmitteln geführte totale Krieg unvereinbar ist mit dem Gewissen vor Gott.

Die Kirche ist aufgerufen angesichts der Gegenwart mit ihren furchtbaren Vernichtungsmitteln die Aussagen von Artikel 16 über den Krieg neu zu überdenken. Dies ist berechtigt vom Wort Gottes her.

11. Beschluß des ersten Teils

a) Text aus der Confessio Augustana:
»Das ist ungefähr die Summe der Lehre auf unserer Seite. Es zeigt sich, daß nichts darin vorhanden ist, was abweicht von der Heiligen Schrift und von der allgemeinen und von der römischen Kirche, wie wir sie aus den Kirchenschriftstellern kennen. Infolgedessen ist das Urteil derer ungerecht, welche die Unsrigen für Ketzer gehalten wissen wollen. Der ganze Meinungsunterschied betrifft einige wenige bestimmte Mißbräuche, welche sich ohne sichere Autorität in die Gemeinde eingeschlichen haben. Allein, mag sich gleich in diesen Dingen einige Verschiedenheit zeigen, so müßten die Bischöfe doch so viel Milde haben, daß sie wegen des Bekenntnisses, das wir soeben vortrugen, die Unsrigen duldeten; sind ja nicht einmal die Kirchengesetze so hart, daß sie die durchgängige Gleichheit der Gebräuche verlangten. Und nie waren aller Kirchen Gebräuche wirklich gleich, obwohl doch bei uns zum großen Teil die alten Gebräuche gewissenhaft eingehalten werden. Denn es ist falsch und eine Verleumdung, daß alle Zeremonien, alle alten Sitten in unseren Gemeinden abgeschafft würden. Jedoch war öffentliche Klage, daß gewisse Mißbräuche den populären Riten anhafteten. Sie konnten nicht mit gutem Gewissen gebilligt werden, und darum sind sie in gewissem Maße verbessert worden.«

b) Der historisch-dogmatische Hintergrund:
Der versöhnliche Ton im »Beschluß des ersten Teils« der Confessio Augustana erinnert an den Inhalt der Vorrede und an die Form der Artikel. Die Tendenz ist sehr versöhnlich. Die Absicht einer Kirchenspaltung wird abgewiesen. Es wird an die Bischöfe appelliert, die Protestanten zu dulden. Diese Haltung verwundert nicht. Die Bischöfe wurden von den Reformatoren wegen ihrer politischen Machtfülle angegriffen, nicht aber wegen ihrer kirchlichen Position (Artikel 28 des Augsburger Bekenntnisses).

Daß die Protestanten von der römischen Kirche nicht abweichen, wird in apologetischer Weise begründet. Damit trifft der Beschluß des ersten Teils der Confessio Augustana den apologetischen Charakter der Artikel 1–21. Die Reformatoren stellen doch dar, was sie glauben, und wie sie auf Glaubensfragen der Zeit mit dem Hinweis auf Gottes Heilshandeln in Wort und Sakrament antworten. Bei ihrer Argumentation berufen sie sich immer auf die Heilige Schrift und die Kirchenlehren (Kirchenväter). Das hat folgende Bedeutung: Wenn das Augsburger Bekenntnis sich auf die Übereinstimmung ihrer Lehre mit der »allgemeinen (d. h. katholischen) christlichen Kirche« und der »römischen Kirche – soweit aus den Schriften der Kirchenväter zu ersehen ist« – beruft, spricht sich darin einmal der Wille zur kirchlichen Gemeinsamkeit aus. Andererseits aber enthält diese Nebeneinanderstellung die gegen das Selbstverständnis der römisch-katholischen Kirche gerichtete Bewertung dieser Kirche als einer solchen, die keinen Anspruch auf wahre »Katholizität« erheben kann. Der besondere Hinweis auf die Kirchenväter beinhaltet ferner den Vorwurf, daß die römische Kirche von der ursprünglichen Lehre der alten Kirche abgewichen ist, d. h. es wird auch ihre »Apostolizität«, der Anspruch auf ihre auf die Apostel zurückgehende Würde und Vollmacht in Frage gestellt. So kennzeichnet das Augsburger Bekenntnis die römische Kirche als eine Einzel- oder Sonderkirche, der gegenüber die »Augsburgischen Religionsverwandten« auf Grund der Übereinstimmung ihrer Lehren »mit der Heiligen Schrift oder der allgemeinen Kirche« und den Kirchenvätern die wahrhaft »allgemeine, christliche«, d. h. »katholische und apostolische« Kirche darstellen. Mit dieser Bemerkung wollen die Reformatoren sich mit den biblischen Humanisten verstanden wissen, die mit dem Urbild der Kirche aus der Bibel und den Kirchenvätern die mittelalterliche Kirche angreifen. Gerade ein Erasmus von Rotterdam hat dies in seinen Schriften immer wieder ausgedrückt.

Die Reformatoren wollen keinen Konfessionalismus. Sie sind mit ihrem Anliegen, die Kirche zu reformieren und die Lehre von der Rechtfertigung durch den Glauben an Christus allein als Mitte herauszustellen, in eine Doppelfront geraten, auf der einen Seite gegen das Papsttum und auf der anderen Seite gegen die Schwärmer, die als dritte kirchliche Größe sich plötzlich in der Reformation zeigte. Das Augsburger Bekenntnis will vielmehr eine Verteidigung des Glaubens der Kirche sein gegen die Mißbräuche »welche sich ohne sichere Autorität in die Gemeinden eingeschlichen haben«. Wegen dieser »Mißbräuche«, die sich weder aus dem Glauben der Kirchenväter noch der Bibel ableiten lassen, protestieren die Reformatoren. Diese Mißbräuche verdecken das Evangelium und belegen die Menschen mit unnötigen Zwängen. Aus diesem Grund heißt es »Sie (Mißbräuche) konnten nicht mit gutem Gewissen gebilligt werden, und darum sind sie in gewissem Maße verbessert worden«. Gerade das Gewissen und somit der persönliche Glaube ist den Reformatoren wichtig und wertvoll. Er darf nicht mit Riten und kirchlichen Gebräuchen belastet werden, sondern ihm ist das Evangelium zu sagen.

Das Augsburger Bekenntnis will ein ökumenisches Bekenntnis sein. Seine Mitte sind die Glaubensaussagen der Heiligen Schrift und die Kirchenväter.

Zum anderen appellieren die Reformatoren an die Vernunft ihrer Zuhörer, die Mißverständnisse mancher Begriffe nicht hochzuspielen. Viele der Mißverständnisse stammen daher, daß sie von verschiedenen Standpunkten aus vorgetragen wurden. So wurde die Einheit durch stures Beharren auf dem jeweiligen Standpunkt verspielt, ohne die Bedeutung des Wortes zu erfassen und ohne das Gemeinsame zu sehen.

Daß die Reformbewegung in der Kirche des 16. Jahrhunderts nicht so verlief wie in früheren Zeiten – denn Reformbewegungen gab es immer in der Kirche –, war dadurch bedingt, daß diesmal die politischen Interessen der deutschen Fürsten eine entscheidende Rolle spielten. Das Kaisertum war nur noch eine Idee ohne große Macht. Die deutschen Fürsten aber hatten eine gewisse Selbständigkeit erlangt, was nicht nur eine neue politische Situation bedingte, sondern auch zu ihr hinführte.

II. Die Anwendung der Grundaussagen in der kirchlichen Praxis (Artikel 22–28)

1. Der zweite Teil des Augsburger Bekenntnisses

a) Historischer Rückblick.

Bereits 1520 wurde Martin Luther zum Aushängeschild einer breiten Erneuerungsbewegung. Es muß gesagt werden, daß das ursprüngliche Anliegen, die Kirche zu erneuern, verbunden wurde von manchen, die in verschiedenen Konfliktsituationen mir dem Klerus standen.

Neben der Verquickung des reformatorischen Anliegens Luthers mit den sozio-politischen Interessen einzelner Gruppen wurde das theologische Spektrum der Anhänger der neuen Lehre immer breiter. Es seien einige aufgezählt: Karlstadt, Thomas Münzer, die Schwärmer, die Täufer, Zwingli und Agricola.

Schließlich konnte es nach Konstituierung der ersten reformatorischen Gemeinden nicht mehr genügen, gegen einzelne Punkte der mittelalterlichen Kirche zu polemisieren, nun mußte umgekehrt das wesentlich Christliche in reformatorischer Sicht dargelegt werden. Dies geschah frühzeitig bereits in den theologisch-praktischen Schriften Martin Luthers. Nur einige seien aufgezählt: »Daß eine christliche Versammlung oder Gemeine Recht und Macht habe, alle Lehre zu beurteilen und Lehrer zu berufen, ein- und abzusetzen: Grund und Ursach aus der Schrift« (1523). Zum anderen spielte die »Kursächsische Kirchenvisitation« eine große Rolle. Durch sie wurde ein protestantisches Kirchenwesen begründet.

Auf diesem Hintergrund der zwanziger Jahre des 15. Jahrhunderts ist die Confessio Augustana zu sehen, deren Grundtendenz positiv ist. Jeder Artikel legt zunächst positiv die Glaubenslehre dar und grenzt sich gegen abweichende Lehrmeinungen ab. In dieser Intention endet der Beschluß des ersten Teils der Confessio Augustana. In Abgrenzung gegenüber der breiten reformatorischen Bewegung und in der positiven Darlegung der Summe der Lehre, welche in unseren Kirchen zu rechtem christlichem Unterricht und Trost der Gewissen und zur Besserung der Gläubigen gepredigt und gelehrt wird, wird in der Confessio Augustana als Quintessenz des Evangeliums die Rechtfertigung durch Christus allein aus Glauben gesetzt.

Gerade im zweiten Teil der Confessio Augustana setzen sich die Reformatoren mit den lehrmäßigen und nicht-lehrmäßigen Faktoren der Kirchenlehre und Kirchengestaltung auseinander. Als lehrmäßiger Faktor wird angesehen, was aus dem Evangelium stammt. Als nicht-lehrmäßige Faktoren werden das Kirchengesetz und die kirchlichen Bräuche verstanden.

Mit dieser Unterscheidung wird in der Confessio Augustana eine seelsorgerliche Absicht verfolgt, nämlich die Gewissen der Menschen nicht zu belasten. Den Menschen in den Dialog mit dem Evangelium zu bringen ist das Anliegen der Reformatoren.

b) Text aus der Confessio Augustana:
»Artikel, in denen die abgeschafften Mißbräuche behandelt werden.«

»Da die Gemeinden auf unserer Seite in keinem Glaubenssatz von der allgemeinen Kirche abweichen, nur einige wenige Mißbräuche beseitigen, welche neu und gegen die Absicht der Kirchengesetze im Laufe der Zeiten zu Unrecht eingeführt wurden, so bitten wir, Kaiserliche Majestät wolle gnädig anhören, sowohl was geändert worden, als auch warum es geändert wurde, damit nicht das Volk gezwungen sei, jene Mißbräuche unter dem Widerspruch des Gewissens einzuhalten. Und mögen Kaiserliche Majestät denjenigen nicht Glauben schenken, die, um den Haß der Leute gegen die Unsrigen zu schüren, erstaunliche Verleumdungen unter dem Volk ausstreuen. Auf solche Weise schufen sie gleich im Anfang Erbitterung bei wohlgesinnten Männern und verschuldeten damit diesen Streit; mit den gleichen Machenschaften versuche sie jetzt, die Zwietracht zu steigern. Denn Kaiserliche Majestät wird sich ohne Zweifel davon überzeugen, daß die Form der Lehre und der Gebräuche bei uns erträglicher ist, als schlechte und übelwollende Menschen es darstellen. Im übrigen läßt sich ja die Wahrheit aus dem Massengeschrei oder feindseligen Nachreden gar nicht erse-

hen. Aber leicht läßt sich verstehen, daß nichts zur Bewahrung der
Würde der Zeremonien und zur Erhaltung der Ehrfurcht und
Frömmigkeit im Volk mehr beiträgt, als wenn die Zeremonien in
den Gemeinden in der rechten Weise gehalten werden.«

Die Reformatoren betonen, daß sie nicht die Kirchenspaltung
beabsichtigen. Sie berufen sich auf den Kaiser. Ihm legen sie ihren
Glauben dar. Damit erkennen sie den Kaiser als oberste Instanz im
Reich an. Da die deutschen Kaiser als die Rechtsnachfolger der
römischen Kaiser galten, zu deren Aufgaben es gehörte, dem alten
römischen Recht auch zu ihrer Zeit Geltung zu verschaffen, bedeutete die Berufung auf das Nicaenische Bekenntnis mit der Anerkennung der Trinitätslehre nicht nur, daß die Protestanten Anspruch auf den katholischen Namen erhoben und den der Ketzerei
zurückwiesen, sondern daß sie damit zugleich auch nachweisen
wollten, daß sie auf dem Boden des geltenden Rechtes standen und
der Kaiser rechtswidrig handeln würde, wenn er die Evangelischen
von Reichs wegen unterdrücken und verfolgen wollte. Zum anderen war das Selbstverständnis der deutschen Kaiser, daß sie als
christliche Majestäten wohl wußten, was den christlichen Untertanen frommt. Sie sahen sich demnach verantwortlich für die kirchlichen Zustände.

Den Reformatoren ging es um eine sachliche Auseinandersetzung. Den rüden Ton, der damals üblich war, lehnten sie ab, weil
er nur die Emotionen der Zuhörer anspricht und jede sachliche
Diskussion verhindert. Das Anliegen der Reformatoren war es,
das Evangelium zum Mittelpunkt des kirchlichen Handelns von
Wortverkündigung und Sakramentsspendung zu machen. Aus
dem neuen Hören auf das Evangelium erwuchs die Kirche und
ihre Ausgestaltung. Das Wort Gottes entbindet inhaltliche Aussagen, die als »Lehre« die Verkündigung strukturieren und bestimmen. Es war die Rechtfertigungslehre, die die Verkündigung bestimmte. Der Vorrang des Hörens auf das in der Schrift bezeugte
Evangelium gegenüber aller institutionellen Gestalt und Tradition
der Kirche wurde von der lutherischen Reformation also nicht im
Sinne der Beanspruchung einer vermittlungslosen Unmittelbarkeit
zu Gott und nicht als Absage an die im Glauben zu verantworten-

der Gestalt von Kirche verstanden. Von der Mitte des Evangeliums her wurde die kirchliche Ausgestaltung bestimmt.

Dies forderte die Reformatoren auf, ihre Gestalt von Kirche zu zeigen. Es galt zur Geltung zu bringen und aufzuzeigen, weshalb in den evangelischen Territorien Bräuche abgeschafft wurden. Die kursächische Visitation hatte eine Kirchenform geschaffen. Deshalb beauftragte der Kurfürst von Sachsen, Johann der Beständige, die Theologen Luther, Melanchthon, Jonas und Bugenhagen ein Gutachten zu verfassen mit einer Darstellung der kirchlichen Mißbräuche, die man in den evangelischen Kirchen und Gemeinden abgeändert hatte. Weil diese Schrift in Torgau beraten und dort dem Kurfürsten von Sachsen ausgehändigt wurde, nannte man sie die »Torgauer Artikel«. Diese sieben Artikel wurden in der Confessio Augustana die Artikel 22–28.

In diesen Artikeln können wir – wie schon im historischen Rückblick erwähnt – lehrmäßige und nicht-lehrmäßige Faktoren feststellen, die zu ihrer Endredaktion beitrugen. Als »lehrmäßige Faktoren« gelten das Evangelium von Jesus Christus und die Rechtfertigungsbotschaft. Als »nicht-lehrmäßige Faktoren« gelten bei der Gestaltung des kirchlichen Lebens die Bräuche und Zeremonien. Im ersten Teil der Confessio Augustana (Artikel 1–21) sind die lehrmäßigen Faktoren gerade in Artikel 4 und 5 enthalten. Im zweiten Teil des Augsburger Bekenntnisses können wir eine Beschäftigung mit den »nicht-lehrmäßigen« Faktoren in den Artikeln 22–28 feststellen. Der zweite Teil setzt den Konsens mit dem ersten Teil voraus. Von diesem Konsens im Glauben nimmt das Augsburger Bekenntnis Stellung zu den umstrittenen Fragen der kirchlichen Ordnung. Gerade in Artikel 7 wird bereits angedeutet, was Kirche zur Kirche macht und wie dies die Gestaltung der Kirche bestimmt. Es wäre ein Mißverständnis von Artikel 7, wenn kirchliche Ordnungen und Gebräuche als theologisch irrelevant und beliebig in ihrer Handlung angesehen würden. Vielmehr ist es charakteristisch für die Confessio Augustana, daß die Lebensformen der Kirche dem Evangelium als dem zentralen theologischen Kriterium unterworfen werden.

Der zweite Teil des Augsburger Bekenntnisses beschreibt also nicht die einzig mögliche Gestalt von Kirche, die allein dem christlichen Glauben entsprechen würde, sondern überprüft die faktisch bestehende, vorfindliche Gestalt der Kirche. Es ist ein seelsorgerliches Anliegen der Reformatoren, die Gewissen der Gläubigen nicht mit unnötigen Zeremonien und Kirchengesetzen zu belasten, sondern zum wahren Glauben zu verhelfen. Die Kirche und die Kirchenbräuche haben Dienstcharakter bei der Weitergabe des Evangeliums.

c) Methode der Darstellung der Artikel 22–28.
Die Artikel werden soweit wie möglich unter einen Oberbegriff zusammengefaßt. Es wird versucht eine immanente Darstellung der Artikel zu geben. Die Bibelstellen werden genannt, die als Maßstab dienen. Gleichzeitig wird gezeigt, welche neue Kirchengestaltung sich aus dieser Methode entwickelt hat.

Aus diesem Grund sei nochmals ein Teil aus der Vorrede zitiert: »Weil in unsern Kirchen in keinem Glaubensartikel gegen die Heilige Schrift oder die allgemeine, christliche Kirche gelehrt wird, sondern nur einige Mißbräuche abgeschafft wurden, die teils im Laufe der Zeit von selbst eingerissen sind, teils mit Gewalt eingeführt wurden, sind wir genötigt, diese nun aufzuzählen und zu begründen, warum wir ihre Änderung geduldet haben.« Der Tenor dieser Vorrede zum zweiten Teil ist: daß nicht hierin unchristlich oder freventlich gehandelt worden sei, sondern in Übereinstimmung mit Gottes Gebot. Diese Tendenz hält die Confessio durch. Ihr Maßstab ist die Bibel, mit der sie das kirchliche Leben mißt.

Das Anliegen der Confessio Augustana ist klar, die Kirche wieder auf den Boden der Realität zurückzuführen und somit den ursprünglichen Charakter des Evangeliums herauszustellen: nicht als Gesetz, sondern als Evangelium.

2. Die Reform des Gottesdienstes

Artikel 22: Von beiderlei Gestalt des Abendmahls.

Artikel 24: Von der Messe.

Die Reformatoren befragen die Abendmahlspraxis der mittelalterlichen Theologie (Artikel 22). Dabei stellen sie fest, daß die Darreichung des Abendmahls unter der einen Gestalt des Brotes geschieht. Gegen diese »Laienkommunion« wenden sich die Reformatoren, weil durch sie dem Priesterstand gegenüber dem Laienstand ein Vorrecht eingeräumt wird und dies geschieht sichtbar durch das Trinken aus dem Kelch. Diese Praxis wurde von der mittelalterlichen Kirche auf dem IV. Laterankonzil in Rom 1215 als kirchlicher Lehrsatz beschlossen.

Gegen diesen »nicht-lehrmäßigen« Faktor in der Abendmahlspraxis berufen sich die Reformatoren auf den »lehrmäßigen« Faktor in Matthäus 26,27: »Trinket alle daraus« (1. Korinther 11,24–25). Die in der Bibel aufgezeigte Abendmahlspraxis ist der Maßstab für die Kritik an der mittelalterlichen Abendmahlspraxis. Auf die Kirchenväter können sich die Reformatoren in diesem Punkt auch berufen. Die mittelalterliche Kirche ist von der ursprünglichen Lehre der alten Kirche abgewichen. Somit wird auch ihre »Apostolizität« in Frage gestellt.

Der positive Ton der Abfassung des Artikels 22 wird deutlich. Gleichzeitig wird dargelegt, wie die Reformatoren das Abendmahl feiern gemäß »der Anordnung unseres Herrn Christus«. Diese Anordnung ist das Gebot, das die Gewissen der Gläubigen froh stimmt und nicht belastet.

Die Wiedereinführung der Abendmahlshandlung nach dem Einsetzungsbefehl Jesu Christi hat auch eine Neugestaltung des Gottesdienstes zur Folge. Zum anderen bedingt dies ein neues Gottesdienstverständnis. Davon berichtet Artikel 24. Der römisch-katholische Meßgottesdienst versteht sich als ein von der Gemeinde dargebrachtes Sühnopfer, in dem der ein für alle Mal am Kreuz auf Golgatha vollbrachte Opfertod Jesu in sakramentaler Gestalt in unsere Zeit und Geschichte hinein gegenwärtig gesetzt wird. Zwar betont die römisch-katholische Kirche die Einmaligkeit des Opfertodes Jesu Christi für uns, doch das katholische Meßopferverständnis zeigt, daß das Opfer Christi in unsere menschliche Verfügbarkeit gestellt wird.

Der Artikel 24 wendet sich gegen die Meßopfervorstellung der mittelalterlichen Kirche. Dabei geht es besonders um die irrige Auffassung: Christus habe durch sein Leiden zwar Genugtuung geleistet für die Erbsünde, die Messe aber eingesetzt als Opfer für die täglichen Tatsünden, und zwar für die schweren und die leichten. Dadurch verstärkte sich der Irrwahn im Volk, die Messe sei ein Werk, dessen Vollzug allein schon die Sünden der Lebendigen und der Toten tilge. Und so begann man darüber zu disputieren, ob eine Messe, die für viele gelesen wird ebensoviel nützt, als wenn für jeden einzelnen eine eigene gelesen wird. Diese törichte Streitfrage hatte eine starke Vermehrung der Messen zur Folge. Zu diesen Lehrmeinungen haben die Reformatoren betont, daß sie nicht mit der Heiligen Schrift übereinstimmen und die Herrlichkeit des Leidens Christi verletzen. Denn das Leiden Christi war ein Opfer und eine Genugtuung nicht nur für die Erbsünde, sondern auch für alle übrigen Sünden, wie im Hebräerbrief (10,10) steht: »Wir sind ein für allemal geheiligt worden durch das Opfer des Leibes Jesu Christi.« Ebenso: »Durch ein einziges Opfer brachte er die Heiligen für immer zur Vollendung!« (Hebräer 10,14).

Der Hauptanklagepunkt des Artikel 24 ist, daß man die Messe zu einem Opfer gemacht und dadurch Christus gering geachtet hat. Wenn die Lehre vom Meßopfer und dem Wirken des Sakraments »ex opere operato« wahr wäre, geschähe die Rechtfertigung nicht ex fide, sondern ex opere missae. Doch geht es im Gottesdienst darum, die Wohltaten Christi zu rufen, d. h. die Vergebung der Sünden zu empfangen im Glauben an Christus als den, der ein für alle Mal die Genugtuung geleistet hat. Vom Evangelium her wird also der Meßgottesdienst der mittelalterlichen Kirche durch Luther verändert. Er ersetzt den Opfergedanken der mittelalterlichen Messe durch die Rechtfertigungsbotschaft. Zwar folgt der lutherische Abendmahlsgottesdienst in seinem Aufbau dem äußeren Gang dieser Messe. Doch die Änderungen gegenüber dieser

geben ihm von seinem gestaltenden reformatorischen Grundsatz
her einen völlig neuen Gehalt.

Luthers Entdeckung, daß Gott dem Menschen alles schenkt,
bestimmt die Gottesdienstordnung. Die Gemeinde dankt Gott für
diese Wohltat.

3. Die Reform der Seelsorge

Artikel 25: Von der Beichte.

Der Artikel von der Beichte steht im Zusammenhang mit dem Heiligen Abendmahl. »Bei uns wird das Heilige Abendmahl nur denen gereicht, die vorher gebeichtet und die Sündenvergebung (»Absolution«) empfangen haben« (Artikel 25). Luthers Protest entzündet sich gerade am falschen Gebrauch des Bußsakraments. So war es nicht zufällig, daß er auf die Beichte sein besonderes Augenmerk richtete. Ihm ging es vor allem darum, den seelsorgerlichen Charakter der Beichte wieder herzustellen. Wer gebeichtet hatte, sollte als ein wirklich Getrösteter von dannen ziehen können. Von daher versuchte er die »nicht-lehrmäßigen« Faktoren im Beichtverhältnis auszumerzen. In der mittelalterlichen Beichtpraxis war es notwendig, alle Sünden aufzuzählen. Seit dem IV. Laterankonzil 1215 war sogar vorgeschrieben, einmal im Jahr zu beichten und dabei alle Sünden und Verfehlungen zu nennen. Bei dieser Beichtform empfand Luther ein ungutes Gefühl, denn wer kann alle Sünden aufzählen? Mit Hilfe des Bibelwortes Psalm 19,13: »Wer kann merken, wie oft er fehlet?« versuchte Luther auf die »nicht-lehrmäßigen« Faktoren dieser Beichtpraxis hinzuweisen.

Das Ungewisse an der mittelalterlichen Beichtpraxis war, daß der Beichtende nie gewiß war, ob er alle Sünden gebeichtet hat und so wirklich der Absolution sicher sein konnte. Gerade diesen »Gewissensfrieden« wollten die Reformatoren vom Evangelium her den Beichtenden zusprechen. Der Zuspruchcharakter der Vergebung soll nicht durch den Zwang zur Aufzählung aller Sünden verdeckt werden. »Dabei wird immer wieder darauf hingewiesen, wie tröstlich die Absolution ist, die Gottes und nicht eines Menschen Wort ist und an Gottes Statt und im Auftrag Gottes zugesagt wird, ... wie wenn Gottes Stimme selbst vom Himmel erschalle und die Sünde vergibt« (Artikel 25).

Luther will mit seiner Kritik an der mittelalterlichen Beichtpraxis nicht die Ohrenbeichte abschaffen. Ihm ging es nur darum, seine Mitchristen zum rechten Verständnis dessen zu bringen, was sie in der Beichte aussprechen und als Zuspruch empfangen. Doch dieser bewußte Mitvollzug der Beichte wurde während Luthers Abwesenheit – als er 1521 auf der Warthburg weilte – von den Wittenbergern nicht verstanden. Sie schafften die Beichte vor dem Abendmahl ab. Zu Weihnachten 1521 gingen Tausende ohne Beichte zum Tisch des Herrn. Diese Wittenberger Bewegung, die mit äußeren Reformen durchgreifen und manches abschaffen wollte, ohne den Sinn der Beichte zu verstehen, bewog Luther, sein Versteck auf der Wartburg zu verlassen, um nach Wittenberg zurückzukehren. Dort räumte er in den berühmten »Invocavitpredigten« kräftig mit den Veränderungen auf, die inzwischen eingeführt worden waren. Die letzte dieser Predigten widmete er der Beichte.

Ein neuer Abschnitt in der Geschichte der Beichte begann, als Martin Luther im Jahr 1524 die Beichte vor dem Abendmahl einführte. Dabei war die Beichte mehr eine Glaubenserforschung. Das Anliegen der Reformatoren war, in der Beichte das Evangelium als Gewissenstrost zu verkündigen. Dadurch sollte der Mensch zu neuem Leben befähigt werden. Denn in der Beichte geht es nicht nur um Gott und die Seele. Vielmehr kommt es auf die Nachfolge an, die im wirklichkeitsechten Gehorsam besteht und sich im Lebenszeugnis ausdrückt. So wie es Luther in der ersten der 95 Thesen von 1517 betont: »Da unser Herr und Meister, Jesus Christus, spricht: Tut Buße, will er, daß das ganze Leben seiner Gläubigen eine stete und unaufhörliche Buße sein soll.« Dieser Satz beinhaltet keinen Zwangscharakter, sondern ist ein Aufruf zum verantwortlichen Leben. Heute sehen die Christen deutlich, daß es zum Glauben gehört, Verantwortung zu übernehmen. Wenn Christen heraustreten aus dem Bezirk des »Nur-Individuellen«, dann meldet sich sofort auch das Problem der Schuld: das nichtgesagte Wort, das verweigerte Zeugnis, die unterlassene oder falsche Hilfe klagen an. Damit wird schon klar, daß die Sache »Beichte« nicht im Bereich des »Innerlichen« steckenbleibt. Wenn ein Mensch seine Sünde einem Mitmenschen gegenüber so schwer nimmt, daß es ihn zur Beichte drängt, dann hat er ihn als Menschen ernstgenommen. Das schließt aber ein, daß er sich selbst ernstnimmt als verantwortliches Wesen. Und das ist so wichtig in einer Zeit, in der der Mensch in der Gefahr ist, Sklave seines eigenen Geschöpfes, der Maschine, zu werden und gar nicht mehr eigentlich ein Ich zu sein, sondern nur noch das Zentrum von Reizwirkungen.

Wenn von der Beichte gesprochen wird, dann ist doch dies gemeint: weil der Mensch Gott gehört, ist er ihm mit seinem ganzen Leben verantwortlich. Was er tut, denkt, unterläßt, alles geschieht vor Gott, auch das, was er scheinbar nur »unter sich« abmacht. Die Beichte lädt ein zu Gott zu sprechen: »Vater, ich habe gesündigt gegen den Himmel und vor dir« (Lukas 15,21), weil Gott sich in Christus gnädig erweist. Gott erlaubt dem Menschen, daß dieser ihm seine Schuld sagt, und er sagt zu, daß er sie ihm vergibt. Bekenntnis der Sünde und Vergebung sind die beiden Inhalte der Beichte.

4. Die Reform des christlichen Lebens

Artikel 26: Von kirchlichen Vorschriften.
Artikel 27: Von Klostergelübden.
Artikel 23: Vom Ehestand der Priester.

Der christliche Glaube prägt das Leben. Im Mittelalter verstand man darunter einen Lebensstil, dessen idealste Verwirklichung nur in einer Klostergemeinschaft möglich war, weshalb die Klöster zu Stätten dieses Lebens wurden. In ihnen konnten die Menschen die Nachfolge Christi leben. Dabei ging es um die Konkretisierung der Gemeinde Jesu in einer verpflichtenden Lebens- und Dienstgemeinschaft unter dem Evangelium aus dem Geiste Jesu heraus. Wesentlich ist ihnen die stete Verfügbarkeit im Dienste Jesu, die stete ungehinderte Einsatzbereitschaft für sein Reich. Aus diesem Grund willigte sie in eine »unbürgerliche« Verwirklichung der Jesusnachfolge ein, d. h. sie strebten keine eigene Familiengründung an und blieben besitz- und ehelos.

Dieser Idealzustand konnte nicht durchgehalten werden. Neben den Grundprinzipien Gehorsam, Ehelosigkeit und Armut entwikkelte sich im Laufe der Jahrhunderte eine Eigengesetzlichkeit im Mönchsideal als Zustand der Vollkommenheit. So glaubten viele, durch den Mönchsstand den Weg der Seligkeit zu erlangen. Gerade diese Gesetzesfrömmigkeit führte weg von den evangelischen Räten. Wieder ist zu beobachten, wie nicht-lehrmäßige Faktoren das christliche Ideal verändern. Gerade die Reformatoren lehnten das Mönchstum ab. Martin Luther wählte den Mönchsstand als einen Weg zur Seligkeit. Doch die Verwirklichung war mit so vielen Nebenbedingungen verbunden. Deshalb lehnte Luther diesen Weg ab. Mit seiner Kritik hatte er eine Lebensform zerstört. Gleichzeitig aber riß er die Mauer zwischen Mönchsstand und Laienstand ein. Luther sah im Mönchstum eine Verfälschung der Schöpfungsordnung Gottes. Der Mönchsstand hatte zu einer Geringschätzung der weltlichen Berufe geführt. Demgegenüber betonte Luther, daß in der alltäglichen beruflichen Arbeit Gottes Auftrag ausgerichtet werde. Wenn Luther und das Augsburger Bekenntnis in diesem Zusammenhang von »Ständen« sprechen

(CA 27), dann meinen sie damit nicht die unterschiedlichen Klassen oder sozialen Schichten einer Klassengesellschaft, die Trennmauern zwischen den Menschen aufrichten. Sie verstehen darunter vielmehr den menschlichen Standort in der Welt, an dem der Mensch mit Ernst im Glauben und Gehorsam gegen Gottes Gebote verwiesen ist. Das geschieht in den Tätigkeiten des beruflichen Lebens ebenso wie in der Hingabe, mit der er in sonstigen Gebieten des weltlichen Alltagslebens zu wirken hat. Wie der Glaube das Alltagsleben durchdringt zeigt sich an folgendem Zitat: »Um ein grobes Exempel zu geben: bist du ein Handwerksmann, so ist die Bibel in deine Werkstatt gelegt, in deine Hand, in dein Herz und lehrt dich und predigt dir vor, wie du dem Nächsten tun sollst. Sieh dein Handwerkszeug, deine Nadel, deinen Fingerhut, dein Bierfaß, deine Handelsware, deine Waage, deine Elle und dein Maß an – überall ist dieser Spruch darauf geschrieben, nirgends kannst du hinsehen, wo er dir nicht in die Augen fiele; kein Ding, mit dem du täglich umgehst, ist so gering, daß es dir nicht ohne Unterlaß diesen Spruch sagte, wenn du es nur hören willst. Am Predigen mangelt's hier nicht; denn du hast so viele Prediger, als du Handel, Ware, Handwerkszeug und andere Gerätschaft in Haus und Hof hast, das schreit alles zusammen dir zu: Lieber, handle mit mir gegen deinen Nächsten so, wie du wolltest, daß dein Nächster mit seinem Gut gegen dich handeln sollte.« Luther wollte das ganze Leben vor Gott sehen und nicht eine religiöse Sonderstellung des Lebens.

In CA 26 wenden sich die Reformatoren gegen die Speisegebote, die von Menschen eingeführt wurden und die Gnade Christi und den Glauben verdunkeln. Vielmehr wird das öffentliche Leben von den Reformatoren als Gottesdienst gesehen, und zwar vom Verständnis der Rechtfertigung in CA 4. Gottes Gnadengeschenk in Christus ist die Botschaft der Rechtfertigung. Deshalb braucht sich ein Mensch nicht mehr durch Werke – Klosterleben – vor Gott zu rechtfertigen. Von der rechtverstandenen christlichen Freiheit her kann er nur wirken im öffentlichen Leben. Die Rechtfertigungsbotschaft ist der Maßstab, um bei der christlichen Lebensgestaltung zwischen lehrmäßigen und nicht-lehrmäßigen Faktoren zu unterscheiden. Die Auswucherung des Klosterlebens wird als nicht-lehrmäßiger Faktor gesehen.

Grundsätzlich war Luther nicht gegen das Klosterleben. Er schätzte es als Möglichkeit des gemeinsamen christlichen Lebens. In einem Brief an die Brüder vom gemeinsamen Leben in Herford hat Luther folgendes geschrieben, indem er sich positiv über ihr gemeinsames Leben aussprach, ihnen zuredete beisammenzubleiben und am Anfang des Briefes sogar meint: »Möchten doch einige solcher Klosteranstalten auch in unserer evangelischen Kirche vorhanden sein!« Die Reformatoren antworteten 1536 in den »Wittenberger Artikeln« auf die Bitte des Königs von England, in Sachen des Fortbestehens der Klöster ein Urteil abzugeben, man sollte sie bestehen lassen. Nur aller Zwang und der falsche, unheilige Gottesdienst müßte in Wegfall kommen. Sie könnten Pflanzschulen frommen, liturgischen Lebens sein. Auch in der Apologie zur Augsburger Konfession wird im Artikel 4 die Möglichkeit des mönchischen Lebensstils ins Auge gefaßt. »Die großen Mönche«, heißt es dort, »glaubten nicht in Anrechnung dieser ihrer besonderen Übungen vor Gott gerecht zu werden, sondern allein durch den Glauben um Christi willen.

Aber die Menge nach ihnen hat nicht den Glauben dieser Väter nachgeahmt, sondern ihr Beispiel ohne den Glauben. »In diesem Sinne verstanden die Reformatoren den Sinn der Klöster. Sie wollten alle nicht-lehrmäßigen Faktoren aus dem Klosterleben ausklammern. Deshalb betonen sie auch im Artikel 26: Das darf jedoch nicht dahin mißverstanden werden, als lehnten wir alle recht verstandene geistliche Zucht und Askese ab ... Wir haben vielmehr stets bezeugt, daß der Christ willens sein muß, das heilige Kreuz zu erleiden und seinen Leib – etwa durch Fasten – in Zucht zu nehmen, damit wir keine Ursache zur Sünde geben ... Darum verwerfen wir auch nicht das Fasten selbst, sondern nur seinen Mißbrauch als verdienstvolles und auf bestimmte Zeiten festgelegtes Werk.« Das rechte Verständnis des Klosterlebens wollten die Reformatoren herausarbeiten. Sie sahen das Klosterleben als eine Möglichkeit des christlichen Lebens und sprachen sich entschieden dagegen aus, als sei dieses etwas Besonderes.

Der Artikel 27 von den Klostergelübden zeigt noch deutlicher, wie die Reformatoren an Hand des Artikels 4 zwischen lehrmäßigen und nicht-lehrmäßigen Faktoren im Klosterwesen unterscheiden. Gerade gegen die Überbetonung des Klosterwesens als einen Stand der Vollkommenheit sprechen sich die Reformatoren aus. Diese Ständelehre wurde durch die Reformation zerbrochen. Gerade vom lehrmäßigen Faktor der Rechtfertigung her kritisieren die Reformatoren das Klostergelübde und weigern sich, diese mit der Taufe gleichzusetzen. Selbst Luther hat diese Gleichsetzung erfahren; denn nach der Ablegung des Mönchsgelübde wurde er von seinem Prior und den Mitmönchen seines Klosters beglückwünscht, daß er »nun wäre wie ein unschuldiges Kind, das jetzt rein aus der Taufe käme.«

Die Reformatoren sehen durch die Eigengesetzlichkeit des Klosterlebens die Gerechtigkeit des Glaubens in Frage gestellt. Das Heilswerk Christi wird gemindert. »Denn sie rauben Christus, der allein gerecht macht, die Ehre und geben diese Ehre ihren Gelübden und dem Klosterleben« (CA 27). Alles was nicht durch die Gebote Gottes begründet ist, ist menschliches Werk und somit neues Gesetz, das den Menschen belastet und die freimachende Gnade Gottes verdunkelt.

Die Reformatoren sprechen sich gegen die Eigengesetzlichkeit des Klosterlebens aus, denn daraus erwächst eine Selbstgerechtigkeit und Selbstherrlichkeit des Menschen. Die innere Haltung des Menschen vor Gott sich zu beugen wird im Klosterleben – wenn es nicht richtig praktiziert wird – verkehrt. Deshalb müssen die Reformatoren schreiben: »Das Klosterleben ist auch keineswegs der Stand der Vollkommenheit« (CA 27). Mit ihrer Kritik am Klosterleben möchten die Reformatoren die entstandene Kluft zwischen geistlichem und weltlichem Stand abbauen. Die Reformation hat das ganze gesellschaftliche Leben betroffen. Die mittelalterliche Welt mit ihrer Hierarchie wurde in Frage gestellt. Gerade das Klosterleben als eine Möglichkeit dieses Lebens wurde angegriffen. Die Reformation hat die Verengung des christlichen Lebens durch die mittelalterliche Kirche im Klosterleben gesehen und aufgebrochen, das ganze Leben aber unter Gott gestellt und das öffentliche Leben als einen Gottesdienst bezeichnet. Deshalb beschreibt Artikel 27 diese Erkenntnis so: »Weil so viele gottlose Meinungen und Irrtümer mit den Klostergelübden verbunden sind, ... erachten wir sie für null und nichtig.«

Die Frage wirft sich auf: Was haben die Reformatoren positives für das gesellschaftliche Leben herausgestellt?

a) Das Berufsleben wurde aufgewertet. Die Wiederentdeckung der »religiösen« Würde der weltlichen Arbeit und der Eigenwertigkeit der weltlichen Berufe sind von bleibender, grundlegender Bedeutung der Reformation (CA 27).

b) Die christliche Ethik wurde nicht nur für das Klosterleben bestimmt, sondern auch für das öffentliche Leben. Die Reformatoren lehnen es ab, neben den Zehn Geboten darüber hinaus die Verdienst erwerbenden »evangelischen Räte« zu befolgen, wie etwa freiwillige Armut, Keuschheit, Gehorsam. Die Reformatoren verstehen darunter vielmehr den jeweiligen Standort/Platz in der Welt, an dem der Mensch den Ernst seines Glaubens und Gehorsams gegen Gottes Gebote erweise (CA 27).

c) Der eheliche Stand sei von Gott eingesetzt (CA 23).

Die Reformatoren sehen in der Ehe eine Schöpfungsordnung. Die Ehe ist nicht nur eine gegenseitige Bindung von Mann und Frau, die allein auf dem Willen beider beruht und so, wie sie mit gegenseitiger Zustimmung eingegangen wurde, auch jederzeit wieder von ihnen gelöst werden kann. Die Ehe ist vielmehr eine Bindung beider Ehegatten an die ihnen vorgegebene Ordnung des in Gottes Willen begründeten »Ehestandes« (1. Mose 2,24; Matthäus 19,5 f.; Epheser 5,31).

Deshalb sprechen sich die Reformatoren gegen die kirchenrechtlich geforderte Ehelosigkeit der Priester (Zölibat) aus. Das Zölibat geht in das 3. Jahrhundert zurück, wo sich ein Verbot des Eheschlusses für Bischöfe und Priester nach dem Empfang der Weihe bereits als Gewohnheitsrecht herausbildete. Seit dem 4. Jahrhundert wurde die Forderung der Ehelosigkeit vom Mönchstum auch auf den Weltklerus übertragen und in kirchlichen und weltlichen Gesetzen immer wieder erhoben. Die Durchführung eines allgemeinen Eheverbotes für sämtliche

Priester stieß jedoch bis in das Mittelalter hinein, besonders im Abendland weithin auf große Schwierigkeiten. Noch die scharfen Zölibatsgesetze von Papst Gregor VII. (1073–1085), die die Amtshandlungen verheirateter Priester für ungültig erklärten und die Laien zum Aufstand gegen solche Priester aufriefen, fanden heftigen Widerstand, so daß wir in Deutschland noch im 12. Jahrhundert verheiratete Priester in großer Zahl finden. Die herangezogenen Bibelstellen Matthäus 19,12; 1. Korinther 7,7 und 8,32–34+38 sind kein Beweis für Ehelosigkeit, sondern Mittel »stetig und unverhindert dem Herrn diesen zu können«. Darin ist keine Abwertung der Ehe enthalten, vielmehr eine Empfehlung des Apostels Paulus und eine Zielrichtung, wem nun die Ehelosen unterstehen.

Die Reformatoren haben den christlichen Glauben, der das Leben bestimmte, von den »nicht-lehrmäßigen« Faktoren befreit. Es galt die Freiheit des Evangeliums zu predigen und nach ihm zu leben, ohne ein neues Gesetz aufzurichten. Gerade die Gesetzlichkeit der mittelalterlichen Kirche in ihrer praktischen Frömmigkeit sahen die Reformatoren als Belastung des Lebens an.

Von der Rechtfertigung Artikel 4 versuchen die Reformatoren auch das öffentliche Leben neuzugestalten. Die Botschaft der Rechtfertigung läßt die Welt als Schöpfung Gottes erscheinen, in der der Mensch zu einem verantwortlichen Leben aufgerufen ist. Das Besondere und von bleibendem Wert ist, daß nicht ein Stand – so der Mönchsstand – als heilig anerkannt wird, sondern, daß das ganze Leben in der weltlichen Ordnung als Gottesdienst angesehen wird.

5. Die Reform der kirchlichen Gewalt

Artikel 28: Von der Gewalt der Bischöfe.
Die mittelalterliche Kirche hatte eine hierarchische Verfassung.
An der Spitze stand der Papst. Die Verflochtenheit des Papsttums
mit der weltlichen Macht und den damit verbundenen Machtansprüchen brachte das Papsttum und mit ihm die Kirche in Miskredit. Immer wieder wurde das Papsttum Ziel von Angriffen. Martin
Luther sah im Papst den Anti-Christ.

In den Artikel 28 hätte demnach eine Ablehnung des Papsttums
gehört. Daß dies nicht in das Augsburger Bekenntnis aufgenommen wurde, ist nur Melanchthons friedlichem Charakter und seinem Streben nach Einheit zu verdanken. Denn eine Ablehnung des
Papstes hätte in Augsburg 1530 die Kirchenspaltung zur Folge
gehabt. Dies wollte aber keiner.

Das Augsburger Bekenntnis verfolgt eine versöhnliche Absicht.
Es ist jedoch klar, daß der Artikel 28 in seiner Lehre von den
Grenzen der bischöflichen Befugnisse trotzdem eine Ablehnung
des Papstes impliziert. Ein Papst, der allein durch das Wort wirkt,
dem man um der Liebe willen gehorcht und der kein Recht hat, für
die Kirche Gesetze mit göttlicher Autorität zu erlassen, ist ziemlich undenkbar. Wäre dem aber so, dann würde er unter dieser
Voraussetzung akzeptiert werden können. In diesem Zusammenhang sei darauf aufmerksam gemacht, daß Melanchthons »Tractatus de potestate et primatu papae« als eine Ergänzung zur Confessio Augustana anzusehen ist.

Doch der Artikel 28 beschränkt sich auf die bischöfliche Gewalt. Wiederum wird in diesem Artikel nach dem bewährten Beurteilungsmaßstab verfahren: das Problem wird benannt und dann
wird aufgezeigt, wie es eigentlich nach dem Glauben in der Wirklichkeit zugehen soll.

Die Reformatoren lehnen die Vermengung von geistlicher und
weltlicher Macht bei den Bischöfen ab, weil dies »zu blutigen
Kriegen, Aufruhr und Empörung« geführt hat (Artikel 28). Deshalb wird vom biblischen Auftrag her das geistliche Amt in seinem
Inhalt neu bestimmt. Das geistliche Amt leitet sich aus dem Auf-

trag der Evangeliumsverkündung und der Sakramentsverwaltung ab. Das geistliche Amt hat zur Aufgabe: Wortverkündigung, Sakramentsspendung und Sündenvergebung.

Das Amt selbst hat die Aufgabe, für die rechte Lehre zu sorgen. Maßstab dafür ist die Rechtfertigungsbotschaft Artikel 4, wobei sich die Reformatoren mit aller Macht gegen die »nicht-lehrmäßigen« Faktoren im Amtsverständnis wehren. Deshalb haben die Bischöfe keine Vollmacht, etwas anzuordnen, das gegen das Evangelium ist.« Die christliche Freiheit gilt es zu wahren. Dafür haben die Amtsträger zu sorgen. Dies sehen die Reformatoren als vordringliche Aufgabe ein. Als zweite Aufgabe steht den Amtsträgern zu, für die Ordnung in der Kirche zu sorgen (CA 28).

CA 28 gesteht sogar den Gemeinden zu, daß sie sich gegen die Pfarrer aussprechen können, die schrift- und bekenntniswidrig lehren. Hier wird Luthers Gedanke aus seiner Schrift von 1523 »Daß eine christliche Versammlung oder Gemeine Recht und Macht habe, alle Lehre zu beurteilen und Lehrer zu berufen, ein- und abzusetzen: Grund und Ursach aus der Schrift« aufgenommen. Die lutherische Kirche mißt die Schriftgemäßheit ihres Wesens und Auftrages ausschließlich am Maßstab der Rechtfertigungsbotschaft (CA 4). Immer wieder wird die Frage gestellt, ob die Botschaft und das Angebot der Gnade Gottes in Jesus Christus an die Welt durch ihre verfaßte Gestalt und die in ihr geltende Ordnungen beschnitten und verdunkelt und so die Gewissen ihrer Glieder belastet werden oder nicht? Die geschichtliche Ausgestaltung der Kirche wird somit einer immerwährenden Reformation unterzogen, um die kirchlichen und gemeindlichen Ordnungen den jeweiligen Erfordernissen entsprechend neu zu gestalten.

CA 28 spricht sich gegen eine Vermengung von geistlichen und weltlichen Ämtern aus. Das geistliche wie auch das weltliche Amt sind nur insofern aufeinander bezogen, als sie beide im Willen Gottes begründet sind und Gott in beiden durch Menschen handelt. Eine Vermengung beider Ämter ist nicht erlaubt, indem eine Herrschaft Aufsichtsrecht oder Weisungsbefugnis über die dem anderen eigentümliche Aufgabe fordert oder den Auftrag und die Handlungsmittel des anderen für sich selbst beansprucht.

Der Staat darf die Ausübung der Kirche nicht lenken. Andererseits darf sich die Kirche nicht der Machtmittel des Staates bedienen um Evangelium zu verkündigen und Sakramente zu verwalten. Der Gehorsam gegenüber dem geistlichen Amt findet seine Grenze am Gebot Gottes. Diese Grenze ist für das geistliche Amt abgesteckt durch den ihm von Gott anvertrauten Auftrag der unverkürzten und unverfälscht lauteren Verkündigung des Evangeliums von der Heilsgnade Gottes in Jesus Christus und der daraus geschenkten Freiheit des gerechtfertigten Sünders vom Gesetz. Dieser Auftrag darf nicht verhindert oder unterbunden werden.

Es gibt kein nebeneinander von Kirche und Staat. Sie haben dienende Funktion. Daraus eröffnet sich für die Kirche der Blick auf das Politische als unabtrennbares Element des christlichen Lebens in der Welt. Der Staat kann sich selbst nicht überlassen werden, weil ein entarteter Staat auch das menschliche Leben bedroht. Rudolf Smend hat diesen Zusammenhang 1951 so ausgedrückt: »Der Dämonisierung aller Lebensbereiche im totalen Staat hatte die Kirche den universalen Anspruch der Königsherrschaft Christi entgegenzusetzen – der allgemeinen Not die umfassende kirchliche Diakonie . . . – dem Versagen des Staates, einerlei ob infolge seiner Machtlosigkeit, seines Irregeleitetseins oder seiner Unzuständigkeit, die kirchliche Hilfe, Mahnung, Intervention« (Smend: Staat und Kirche S. 416).

Die Personen, die die Confessio Augustana vorlegen, sind die weltlichen Obrigkeiten: einige Territorien innerhalb des Reiches, fünf Fürsten und zwei freie Reichsstädte. Durch die Einführung der Reformation sind sie zum Teil in eine schwierige Rechtslage gekommen. Durch die kirchlichen Visitationen, die durch die weltlichen Obrigkeiten jener Territorien in Gang gesetzt und durchgeführt wurden, sind im kirchlichen Gemeindeleben und vor allen Dingen auch im Frömmigkeitsleben mannigfache Veränderungen hervorgerufen worden, vor allem im Blick auf jene Mißbräuche, die in der Confessio Augustana Artikel 22–28 beschrieben sind.

Die ersten Umrisse eines landesherrlichen Kirchenregimentes zeichnen sich bereits ab. Damit war eine neue Rechtsfrage aufgebrochen. Denn nun tragen die Fürsten und Bürgermeister die die Confessio Augustana dem Kaiser überreichen und im Reichstag verlesen lassen, eine rechtliche Verantwortung für das, was in ihren Kirchen gelehrt und reformiert wird.

In Augsburg ging es darum, daß die Lehrartikel anerkannt werden und zugleich die Beseitigung von kirchlichen Mißbräuchen. Kanzler Brück betonte, daß es sich in der Confessio Augustana keineswegs nur um Sicherung einer territorialrechtlichen Position handelt, sondern vor allem um die »eine einige christliche Wahrheit« (Vorrede der Confessio Augustana).

In der Confessio Augustana sprechen die weltlichen Obrigkeiten der in Frage kommenden Territorien stellvertretend für die Pfarrer. Dabei wird betont, daß ihr Glaubensbekenntnis ihr persönliches Glaubensbekenntnis ist. Diese Gewissensfreiheit betont die Confessio Augustana immer wieder in den einzelnen Artikel.

6. Beschluß des Augsburger Bekenntnisses

»Wir haben die Artikel aufgezählt, über die offenkundig Streit ist. Natürlich hätten noch viel mehr Mißbräuche zur Sprache kommen können, aber wir haben, um unnötiger Länge zu vermeiden, nur die Hauptfragen besprochen. Es gab große Klagen wegen der Ablässe, der Wallfahrten, des Mißbrauches der Exkommunikation. Die Pfarrgemeinden litten vielfach unter der Plage der Almosenprediger. Endlose Streitereien gab es zwischen Pfarrern und Mönchen wegen der pfarrlichen Rechte, wegen des Beichthörens, wegen der Begräbnisse und wegen tausend anderer Dinge. Diese Angelegenheiten übergingen wir; dafür sollte das, was in dieser Sache wirklich wichtig ist, kurz dargelegt werden, damit es um so leichter zu verstehen sei. Und es wurde hier nichts gesagt oder aufgezählt, um jemanden zu beschämen! Nur das wurde vorgebracht, was zu sagen notwendig erschien, damit man begreifen könne: Bei uns gilt weder in der Lehre noch in den Zeremonien etwas, was der Heiligen Schrift oder der allgemeinen Kirche entgegensteht. Denn es liegt klar zutage, wie sorgfältig wir uns gehütet haben, daß sich nicht neue gottlose Glaubenssätze bei uns in die Kirche einschlichen.

Diese hier verzeichneten Sätze haben wir überreichen wollen nach dem Erlaß kaiserlicher Majestät, damit in ihnen unser Bekenntnis vorliege und man die Summe der Lehre unserer Prediger daraus ersehen könne. Sollte in diesem Bekenntnis etwas vermißt werden, so sind wir bereit, so Gott will, weitere Auskunft nach der Heiligen Schrift zu geben. Eurer kaiserlichen Majestät untertänigste gehorsame: Johannes, Herzog von Sachsen, Kurfürst
Georg, Markgraf von Brandenburg
Ernst, Herzog von Lüneburg
Philipp, Landgraf von Hessen
Johann Friedrich, Herzog von Sachsen
Franz, Herzog von Lüneburg
Wolfgang, Fürst von Anhalt
Bürgermeister und Rat von Nürnberg
Rat von Reutlingen«

C) Die Aktualität des Augsburger Bekenntnisses

I. Die innerkirchliche Bedeutung

1. Das Bekenntnis ist eine Antwort auf die Herausforderung der Kirche durch die Zeit. Die Kirche muß immer Rede und Antwort stehen, weil sie keine eratische Größe ist, sondern eine lebendige Gemeinde.

Das Bekenntnis ist das Ergebnis des Hörens auf das in der Schrift bezeugte Evangelium gegenüber aller institutioneller Gestalt und Tradition der Kirche.

In der Freude an der klar artikulierten Wahrheit lebt der Glaube. Im Bekenntnis der Kirche ist die Lehraussage formuliert, die die Gemeinden und ihre Prediger kommunikativ beansprucht. Eine Bekenntnisaussage steht nicht als anzuerkennende Wahrheit an sich da, sondern will gerade durch ihren Inhalt die Perspektive des angemessenen Hörens auf die Schrift angeben und so auch die Gemeinde urteilsfähig machen, das Wort des Evangeliums von anderen Stimmen zu unterscheiden.

2. Das Augsburger Bekenntnis ist eine kirchlich verbindliche Lehre. Die Concordien-Formel sagt dies so: für die beständige Einheit der Kirche wird die Formulierung einer Summe der gemeinsamen Lehre für notwendig gehalten. Quelle dieser Lehre ist die Bibel als alleinige Regel und Richtschnur. Für die rechte Auslegung wird das Glaubensbekenntnis herangezogen. Bekenntnisse werden nicht gemacht, sondern sind Ausdruck des Glaubens in einer konkreten Notsituation der Kirche. Die Bekenntnisse sind demgegenüber Wahrheitszeugnisse des göttlichen Evangeliums in der Schrift angesichts bestimmter Herausforderungen und Bestreitungen. Als Auslegung der Schrift sind sie deshalb zugleich Hilfe für den Zugang der Schrift.

3. Das Augsburger Bekenntnis ist die Gesamtdarstellung des christlichen Glaubens.

4. Das Augsburger Bekenntnis will die Einheit der Kirche. Es

verbindet die Grundanliegen von Einheit und Erneuerung der Kirche. Das bedeutet, daß das Bekenntnis universal verstanden werden will.

Das Augsburger Bekenntnis wollte die anstehenden Streitfragen
auf einem allgemeinen Konzil klären lassen. Es weist damit voraus
auf das konziliare Bemühen gleichberechtigter Partner um die Einheit der Kirche.

Deshalb ist das Augsburger Bekenntnis auch heute noch
Grundlage des ökumenischen Gespräches. In ihrem Grundanliegen geht die Confessio Augustana auf die Bibel zurück und prüft
die kirchlichen Aussagen auf ihre Übereinstimmung mit der Bibel.
In ihren Aussagen ist die Confessio von 1530 positiv.

II. Die ökumenische Bedeutung

Vor dem Jubiläum »450 Jahre Augsburger Bekenntnis 1980« wurde die Frage nach der Anerkennung der Confessio Augustana durch die römisch-katholische Kirche laut. Der Wunsch nach Einheit der Kirchen wurde wieder angesprochen. Über den Graben der Spaltung sollte eine Brücke der Verständigung geschlagen werden. Der Wille dazu entspringt nicht nur dem Bemühen zur Lösung eines Problems, sondern ist auch getragen von dem seelsorgerlichen Anliegen Menschen zu helfen, die unter der Kirchenspaltung in einer Mischehe leiden. Folgende Bücher geben Aufschluß über das Bemühen der Vertreter aus der römisch-katholischen und protestantischen Kirche: »Confessio Augustana: Hindernis oder Hilfe?« Heinrich Fries, ... u. a., Regensburg, Pustet-Verlag, 1979. »Katholische Anerkennung des Augsburgischen Bekenntnisses? Ein Vorstoß zur Einheit zwischen katholischer und lutherischer Kirche« Harding Meyer, ... u. a., Verlag Otto Lembeck u. Josef Knecht, Frankfurt/Main 1977.

Es ist lobenswert, wenn der Dialog zwischen den Kirchen wieder aufgenommen wird, auch wenn dies mehr unter »dogmatischen und historischen Gesichtspunkten« geschieht. So ein Dialog kann etwas Befreiendes haben, endlich einmal miteinander zu reden. Gewiß sind 450 Jahre seit 1530 vergangen. Die Kirchenspaltung hat zwei verschiedene Kirchen entstehen lassen. Gibt es noch Gemeinsamkeiten, oder sind die Gegensätze schon so gravierend, daß eine gemeinsame Basis nicht gefunden werden kann?

Zunächst müssen wohl die Gemeinsamkeiten aufgezeigt werden. Dann erst werden die Unterschiede aufgezählt.

Über grundlegende Fragen der christlichen Theologie, wie z. B.: Dreifaltigkeitslehre (Trinität), Gottheit Christi, Realpräsenz, Buße, Taufe besteht heute kein Unterschied zwischen Katholiken und Protestanten. Auch über den Komplex Erlösung-Willensfreiheit-Gnade sowie das »sola fide«-Problem herrscht eine erstaunliche Zustimmung von allen Seiten.

Nur in den ekklesiologischen Fragen nach Kirche und Amt (Papst, Bischof, Priester) und der Heiligenverehrung ist erwartungsgemäß ein breiter Graben in den Ansichten der beiden Kirchen zu bemerken. Gerade die Frage nach der Stellung des Papstes läßt die Unterschiede deutlich werden.

Ein Gespräch benötigt eine Mitte. Gerade das Glaubensgespräch beider Kirchen muß einen Konsens in Glaubensansichten haben, um von dieser Mitte her zu argumentieren und immer wieder die eigene Position kritisch zu hinterfragen. Nur wenn dieser gemeinsame Konsens in Glaubensfragen gefunden wird, hat der Dialog auch Erfolge aufzuweisen.

Das Augsburger Bekenntnis wollte 1530 auf die damaligen religiösen Fragen eine Antwort geben. Das Bekenntnis war damals nicht das Bekenntnis einer Konfessionskirche, sondern der Ausdruck einer innerkirchlichen Reformbewegung, die für die Zeit verbindlich den Glauben und die Kirchengestalt aussprechen wollte. Das Augsburger Bekenntnis verstand sich als Bekenntnis der gesamten damaligen westlichen Kirche.

Mit diesem Selbstverständnis tritt das Augsburger Bekenntnis auf dem Reichstag zu Augsburg 1530 auf. Die Confessio Augustana vertritt den »magnus consensus« der Kirchenlehre. Dies wird deutlich in der Vorrede. Was in den durch die Reformation geordneten Gemeinden gepredigt wird, wird vor Kaiser und Reich dargelegt. Die Confessio Augustana weiß sich in der kirchlichen Tradition; denn sie beruft sich auf Bibel und Kirchenväter.

»Magnus consensus« bezieht sich nicht auf eine bestimmte Konfessionskirche, sondern er soll vielmehr hervorheben, daß reformatorische Lehre und Predigt das eine gemeinchristliche Evangelium darbieten und verkündigen beziehungsweise wieder in Kraft setzen müssen, wenn nicht Kirchen und Gemeinden ihre Identität verlieren sollen. Das Augsburger Bekenntnis bestimmt, was »magnus consensus« ist in Artikel 5: »Das Evangelium lehrt, daß wir durch Christi Verdienst und nicht durch unsere Verdienste einen gnädigen Gott haben, wenn wir dieses glauben«. Die Entfaltung dieses Satzes geschieht in der Lehre, in dem dieser Satz im ständigen Rückgriff auf das Wort der Bibel vorgenommen wird. Diese Aufgabe ist jeder christlichen Gemeinde gestellt. Denn der Begriff der Kirche ist von diesem ihrem Auftrag her verstanden, wie es in

Artikel 7 heißt: »Es wird auch – im magnus consensus – gelehrt, daß allezeit die eine heilige christliche Kirche sein und bleiben muß. Sie ist die Versammlung aller Gläubigen, bei denen das Evangelium rein gepredigt und die heiligen Sakramente dem Evangelium gemäß dargereicht werden. Denn das genügt zur wahren Einheit der christlichen Kirche, daß das Evangelium einmütig im rechten Verständnis verkündigt und die Sakramente dem Wort Gottes gemäß gefeiert werden.«

Durch die Wahrheit des Evangeliums, die im Konsens gepredigt und gelehrt wird, ist also die Einheit der Kirche begründet. Die Einheit ist somit vorgegeben im Evangelium und muß nicht gesucht werden. Die Mitte der Schrift ist Christus. Die Frage nach der Mitte der Kirche wurde bereits in der Urkirche gestellt. Der Apostel Paulus hat bereits im ersten Korintherbrief gegen die Spaltung angekämpft. 1. Korinther 1,10–18: »Ich (Paulus) ermahne euch aber, liebe Brüder, durch den Namen unsers Herrn Jesu Christi, daß ihr allzumal einerlei Rede führet und lasset nicht Spaltungen unter euch sein, sondern haltet fest aneinander in einem Sinne und in einerlei Meinung. Denn es ist vor mich gekommen, liebe Brüder, durch die aus Chloes Gesinde von euch, daß Zank unter euch sei. Ich sage aber davon, daß unter euch einer spricht: Ich bin paulisch, der andere: Ich apollisch, der dritte: Ich bin kephisch, der vierte: Ich bin christisch. Wie? Ist Christus nun zertrennt? Ist denn Paulus für euch gekreuzigt? Oder seid ihr auf des Paulus Namen getauft? Ich danke Gott, daß ich niemand unter euch getauft habe außer Krispus und Gaius, daß nicht jemand sagen möge, ich hätte auf meinem Namen getauft. Ich habe aber auch getauft des Stephanus Hausgesinde; weiter weiß ich nicht, ob ich etliche andere getauft habe. Denn Christus hat mich nicht gesandt, zu taufen, sondern das Evangelium zu predigen, nicht mit klugen Worten, auf daß nicht das Kreuz Christi zunichte werde. Denn das Wort vom Kreuz ist eine Torheit denen, die verloren werden; uns aber, die wir selig werden, ist's eine Gotteskraft.« Auch Paulus betont, daß nur Christus die Mitte der Verkündigung ist und daß eine Berufung auf einen anderen von der Mitte des Evangeliums wegführt.

Gerade die Mitte des Evangeliums – Gottes gnädiges Zuwenden in Jesus Christus – ist für die Einheit der Kirche bestimmend. Diese Mitte führt nicht zur Uniformität der Kirche, der gottesdienstlichen Ordnung oder der gemeindlichen Lebensform. Der Artikel 7 des Augsburger Bekenntnisses macht die Uniformität der Kirche nicht zur Pflicht für die Einheit der Kirche: »für die wahre Einheit der christlichen Kirche ist es nicht nötig, überall die gleichen, von den Menschen eingesetzten kirchlichen Ordnung einzuhalten.« Das Augsburger Bekenntnis gesteht somit verschiedene Gebräuche und Formen der Gemeindeordnungen zu. Sie weiß um die geistgewirkte Mannigfaltigkeit der Glieder, Gaben und Dienste (Römer 12; 1. Korinther 12; Epheser 4), die den Reichtum christlicher Antwort auf das Evangelium in der jeweiligen Situation widerspiegelt. Doch die Mitte der Kirche ist, daß die Wahrheit des Evangeliums als die Botschaft von der freien Barmherzigkeit Gottes, die allein im Glauben begriffen werden kann, das Leben der Kirche bestimmt. Die Einheit in Jesus Christus ist Gottes Gabe an seine Gemeinde: »Ein Herr, ein Glaube, eine Taufe« (Epheser 4,5), die ihr zugleich als Aufgabe gestellt ist: »Bemüht euch, die Einheit im Geist zu wahren durch das Band des Friedens« (Epheser 4,3). Diese Einheit geschieht durch den Gehorsam gegenüber Jesus Christus.

Wir leiden darunter, daß die Einheit der Kirche nicht gegeben ist. Der Versuch der Einheit, der 1530 unternommen wurde, ist nicht zustande gekommen. Waren damals die »nicht-lehrmäßigen« Faktoren stärker als die »lehrmäßigen« 1530? Es ist bekannt, daß verschiedene Einflüsse 1530 eine Rolle spielten, die die Einheit nicht möglich werden ließen, angefangen von Streitsucht, Geltungssucht oder sektenhafte Verengung bis zu politischen Motiven. Zum anderen meinten viele damals, um bestimmter Glaubensentscheidungen und Glaubenserkenntnisse willen die Gemeinschaft mit anderen Christen nicht aufrechterhalten zu können, weil es hier um die Wahrheit des Evangeliums und den Gehorsam gegen Christus ging. Doch sind auch diese Gedankengänge nie ganz frei gewesen von obengenannten »nicht-lehrmäßigen« Faktoren. So wurde die Spaltung der Kirche hervorgerufen durch die Schranken menschlicher Einsicht, durch terminologische oder sachliche Mißverständnisse und durch die zeitbedingten Verhältnisse.

Soweit äußere Gründe für die Spaltung maßgebend gewesen sind, liegt ihre Überwindung durchaus im Bereich der Möglichkeit. Das beweisen die Zusammenschlüsse von Kirchen gleichen Bekenntnisses in Nordamerika, die nur durch Sprache und Volkstum getrennt waren. Die Erkenntnis und Einsicht in den magnus consensus des Evangeliums setzt Kräfte frei, die Barrieren der Einheit aus dem Weg räumen.

Schwieriger sind die Brücken dort zu schlagen, wo es um die Wahrheitsfrage geht; denn hier kann nur im Wissen um die eigene Irrtumsfähigkeit und menschliche Unzulänglichkeit sich unter dem Kreuz des gemeinsamen Herrn begegnet werden, um einen neuen Anfang miteinander zu suchen. Wie dies möglich ist, kann ein Blick in die ökumenische Bewegung zeigen, die durch die Weltmissionskonferenz in Edinburgh 1910 geschaffen wurde. Zwar trat damals um der praktischen Zusammenarbeit willen die Frage des Glaubens und der Kirchenordnung zurück. Einer der Teilnehmer, Charles Brent, Bischof der Protestantischen Bischöflichen (Anglikanischen) Kirche der Vereinigten Staaten, gewann jedoch die Überzeugung, daß die Einheit der Christenheit nur durch eine Veränderung über die Lehrunterschiede zu erreichen sei, und veranlaßte seine Kirche zur Vorbereitung einer Weltkonferenz über Fragen des Glaubens und Kirchenverfassung (Faith and Order). Diese Konferenz sollte ein erster Schritt zu dem Ziel der »Wiedervereinigung der Kirchen« sein. Wiederum war es notwendig, einen magnus consensus zu finden, der der Wahrheit des Evangeliums entspricht und von allen akzeptiert werden kann.

Dies wurde im »Lutherischen Weltbund« verwirklicht. Die lutherischen Kirchen in der Welt besitzen ihre konfessionelle Einheit darin, daß sie 1. die Heilige Schrift als oberste Norm und Richtschnur aller kirchlichen Lehre und des kirchlichen Lebens anerkennen, 2. ihre Zusammengehörigkeit und Übereinstimmung mit dem Glauben der wahrhaft katholischen und apostolischen Kirche durch die Anerkennung der altkirchlichen Symbole ausdrücken und 3. der Confessio Augustana als dem grundlegenden Bekenntnis der lutherischen Reformation den Charakter einer bindenden Lehrnorm zuweisen. Die übrigen Schriften des Konkordienbuches stehen demgegenüber nicht in allen lutherischen Kirchen in Kraft. Der Lutherische Weltbund hat den Unterschieden im Bekenntnisstand seiner Gliedkirchen dadurch Rechnung getragen, wobei er aber die Augustana und den Katechismus besonders hervorhebt: »Der Lutherische Weltbund erkennt die Heilige Schrift Alten und Neuen Testaments als die alleinige Quelle und unfehlbare Norm alles Lehrens und Handelns der Kirche an. Er betrachtet die Bekenntnisse der lutherischen Kirche, insbesondere die unveränderte Augsburger Konfession und Luthers Katechismus, als unverfälschte Auslegung des Wort Gottes«.

Somit ist ein magnus consensus in den lutherischen Kirchen hergestellt worden. Diese gemeinsame Grundlage in Glaubenssachen kann auch die Gesprächsbasis sein zwischen den lutherischen und katholischen Kirchen. Das Augsburger Bekenntnis bietet sich als magnus consensus an. Gewiß wird dieser Zustand noch lange dauern. Doch muß bei allen dogmatischen Unterschieden das Gemeinsame gesehen werden.

Als ein Zeichen der Einheit formulierte die Konferenz für Glaube und Kirchenverfassung in Bangalore 1978 die nachfolgende »Gemeinsame Erklärung über unseren Glauben«. Daraus sei zitiert Teil II: »Indem die getrennten christlichen Gemeinschaften in einem Glauben zusammenwachsen, sind sie schon jetzt bereit, in eine Doxologie einzustimmen, die unserem gemeinsamen Erbe, der Schrift, entnommen ist.« Ein Abschnitt, der viele Aspekte unseres gemeinsamen Bekenntnisses zusammenfaßt, findet sich im Epheserbrief 1,3–15. Im Einklang mit dieser Doxologie:

– bekennen wir Gottes Beteiligung an der Geschichte der Menschheit, wie sie durch Israel geoffenbart, in Jesus Christus erfüllt, durch den Heiligen Geist uns mitgeteilt, zu deren Vollendung die ganze Menschheit berufen ist;

– bekennen wir Ziel und Würde aller Menschen, die in Gottes Handeln und Plan verwurzelt sind;

– bekennen wir unsere Abhängigkeit von Gottes erlösender und befreiender Gnade, weil wir in den Widersprüchen unserer Geschichte gefangen sind und in Sünde leben;

– bekennen wir die Wirklichkeit des Ereignisses von Jesus Christus – sein Leben, seinen Tod, seine Auferstehung – und die Wirklichkeit unserer Antwort in dem Glauben, der an diesem Ereignis haftet und uns durch den Geist zur Eingliederung in Christus führt. Darin besteht unser Heil;

– bekennen wir die Wirklichkeit der Kirche als des Leibes Christi, die dazu berufen ist, Kern und Diener der Einheit der Menschheit und des Universums zu sein und entsprechend in der Gemeinschaft der Menschheit zu leben und zu handeln. Glaube ohne Werke ist tot;

– bekennen wir die Gegenwart und das Wirken des Geistes, der Angeld und Siegel des Reiches ist, zu dem wir bestellt und bestätigt sind.

Das Augsburger Bekenntnis ist in seiner Grundintention ein Lob und Gebet. Es möchte die Glaubenden zum Loben und Beten anregen.

Literaturverzeichnis

Für die vorliegende Arbeit wurde folgende Literatur eingesehen und benutzt:

1. Bekenntnisschriften der evangelisch-lutherischen Kirche.
2. Bornkam, Heinrich: Das Augsburger Bekenntnis, Gütersloher Verlagshaus, Gerd Mohn, 1978, 2. Auflage.
3. Schlink, Edmund: Theologie der lutherischen Bekenntnisschriften, Chr. Kaiser-Verlag, München 1948.
4. Maurer, Wilhelm: Historischer Kommentar zur Confessio Augustana, 2 Bände 1976 und 1978, Gütersloher Verlagshaus.
5. Lortz, Joseph: Die Reformation in Deutschland, 2 Bände 1941, 2. Auflage, Herder & Co. GmbH Verlagsbuchhandlung, Freiburg/B.
6. Immenkötter, Herbert: Der Reichstag zu Augsburg und die Confutatio, Aschendorff, Münster 1979.
7. Vajta, Vilmos und Weißgerber, Hans: Das Bekenntnis im Leben der Kirche, Studien zur Lehrgrundlage und Bekenntnisbindung in den lutherischen Kirchen. Lutherisches Verlagshaus, Berlin und Hamburg 1963.
8. Das Augsburger Bekenntnis Deutsch 1530–1980, revidierter Text, herausgegeben von Günther Gaßmann in Zusammenarbeit mit Niels Hasselmann, Jürgen Jeziorowski, Gottfried Klapper, Albert Mauder und Lutz Mohaupt, Vandenhoeck & Ruprecht/Matthias-Grünewald-Verlag, Hannover 1978.
9. Fagerberg, Holsten: Die Theologie der lutherischen Bekenntnisschriften von 1529 bis 1537, Vandenhoeck & Ruprecht, Göttingen 1965.

Literatur zum Augsburger Bekenntnis

I. Textausgaben

Apologia und Confessionis Augustanae. Übers. u. hrsg. v. Horst Georg
Pöhlmann. Gütersloh: G. Mohn 1967. 243 S.

Die erste unveränderte *Augsburgische* Confession, wie sie, von Philipp
Melanchthon verfaßt... am 25. Juni 1530 vor Kaiser Karl V. in dt.
Sprache verlesen worden ist.
Leipzig o. J.: Breitkopf & Härtel. 47 S.

Die *Augsburgische* Konfession im deutschen u. lateinischen Text mit
Erkl.... von Hans Hinrich Wendt.
Halle: Buchhandlung d. Waisenhauses 1927. 156 S.

Das *Augsburger* Bekenntnis. Hrsg. v. Heinrich Bornkamm. 1. Aufl. der
Taschenbuch-Ausgabe.
Gütersloh: G. Mohn 1978. 85 S.
(Gütersloher Taschenbücher Siebenstern. Bd. 257.)

Das *Augsburger* Bekenntnis Deutsch. 1530–1980. Revidierter Text. Hrsg.
v. Günter Gassmann in Zusammenarbeit mit Niels Hasselmann.
Göttingen: Vandenhoeck & Ruprecht; Mainz: Matth.-Grünewald 1978.
69 S.

Die *Bekenntnisschriften* der Ev.-Luth. Kirche. Hrsg. im Gedenkjahr der
Augsburgischen Konfession 1930. 7. Aufl. Bd. 1 und 2.
Göttingen: Vandenhoeck & Ruprecht 1976.

Bornkamm, Heinrich: der authentische lateinische Text der Confessio
Augustana 1530.
Heidelberg: Winter 1956. 23 S.
(Sitzungsberichte der Heidelberger Akademie der Wissenschaften.
Phil.-Hist. Klasse. Jg. 1956. Abhdlg. 2.)

Glauben – lehren – bekennen. Augsburger Bekenntnis. Kleiner Katechis-
mus, Ev. Gemeindekatechismus. 1930–1980. Hrsg. v. Manfred Kießig.
Gütersloh: G. Mohn 1980. 128 S.
(Gütersloher Taschenbücher Siebenstern. Bd. 372.)

II. Kommentare, Diskussionsbeiträge, Anfragen

Das »*Augsburger* Bekenntnis« von 1530, damals und heute. Eine Ringvor-
lesung. Hrsg. v. Bernhard Lohse und Otto Hermann Pesch.
München: Kaiser 1980. 144 S.

Bartholomae, Wolfgang: Einführung in das Augsburger Bekenntnis. Betrachtung für die Gemeinde.
Göttingen: Vandenhoeck & Ruprecht 1980. 120 S.

Beer, Theobald und Meinolf Habitzky: Katholische Anerkennung der Confessio Augustana?
In: Catholica 30. 1976. S. 77–80.

Bekenntnis aktuell. Briefreihe zum Augsburger Bekenntnis. Hrsg. v. einer Arbeitsgruppe der VELKD. Nr. 1–16.
Vellmar: Ev. Buchhilfe o. J.

Brosseder, Johannes: Die Anerkennung der Katholizität der Confessio Augustana und ihrer ekklesiologischen Implikationen. Historische und fundamentaltheologische Probleme.
In: Zugang zur Theologie. 1979.

Confessio Augustana – katholisch? Texte zum Stand der Diskussion.
epd-Dokumentation Nr. 14 vom 4. 4. 1977.
Mit Aufsätzen von Albert Brandenburg, Albert Mauder, Heinz Schütte, Harding Meyer, Wolfhart Pannenberg und Josef Ratzinger.

Confessio Augustana. Hindernis oder Hilfe? Mitarb.: Heinrich Fries.
Regensburg: Pustet 1979. 279 S.

Dietzfelbinger, Hermann: Wem hilft die Anerkennung? Mögliche Rückwirkung im ökumenischen Dialog.
In: Luth. Monatshefte Nr. 17. 1978. S. 162–164.

Fendt, Leonhard: Der Wille der Reformation im Augsburgischen Bekenntnis. Ein Kommentar für Prediger und Predigthörer. 2. Aufl., neu bearbeitet von Bernhard Klaus.
Tübingen: Mohr 1966. VIII, 112 S.

Forell, George W.: Die Augsburgische Konfession. Aus d. Amerik. v. Gerhard Lisowsky. Ein Kommentar für unsere Zeit.
Berlin, Hamburg: Luth. Verlagshaus 1970. 160 S.
(Zur Sache. H. 2.)

Fries, Heinrich: Katholische Anerkennung des »Augsburgischen Bekenntnisses«?
In: Stimmen der Zeit Nr. 103. Bd. 196. 1978. S. 467–478.

Grane. Leif: Die Confessio Augustana. Einführung in die Hauptgedanken der Lutherischen Reformation. Übersetzung und Kommentar. 2., durchges. Aufl. 1980. 187 S.

Grote, Heiner: Die Augustana-Debatte und die Wiedergewinnung einer Bekenntnisschrift. Mit Bibliographie.
In: Materialdienst des konfessionskundlichen Instituts 29. 1978. S. 26–34.

Holtmann, Wilhelm: Confessio Augustana in der Diskussion.
In: Reformierte Kirchenzeitung Nr. 120. 1979. S. 129–132.

Iserlohn, Erwin: Die Confessio Augustana als Anfrage an Lutheraner und Katholiken im 16. Jahrhundert und heute.
In: Catholica 33. 1979. S. 30–48.

Kantzenbach, Friedrich Wilhelm: Augsburg 1530–1980. Ökumenisch-Europäische Perspektiven.
München: Kaiser 1979. 100 S.
(Theologische Existenz heute. Nr. 204.)

Katholische Anerkennung des Augsburgischen Bekenntnisses? Ein Vorstoß zur Einheit zwischen kath. und luth. Kirche. Hrsg. v. Harding Meyer, Heinz Schütte [u. a.]. Mit dem Text des Augsburgischen Bekenntnisses nach einer Übersetzung von Heinrich Bornkamm.
Frankfurt: Lembeck; Frankfurt: Knecht 1977. 179 S.
(Ökumenische Perspektiven. Nr. 9.)

Kimme, August: Die ökumenische Bedeutung der Augsburgischen Konfession.
In: Die Aktualität des Bekenntnisses. 1972.

Lell, Joachim: Bekenntnis und Bekennen. Anmerkungen zu einer katholischen Überlegung.
In: Wissenschaft u. Praxis in Kirche u. Gesellschaft 67. 1978. S. 72–76.

Leuze, Reinhard: Den Bann über Luther aufheben. Wenn Rom das Augsburger Bekenntnis nicht anerkennt.
In: Luth. Monatshefte 18. 1979. S. 404–407.

Lohff, Wenzel: Ein Ökumenischer Schritt? Rom und das Augsburger Bekenntnis.
In: Ev. Kommentare 12. 1979. S. 15–18.

Manns, Peter: Zum Vorhaben einer »katholischen Anerkennung der Confessio Augustana«: Ökumene auf Kosten Martin Luthers?
In: Ökumenische Rundschau 26. 1977. S. 426–450.

Maurer, Wilhelm: Historischer Kommentar zur Confessio Augustana. Bd. 1–2.
Gütersloh: G. Mohn 1976–1978.
Bd. 1: Einleitung u. Ordnungsfragen. 1976.
Bd. 2: Theologische Probleme. 1978.

Meyer, Harding: Mehr Einheit durch Anerkennung. Zur katholischen Deutung der Augustana.
In: Luth. Monatshefte 16. 1977. S. 284–287.

Meyer, Harding: Ein überraschender Rollentausch. Augsburgisches Bekenntnis als Dokument der Einheit?
In: Luth. Monatshefte 16. 1977. S. 138–140.
Neufeld, Karl-Heinz: Katholiken vor dem Augsburger Bekenntnis.
In: Stimmen der Zeit 103. Bd. 196. 1978. S. 603–616.
Olivier, Daniel: Die Confessio Augustana und das lutherische Bekenntnis des gemeinsamen Glaubens.
In: Ökumenische Rundschau 26. 1977. S. 417–425.
Orientierung für den Glauben. Das Augsburger Bekenntnis in Predigten ausgelegt. Hrsg. v. Georg Heckel.
München: Claudius 1979. 182 S.
Pannenberg, Wolfhart: Anspruch auf Katholizität. Das Augsburger Bekenntnis als Grundlage für die Einheit.
In: Luth. Monatshefte 16. 1977. S. 27–32.
Pannenberg. Wolfhart: Die Augsburger Konfession und die Einheit der Kirche.
In: Ökumenische Rundschau 28. 1979. S. 99–114.
Pannenberg, Wolfhart: Anerkennung aus dem Vatikan? Über die Katholizität des Augsburger Bekenntnisses.
In: Luth. Monatshefte 15. 1977. S. 696–697.
Pfnür, Vinzenz: Ökumene auf Kosten Martin Luthers?
In: Ökumenische Rundschau 27. 1978. S. 36–47.
Pfnür, Vinzenz: Anerkennung der Confessio Augustana durch die katholische Kirche?
In: Internationale Katholische Zeitschrift 4. 1975. S. 298–307.
In: Internationale Katholische Zeitschrift 5. 1976 S. 374–381.
Schütte, Heinz: Anerkennung der Confessio Augustana als katholisch? Auf dem Weg einer lutherisch-katholischen Ökumene.
In: Ökumenische Rundschau 27. 1978. S. 22–35.
Studien und Beiträge zur jüngsten Augustana-Debatte. Eine Bibliographie.
In: Materialdienst des konfessionskundlichen Instituts 29. 1978. S. 26–27.
Urban, Hans J.: Die Gültigkeit der reformatorischen Bekenntnisse heute. Ein theologischer Beitrag zur gegenwärtigen Diskussion um eine revidierte katholische Stellungnahme zur Confessio Augustana.
In: Catholica 31. 1977. S. 169–201.
Volkskirche – Kirche der Zukunft? Leitlinien der Augsburgischen Konfession für das Kirchenverständnis heute. Eine Studie des Theol. Aus-

schusses d. Vereins d. Ev.-Luth. Kirchen Deutschlands, mit Beiträgen von Jürgen Becker u. a. Hrsg. v. Wenzel Lohff und Lutz Monhaupt. Hamburg: Luth. Verlagshaus 1977. 219 S.
(Zur Sache. Kirchl. Aspekte heute. Bd. 12/13.)

Wir glauben und bekennen. Zugänge zum Augsburger Bekenntnis. Hrsg. v. Lutz Monhaupt.
Göttingen: Vandenhoeck & Ruprecht 1980. 232 S.
(Lese-Zeichen).

Theologische Bibliographie Horst Jesse
(zusammengestellt von A. G. Schmidt)

1. *Ordination und Sakramentsverwaltung.* Korrespondenzblatt (Bayer. Pfarrerverein), 84. Jg., 1969, Nr. 5, S. 57–58.
2. *Darf ein Laie bei der Ordination die Segenshandlung vornehmen?* Was ist mit dem Segen bei der Ordination gemeint? Korrespondenzblatt (Bayer. Pfarrerverein), 87. Jg., 1972, Nr. 4, S. 43–44.
3. *Information oder Entscheidungshilfe?* Evangelische Kommentare, 5. Jg., 1972, Nr. 9, S. 558–559.
4. *Bemerkungen zum neuen »Curricularen Rahmenplan für den evangelischen Religionsunterricht an den Realschulen in Bayern.* Nachrichten der Evang.-luth. Kirche in Bayern, 28. Jg., 1973, Nr. 3, S. 52–53.
5. *Buchbesprechung.* Luginbühl, Emil: Studien zu Notkers Übersetzungskunst. Mit einem Anhang: Die Altdeutsche Kirchensprache. Text und Untersuchung zur sprachlichen Überlieferung St. Gallens vom 8. bis zum 12. Jahrhundert. Verlag: Walter de Gruyter & Co., Berlin 1970, 171 Seiten. – In: Zeitschrift für bayerische Kirchengeschichte, Nürnberg, Jg. 42/43, 1973/1974, S. 473–474.
6. *Wort und Sakrament in der Gemeinde.* Korrespondenzblatt (Bayer. Pfarrerverein), 89. Jg., 1974, Nr. 7, S. 80–81.
7. *Religionsunterricht als Gruppen- und Sprachgeschehen.* Didaktischer Brief Nr. 53 des Pädagogischen Instituts der Stadt Nürnberg, 1974.
8. *Neue Wege im Religionsunterricht.* Didaktischer Brief Nr. 59 des Pädagogischen Instituts der Stadt Nürnberg, 1975.
9. *Gruppenerlebnis, Bildersprache.* Gedanken zu einer Neubelebung der Frömmigkeit. Korrespondenzblatt (Bayer. Pfarrerverein), 91. Jg., 1976, Nr. 7, S. 82–83.
10. *Das Heil in der Liturgiereform.* Korrespondenzblatt (Bayer. Pfarrerverein), 93. Jg., 1978, Nr. 3, S. 30–31.
11. *Die Katholiken waren schneller.* Zum Curricularen Lehrplan

fehlen die Bücher. Korrespondenzblatt (Bayer. Pfarrerverein), 94. Jg., 1979, Nr. 7, S. 77–78.

12. *Das Augsburger Hohe Friedensfest.* Deutsches Pfarrerblatt (Evang. Pfarrervereine in Deutschland e. V.), 79. Jg., 1979, Nr. 8, S. 494–495.

13. *Akzentverschiebung im Abendmahlsverständnis.* Lorenzer Ratschläge und Feierabendmahl. Korrespondenzblatt (Bayer. Pfarrerverein), 95. Jg., 1980, Nr. 2, S. 16–17.

14. *Sich in Liedern wiederfinden.* Das moderne Liedgut und die Gemeinde. Korrespondenzblatt (Bayer. Pfarrerverein), 95. Jg., 1980, Nr. 6, S. 68–69.

15. *Buchbesprechung.* Lohse, Eduard: Die Urkunde der Christen. Was steht im Neuen Testament? Kreuz Verlag, Stuttgart-Berlin, 1979, 190 Seiten. – In: Lueginsland, Augsburger Monatszeitschrift, 4. Jg., 1980, Nr. 10, S. 24.

16. *Buchbesprechung.* Marsch, Angelika: Die Salzburger Emigration in Bildern. Anton H. Konrad Verlag, Weißenhorn/Bayern, 1979, 271 Seiten mit 248 Bildern. – In: Lueginsland, Augsburger Monatszeitschrift, 4. Jg., 1980, Nr. 11, S. 27–28.

17. *Die Augsburgische Konfession 1530–1980 (Mitarbeit).* Unterrichtsentwürfe für den Religionsunterricht Grundschule, Hauptschule, Sekundarstufe I und II. Herausgegeben vom Katechetischen Amt der Evang.-luth. Kirche in Heilsbronn, 1980.

18. *Artikel IV der Confessio Augustana: Die Rechtfertigung.* CA-Wettbewerb der Vereinigten Evangelisch-Lutherischen Kirche Deutschlands, 1980. – Die Arbeit bekam den 3. Preis.

19. *Christoph von Stadion, Bischof zu Augsburg während der Reformationszeit: 1517–1544.* Zeitschrift für bayerische Kirchengeschichte, Nürnberg, Jg. 49, 1980, S. 86–122.

20. *Das Augsburger Bekenntnis in drei Jahrhunderten 1530–1630–1730.* Anton H. Konrad Verlag, Weißenhorn/Bayern, 1980, 104 Seiten, ISBN 3-87437-168-9.

21. *Das Augsburger Bekenntnis als Kirchenbekenntnis der evangelischen Kirchen Osteuropas.* Nordost-Archiv, Zeitschrift für Sammler und Landeshistoriker, Lüneburg, 1981.

22. *Das Augsburger Bekenntnis. Glaubenszeugnis einer Kirche.* FDL-Verlag Augsburg, 1981, 204 Seiten, ISBN 3-922740-01-4.
23. *Friedensgemälde 1650 bis 1790 zum Hohen Friedensfest am 8. August in Augsburg.* Verlag Wilhelm Ludwig, Pfaffenhofen/Ilm, 1981, 380 Seiten, davon 138 Seiten mit Bildern, ISBN 3-7787-3179-3.

Autorenbiographie

Horst Jesse, 1941 in Wagendrüssel (CSSR) geboren und in Regensburg aufgewachsen, wo er 1961 das Abitur ablegte, studierte evangelische Theologie in Erlangen, Neuendettelsau, Heidelberg und Göttingen. Nach dem 1. theologischen Examen 1966 war er als Vikar in Höchstadt/Aisch tätig. 1969 legte er das 2. theologische Examen ab und wurde 1970 ordiniert. 1971 kam er als Religionslehrer nach Nürnberg, wo er u. a. am dortigen Pädagogischen Institut religionspädagogische Veranstaltungen abhielt und sich als Autor an der Herausgabe der »Didaktischen Briefe« beteiligte. Seit 1974 ist er Pfarrer an der Evang.-luth. St. Ulrichs-Gemeinde in Augsburg. Neben seiner umfangreichen Gemeindearbeit hält er religionspsychologische Vorlesungen an der Augsburger Volkshochschule und beteiligt sich als Mitarbeiter an den Veranstaltungen des Evangelischen Bildungswerkes. In seinen wissenschaftlichen Studien beschäftigt er sich hauptsächlich mit kirchengeschichtlichen Themen, wobei sein besonderes Interesse der Reformationsgeschichte gilt, worüber er mehrere Bücher verfaßt hat. Seit 1968 ist er mit der Theologin Katharina Jesse, geb. Theile, verheiratet, die 1968 und 1972 ihre beiden theologischen Examen abgelegt und ihm außerdem fünf Kinder geschenkt hat. Sein starkes Engagement an theologischen Studien berechtigt zu der Hoffnung, daß künftig noch weitere Arbeiten aus dem kirchengeschichtlichen Bereich von ihm zu erwarten sind.

Buchempfehlung

Artur Gustav Schmidt

Plaudereien beim Chimarrão

FDL-Verlag Augsburg 1980
204 Seiten, illustriert, DM 18.–
ISBN 3-922740-00-6

Der Autor, der von 1951 bis 1970 als Urwaldpfarrer, Bibelschul-direktor, Brüderhausvorsteher und kirchlicher Redakteur in Brasi-lien tätig war und 1977 und 1979 Südamerika bereiste, berichtet als Augen- und Ohrenzeuge wichtiger Ereignisse der modernen brasi-lianischen Geschichte über Begegnungen, Konflikte, lokale, regio-nale, nationale, soziale, kirchliche Probleme und behandelt dabei Fragen der Akkulturation, Sprache und Religion. Das Buch hat historischen, soziologischen, psychologischen und kirchenge-schichtlichen Quellenwert, eignet sich für Gemeinde- und Semi-narbibliotheken und zeichnet sich durch seinen warmen, persönli-chen Erzählton aus, der den Leser die Berichte miterleben läßt; außerdem ist es ein menschliches Zeugnis des Zusammenlebens und der Zusammenarbeit mit dem brasilianischen Volk, das der Autor achtet und versteht. Literaturverzeichnis, Sach-, Namens- und Ortsregister wurden mit großer Sorgfalt erstellt.

Prof. Dr. DDr. h. c. Hermann M. Görgen,
Präsident der Deutsch-Brasilianischen Gesellschaft e. V.
und des Lateinamerika-Zentrums e. V. in Bonn.